딸에게 들려주는 역사 이야기
-1-

딸에게
들려주는
역사
이야기
1

"지금 일어나는 일은
분명히 언제가 일어났던 일이야"

"이런 게 역사라는 거야.
오늘 일어나는 일은 비슷하게라도
일어났던 일이야. 똑같지는
않더라도 말이야."

항상 과거는 오늘과
맛닿아 있었지요.

"역사는 반복된다.
그러나 씹혀되지 않는다."

김형민
지음

푸른역사

딸이 아빠에게 쓰는 편지

저희 아버지는 방송 PD이십니다. 하지만 저에게 아빠는 방송 PD가 아니라 역사 선생님으로 여겨질 때가 더 많았어요. 그럴 수밖에 없는 것이, 저는 아빠가 만든 프로그램을 직접 본 적이 거의 없습니다. 제가 학교에 있을 때 방송되거나 무서워서 감히 볼 수 없었던 〈긴급출동 SOS 24〉 같은 험악한(?) 프로그램을 제작하셨기 때문이죠. 하지만 책상에서, 소파에서 과일을 먹으며, 여행 다니는 곳곳에서 아빠는 항상 옛날이야기를 들려주셨고 저는 막연히 PD는 역사도 잘 알아야 하나보다 생각하며 자랐어요. 제가 중학교 2학년 올라가던 겨울, 2015년 초에 《시사IN》에 〈딸에게 들려주는 역사 이야기〉를 연재하신다고 했을 때 저는 덤덤했어요. '아, 항상 내게 들려주신 대로 쓰시겠구나, 사람들에게 얘기하시겠구나' 하면서 말이에요.

어렸을 때 아빠가 《정글북》을 읽어주시던 기억이 나요. 하이에나 떼의 습격 소식을 들은 주인공 모글리가 비단구렁이 카아에게 의견을 구하던 장면이었죠. 비단구렁이 카아는 이렇게 말합니다. "지금 일어나는 일은 분명히 언젠가 일어났던 일이야." 그때 아빠는 '역사'라는 단어를 제게 처음으로 얘기하신 것 같아요. "이런 게 역사라는 거야. 오늘 일어나는 일은 비슷하게라도 일어났던 일이야. 똑같지는 않더라도 말이야." 전 사실 역사를 잘 몰라요. 하지만 그때 아빠의 말씀은 또렷하게 기억하고 있습니다. 우리가 오늘 겪는 일은 어제도, 까마득한 옛날 사람들도 겪었던 일이라는 거였죠. 단, 그 모두가 똑같지는 않다는 거구요.

《시사IN》 잡지를 가끔 펼쳐들면서 저는 슬며시 웃곤 해요. 〈딸에게 들려주는 역사 이야기〉에서 아빠는 옛날이야기를 끄집어내서 요즘 일어나는 일에 빗대는 방식으로 이야기를 하시니까요. 그래서 기사를 읽다가 문득 제가 아빠 무릎에 앉아서 옛날이야기를 듣던 서너 살 어린아이가 된 기분에 키득거리기를 여러 번이었답니다. 아득한 삼국 시대 이야기부터 전두환(이 사람은 참 나쁜 사람이라죠) 때 이야기까지 익숙한 이야기도 많고 동양과 서양을 왔다 갔다 하시는 통에 전혀 처음 듣는 사연도 있었지만 항상 과거는 오늘과 맞닿아 있었지요. 오늘 이 얘기를 했더니 아빠가 유식한 말씀으로 포장을 해주시네요. "역사는 반복된다. 그러나 재연되지 않는다."

언젠가 저는 학교에서 어린 소녀를 잔인하게 성폭행했던 조두순 사건을 배웠어요. 날짜도 잊지 않아요. 2008년 12월 11일. 이 사건 뒤에 사람들은 어린이에 대한 범죄에 관심을 보였고, 조두순이 겨우 징역 12년에 그쳤다고 화를 냈죠. 술 먹고 그랬다는 게 징역을 적게 받은 이유였다는 사실에 화를 냈구요. 결국 그런 반응들이 법을 바꾸고 제도를 만들고 사람들의 생활을 변하게 하겠죠.

〈딸에게 들려주는 역사 이야기〉의 한 꼭지를 보면서 비슷한 느낌을 가졌던 기억이 떠오르네요. 1988년 한 주부가 밤에 길을 가다가 대학생들에게 성추행을 당할 위기에서 입 안에 들어온 혀를 깨물었다가 그게 죄가 돼서 구속됐던 사건 말이에요. 그때도 사람들이 엄청나게 열 받았다죠? 데모도 하고 소리도 지르고 막 판사 윽박지르기도 하고 신문에도 크게 내고 하면서 판결을 바꾸었다죠. 아빠가 그 꼭지에 끌어 쓴 판결문 몇 대목이 기억이 나요. "술을 먹었다거나 식당을 경영한다거나 밤늦게 혼자 다녔다거나 하는 등의 사정이 정당방위의 성립을 저해하지 않는다." 당시에는 여자가 술을 먹고 식당을 경영하고 밤늦게 혼자 다니는 행위가 '무슨 일을 당해도 싼' 분위기도 있었다는 이야기도 말이죠. 하지만 그때에도 사람들은 움직였고, 그 덕분에 오늘 이 여고생은 "이제 그건 호랑이 담배 먹던 시절 얘기고!"라고 튕길 수 있게 되지 않았겠어요. 아빠가 항상 얘기했죠. "결국 역사는 사람들의 일상의 총합이다." 당시 사람들의 일상의 힘이 결국 오늘을 만든 것이겠죠.

엄마가 들으면 펄쩍 뛰며 반대하실 일이지만 요즘 저는 전쟁 사진작가가 되고 싶다는 생각을 해요. 며칠 전 우연히 전쟁에 나가는 젊은 사람들의 마지막 모습을 담은 사진을 보게 됐거든요. 죽기 몇 초 전, 실종되기 전날, 이런 사진들도 있었고요. 사진을 보면서 묘한 감정이 들었어요. '이 사진이 없었다면, 그들의 마지막 순간은 아무도 몰랐겠지.' 사진작가가 찍은 그 순간이 그들의 역사가 되고, 그들이 나선 전쟁의 잊을 수 없는 한 조각이 된 거예요. 사진 한 장 안에 역사가 겹겹이 포개진 느낌? 그 정지된 사진 한 장 속에 산 같은 사연들이 꼭꼭 숨어 있는 느낌?

사진을 보면서 아빠가 제게 들려주는 역사 이야기 생각을 했어요. 아빠의 역사는 결코 거창하지 않거든요. 너무 흔해서 지겨울 법한 성웅 이순신 이야기도 나와요. 하지만 아빠는 이순신이 거북선 타고 일본군 무찌른

이야기만 하지 않으셨지요. 이순신이 아들을 잃고 어떻게 통곡했는지, 부하도 없고 무기도 없는 해군 총사령관으로서 도망 다니는 군인들 무기를 모으면서 무슨 마음이었을지 얘기해주셨죠. 6월 항쟁을 설명하시면서 너무나도 평범한 사람들의 어떤 행동이 그런 큰일을 가능하게 했는지 실감나게 들려주셨죠. 또 세월호만큼이나 어이없는 참사가 과거에도 있었다면서 어떻게 일어났는지, 왜 무하마드 알리와 최동원 아저씨가 위대한지를 손에 닿듯 알려주셨어요. 읽으면서 저는 역사 속 이름들일 뿐인 그들이 결코 낯설지 않았어요. 손을 뻗으면 입김이 닿을 것 같았고, 목소리가 들리는 것 같았어요. 그 사람들도 자기가 살던 시대에선 저처럼 열심히 공부도 하고 농땡이도 부리고 기뻐하고 아파하고 슬퍼하고 화를 내며 살아갔겠죠.

저는 아빠의 글을 보면 역사 속으로 빠져드는 느낌을 받아요. 어느 순간부터는 그 인물과 두런두런 이야기를 나누기도 하고, 같이 싸우기도 하고……. 여러 상상을 할 수 있을 정도에요. 아빠는 제게 최고의 작가이자 역사 선생님이자 먼 세상을 보게 해주는 망원경이자 어느 시대든 버튼만 누르면 갈 수 있는 타임머신 같은 분이라는 것을 잊지 말아주세요. 항상 마음을 다해 사랑해요!

2017년 10월
아빠를 무지무지 사랑하는 딸 올림

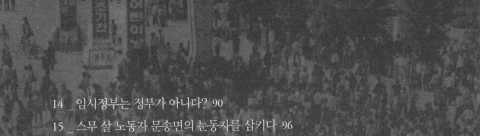

01
우리는 120년 전의 병신년과 다를 수 있을까

2016년은 병신년이었다. 120년 전 1896년(병신년)
1월 1일 단발령이 내려졌다. 단발령을 근대화의 한 조처로 알고 있지만
그 부작용은 컸다. 섣부른 단발령으로 갑오년·을미년에 태동한
개혁의 동력이 날라갔다.

을미년에 민비를 떠올리다

2015년은 한국 근대사에서 매우 의미가 큰 간지인 을미년이었단다. 120
년 전의 을미년에 조선의 왕비는 자신의 궁궐을 습격한 외국인의 칼에 맞
아 죽고 시신마저 불태워져. 이른바 '을미사변'이야. 언젠가 네가 이 왕비
를 주인공으로 한 뮤지컬 〈명성황후〉를 보고 싶다고 했을 때 아빠는 짐짓
딴청을 피웠어. 아빠는 보고 싶지 않았거든. 특히 그 뮤지컬의 하이라이

트라 할 장면, 죽음을 당한 왕비의 혼이 "이 나라 지킬 수 있다면 이 몸 재가 된들 어떠리. 백성들아, 일어나라. 일어나라. …… 조선이여, 일어나라. 흥왕하여라"고 절규하는 장면에 이르면 아빠는 벌떡 일어나서 나가 버렸을지도 몰라. 역사적 사실과 달라도 너무 다르기 때문에.

　명성황후(아빠는 '민비'라고 부르려고 한다. 당시 조선 백성도 그렇게 불렀고 낮춰 부르는 것도 아니니까)는 자신과 친척의 이익을 위해 백성이 배를 곯든 말라 죽든 개의치 않는 사람이었고, "조선 백성들이 일어나는" 것을 가장 싫어한 인물이었단다. 심지어 개혁을 부르짖으며 일어난 백성들을 외국 군대를 불러들여 짓밟았지. 매천 황현의 기록에 보면 "다시는 임오년의 일을 당하지 않겠다"라면서 청나라 군대를 불러들이는 민비의 모습이 등장해. 임오년의 일이 뭐냐고? 임오군란(1882)이야. 민씨 척족의 농간으로 몇 달째 봉급을 받지 못한 군인이 봉기해서 궁궐에 난입했던 조선 왕조 사상 초유의 사건. 아무튼 동학농민군을 토벌해 달라며 청나라에 보낸 편지를 보면 가관도 이런 가관이 없어.

　전라도 관할인 태인, 고부 등지의 백성들이 흉하고 사나워서 원래 다스리기 어려웠습니다. …… 지난 임오년과 갑신년 두 차례 난리 때에도 모두 중국의 병사들 덕분에 진정시킬 수 있었습니다. 이번 원군 문제도 간청하오니, 속히 북양대신께 알려 몇 개의 부대를 파견토록 조치해 주십시오. 저희 군대 대신 동비(동학군)를 초멸해 주셨으면 합니다.

　당시 민비를 비롯한 지배층의 머릿속에는 어떻게 되든 기득권을 공고히 하겠다, 이를 넘보는 어떤 세력도 허용하지 않겠다는 각오만 충만했을 뿐, 다른 생각은 없었단다. 그럴 힘조차 없어서 외국 군대를 빌려 자기네 국민들을 '초멸'하겠다는 데 이르면 할 말이 떠오르지 않을 정도야. 그들만이 아니야. 개혁을 하겠다는 이들도 국민의 지지보다는 외국 공사관의 협력에 더 큰 관심을 기울이고 있었으니까. 그들 모두는 외세를 이용하겠다는 심산이었지만 결국은 이용만 당하고 말았지. 청일전쟁에서 믿었던 청나라가 참패하고 물러가자 민비는 다시 러시아에 접근하려 했고, 조선을 차려진 밥상으로 치부했던 일본이 이에 반발하면서 결국 을미사변이라는 희대의 만행을 저지르게 돼.

그날 경복궁에 뛰어든 건 일본인만이 아니었단다. 조선군 훈련대 병사들도 끼어 있었어. 친일파라 볼 수도 있겠지만 마냥 일본의 앞잡이라고 몰아붙이기엔 무리가 있어. 세계적인 농학자 우장춘 박사의 아버지로 그날 경복궁을 침범했던 우범선의 말이야. "나는 일개 무부武夫(군인)일 뿐이오. 하지만 왕비 일파를 물리치지 않고는 무슨 수를 써도 소용이 없다는 건 압니다." 그들은 나름의 애국을 도모했던 거야.

상투가 잘릴까봐 인적 끊긴 '병신년'의 거리

을미년 가을 명성황후 민씨는 참혹하게 생을 마감했어. 방해물을 없앤 일본은 친일 내각을 구성하는데, 이때 활약한 총리대신이 김홍집이라는 사람이었어. 그는 갑오경장이라는 일대 개혁 후의 후속 작업으로 '을미개혁'을 단행하는데, 이때 우리나라에 최초로 양력이 도입돼. 을미년, 즉 1895년 음력 11월 16일에서 1896년 양력 1월 1일로 점프를 한 거지. 병신丙申년은 아직 오지 않았지만 공식적으로 새해가 됐단다.

그런데 음력의 마지막 날인 음력 11월 16일 학부대신 이도재는 분노에 찬 상소를 올려. "단군 이래 땋은 머리 풍속이 변해 상투가 된 것이고 백성들 모두가 이 상투를 중히 여기는데 하루아침에 이를 깎는다는 것은 4,000년 동안 굳어져온 풍속을 무시하는 것입니다." 바로 단발령 반대였어.

단발령은 백성의 마음을 격렬하게 흔들었어. 매천 황현이 얘기했듯 "왕비의 죽음에 분노해야 하는지 통쾌해 해야 하는지"조차 헷갈리던 백성은 일본에 휘둘리는 내각이 별안간 선포한 단발령에 경악한다. 체두관이라는 나라 관리가 거리에 나가 상투를 싹둑싹둑 자르고 다녔고, 상투를 잘릴까 사람들이 거리에 나오지 않아 인적이 끊길 정도였다니 그 '충격과 공포'를 짐작할 만하지? 갑오농민전쟁 등 일반 상민들의 강력한 개혁 요구에 전전긍긍하던 봉건 양반님네들은 일거에 분위기를 바꿀 기회를 잡아.

불과 2년 전 갑오년에 수십만 농민군이 좀 더 평등한 세상과 더 많은 권리를 외치며 들고일어났던 나라, 왕비 일족을 처단해야 한다고 팔뚝 걷어붙이는 사람이 흘러넘쳤던 나라는 갑자기 '신체발부 수지부모身體髮膚 受之父母'라는 케케묵은 《효경孝經》 구절의 포로가 되었고, 단발령 반발이 거센 와중에 "저 여자 일족이 있는 한 아무것도 안 된다"는 원성의 대상이던 왕비는 국모國母로 자리매김됐지.

당시 총리대신 김홍집 이하 관료들도 굳이 단발령을 서두를 이유가 없다고 생각했어. 반발만 심하고 효용은 적은 개혁이라고 본 거지. 그러나 그들은 일본의 요구 앞에 무력했고 섣부른 단발령으로 개혁의 동력을 날려버리고 말았어. 결국 또 다른 외세를 선택해 그 나라의 공사관으로 피난 가는 어처구니없는 군주의 행동 앞에 그들도 몰락하고 말아. 이게 아관파천이지.

후일 "그가 살았더라면 망국은 없었을 것"이라는 말까지 들은 총리대신 김홍집은 임금에 의해 역적으로 규정되어 죽을 목숨이 되지. 일본군이 피난을 권유하자 김홍집은 "나는 조선의 총리대신으로 동족의 손에 죽는 것은 숙명이오. 구차하게 외국 군대의 도움을 받고 싶지는 않소"라고 선언하고 성난 군중 앞으로 나아갔어. 조선 말기를 통틀어 가장 유능했다는 평가를 받고 궂은일을 도맡아 해서 "(비 오는 날 진창길에도 거침없는) 나막신 대신"이라는 별명을 들었던 김홍집은 그렇게 허무하게 죽었단다.

우리는 다를 수 있을까

고작 몇 년 뒤 단발은 아무렇지도 않게 행해졌어. 상투가 그토록 목숨 걸고 지킬 대상도 아니었건만, 지금으로부터 120여 년 전 1월 1일 내려진 단발령은 그렇게 조선의 역량을 깎아 먹고 갑오년과 을미년을 거치며 힘겹게 밀고 가던 개혁의 기운을 무위로 돌리는 전환점이 되고 말았단다.

120여 년 전 조선은 한 치 앞도 보기 힘든 안개에 둘러싸여 있었어. 하지만 지배층은 지혜를 발휘해 앞길을 밝히기는커녕 잇속에만 밝았고, 외세를 이용해 자신의 국민을 '초멸'하는 만용을 부리다가 왕비가 죽임을 당하는 구렁텅이에 빠졌지. 개혁하려는 이들도 외세에 휘둘리기 일쑤로 나라의 나아갈 바를 제대로 제시하지 못했고, 국민 역시 지혜롭지 못한 분노에 휘말려 진일보의 기회를 내던졌단다. 갑오년을 전후해서 '갑오세 가보세 을미적 을미적거리다 병신 되면 못 가리' 하는 민요가 유행했다고 해. 갑오·을미·병신의 간지干支를 빗대 만든 노래지. 사람도 그렇지만 나라의 운명도 그렇단다. 나가야 할 때 나가지 못하고 내디뎌야 할 때 내딛지 못하고 지혜로워야 할 때 지혜롭지 못하면 역사는 꼭 응분의 복수를 감행한단다.

60년이나 120년 뒤 또 다른 병신년이 다가올 때 후손들은 2016년 병신년에 대해 어떻게 얘기할까? 우리는 120여 년 전의 병신년과 다를 수 있을까?

P.S. 아빠가 장담하는데 2016년 병신년은 우리 역사에 길이 기억될 해로 남을 거야. 터무니없는 국정농단 사태와 그에 항거한 촛불은 무능하고 사악한 대통령의 발밑까지 파고들어 타올랐고, 대통령은 탄핵되고 감옥에 갔다. 그러나 개인의 인생사가 그렇듯 어떤 일의 마무리란 항상 새로운 실마리와 연결돼 있어. 2017년 정유년 우리가 풀어야 할 실타래는 아직도 태산이구나.

병신년인 1896년 1월 1일
단발령이 단행되었다.

02

"몸을 팔았다고? 너희는 나라를 팔았다"

일본이 이전을 요구한 대사관 앞 소녀상은 전쟁에 내몰려
원치 않는 삶을 살아야 했던 '인간'의 피해를 증언하는 기념비다.
우리는 아직도 얼마나 많은 위안부들이
어떤 고통을 겪어왔는지 정확히 모른다.

전쟁, 인간을 짐승으로 만드는

〈여명의 눈동자〉(1992)라는 옛날 드라마가 있어. 독립운동가의 딸이었던
여옥이라는 여성이 일본군 '위안부'로 끌려가면서 시작돼. 그녀는 호송되
는 와중에 일본군 장교에게 성폭행을 당한 뒤 기진맥진한 채 전쟁 공포와
살육으로 눈에 핏발이 선 일본군들의 '성노예'로 전락하고 만다. 절망
의 구렁텅이에서 그녀는 빛 하나를 발견하게 되는데, 그건 일본군에 끌려

온 조선인 청년 대치와의 사랑이었어. 하지만 얼마 지나지 않아 대치는 머나먼 동남아 전선으로 차출되지.

"나 내일 떠나."

"나는요?"

"살아 있어. 살아 있으라구. 알겠지? 그 말 하려고 왔어. 살아서 내 애를 낳아줘(극중 여옥은 대치의 아이를 임신 중이었어). 그렇게 해줄 수 있겠어?"

그리고 둘은 철조망 사이로 정말로 간절하게 입맞춤을 나눠. 하지만 그건 로맨틱한 '프렌치키스'가 아니었어. 흙더미 속에 갇힌 사람들이 숨구멍을 찾고 물에 빠진 사람들이 수면에 비친 해를 바라보며 자맥질 쳐서 올라가는 것 같은 필사적인 몸부림이었지.

그런데 여옥이는 왜 그곳으로 끌려갔고 그곳에서 누군가를 만나게 됐을까. 너는 일본 놈들 때문이라고 말하며 주먹을 쥐겠지. 맞아. 그런데 아빠는 전쟁이라는 이름의 괴물에 대해서도 생각해보고 싶어. 전쟁이 빼앗는 건 사람의 목숨만이 아니야. 전쟁이란 놈은 인간의 긍지, 존엄, 그리고 "사람이 어떻게 그럴 수 있어?" 하는 하한선 모두를 무너뜨린단다. 오늘 죽을지 내일 죽을지 모르는 군인은 한순간의 즐거움에 목숨을 거는 짐승이 되기 마련이야. 전쟁을 벌이는 지도부(라고 쓰고 '윗대가리'라고 읽어라)는 자신의 명령에 따라 기꺼이 죽어가야 하는 병사의 동물적 본능을 충족시킬 방도를 찾기 위해 분주했고, 어떤 비인간적인 상황이 빚어지든 상관하지 않았지.

일제, '위안부'를 만들다

태평양전쟁이 벌어지고 미국이 참전을 선언하자 징집에 응한 신병들이

떼로 몰려들었어. 대규모 훈련소가 설치되고, 그 인근에는 어김없이 '군대에 필요한' 여자들이 몰려들었지. '점잖은' 시민들이 이에 항의하자 미군 장교가 했다는 말은 전쟁의 단면을 마치 수박 속 보듯 드러내준단다. "안 그러면 여러분의 딸들이 다친단 말입니다."

일부 일본인들은 '위안부' 문제를 두고 위와 같이 전쟁의 역사에서 흔히 있었던 일이라며 외면하려는 것 같아. 그러나 전쟁을 일으킨 건 일본이었고, 자기네 군대의 '사기 충전'을 위해 위안소를 운영한 것도 일본 군대였고, 여성들을 '공급'받고 그에 대한 대가를 지불한 것도 일본 '제국'이었어. 북만주와 중국 깊숙이, 그리고 남양군도까지 뻗어 있던 광대한 전선에서 수백만 대군의 욕망 '처리'를 위해서는 더욱 많은 여자가 필요했고, "돈 벌러 가자"는 사기와 닥치는 대로의 납치, 폭력 등 범죄가 동반되었지.

일본이라는 제국주의 국가는 그 범죄의 수혜자였어. 언젠가 '위안부' 문제를 부정하는 일본 언론인들에게 김종필 전 국무총리는 이렇게 호령했단다. "'전부 군대 나가는 바람에 생산수단이 없어 사람들이 모자란다. 그래서 여자들이 생산기관에 가서 일하면 돈 벌고 그 돈을 어머니·아버지에게 보낼 수 있고, 좋지 않으냐' 이렇게 속였다. 이 장면들을 내 두 눈으로 똑똑히 보았다. 이렇게 모집한 여성들을 일부는 생산기관에 배치했겠지만, 대부분은 즉각 강제로 중국으로 보내가지고 '위안부' 노릇을 시켰는데. 뭣이 어쩌고 어째"(《김종필 증언록》 중에서).

"할 수 없이 울면서 당해요"

1922년생 김학순 할머니라는 분이 계셨어. 그분은 독립운동을 하던 아버지를 여읜 후 어렵게 살다가 1939년 양아버지에 의해 일본군에 넘겨졌고 '위안부' 생활을 하게 돼. 다시 읽기조차 참혹한 그분의 회고를 잠깐만 들어보자꾸나.

"여자란 것은 언제나 생리가 있는데 그때도 가리지 않아요, 그 사람들은. 생리고 뭣이고가 없어요. 무슨 짐짝 끌어가듯 자기네 맘대로 쓰고 싶으면 쓰고 고장이 나서 말하자면 병이 나든가 하면 버려 버려. 죽여버리고 …… 강제로 안 당하려고 울면서 막 쫓아 나오면 안 놔줘요, 붙잡고 안 놔줘요. 그래서 할 수 없이 울면서 당해요."

우리는 얼마나 많은 '위안부'들이 이런 고통을 겪었는지 정확히 모른단다. 해방 후 수십 년 동안 자신의 피해 사실을 폭로하는 이도 없었어. 이유는 김학순 할머니의 과거를 보면 알아. 조선인 상인의 도움으로 위안소라는 이름의 지옥에서 탈출해 그와 결혼했지만, 그녀는 다른 사람도 아닌 남편 때문에 끊임없이 그 지옥을 되새김질해야 했어. 술만 취하면 그녀를 학대했으니까. "너는 위안소 출신이지. 더러운 년." 이런 분위기에서 누가 감히 자신의 과거를 밝히고 일본에 사과를 요구할 수 있었겠니.

그런데 1990년 6월의 어느 날, 그녀 가슴의 봉인이 찢겨나가게 돼. 일본 정부가 '일본군은 군대 '위안부' 문제에 관여하지 않았다'고 발표했다는 소식을 들은 거야.

"정말 기가 막혀서 그 자리에서 펑펑 울었어요. 혼자서 이럴 수가 있느냐. 왜 우리는 지나간 일을 이렇게도 모르고 사는지 답답하다. 살아 있는 내가 증인인데 세상에 그런 일이 없었다고 말을 하니까……."

광복 46주년을 하루 앞둔 1991년 8월 14일, 김학순 할머니는 정신대문제대책협의회 사무실을 찾아가 국내 거주자로서는 최초로 일본군'위안부'의 실상을 실명으로 증언한단다. 일본군 '위안부'라는 추악한 빙산의 일각은 김학순 할머니의 용기에 의해 흉물스럽게 드러났지. 그리고 그로부터 또 26년이 흘렀고, 김학순 할머니는 물론 그분에 이어 '위안부'의 과거를 폭로한 많은 할머니들이 일본의 사죄를 요구하다가 한 많은 생을 마감하셨어.

"당신들은 나라를 팔았잖은가!"

2015년 12월, 일본이 "일본군의 관여와 정부의 책임을 통감"하는 성명을 낸다고 했을 때 아빠는 어떻게든 이 일이 매조지되었으면 하는 희망으로 그들의 언행을 지켜봤어. 하지만 천만의 말씀이더구나. 역사적 범죄에 대한 사과를 하면서 '다시는 이 얘기 꺼내기 없기!'를 명토 박는 것도 어이가 없는 일이다만, 일본대사관의 '위엄'을 손상시키는 소녀상을 이전하라는 요구는 또 한 번 피가 거꾸로 솟을 일이었어.

'위안부'들은 아무것도 모르는 소녀일 수도 있고, 집안의 생계를 책임진 가장일 수도 있고, 무슨 일이든 해서 먹고살아야 했던 가난한 과부일 수도 있었어. 소녀상은 전쟁에 내몰려 원치 않는 삶을 살아야 했던 그 모두의 기억과 눈물과 아픔을 담고 있단다. "아저씨, 왜 이러는 거예요. 나는 돈 벌러 왔어요." 울먹이면서 일본군 장교에게 짓밟히고 하루에도 몇 번씩 들이닥치는 전쟁 기계들에게 유린당하고 곳곳의 위안소에서 엄마를 부르며 울었던 모든 '여성', 그전에 '인간'의 피해를 증언하는 상징이라고.

그걸 보기 싫다는 일본인들의 사과를 어떻게 인정할 수 있겠니. 만약 정부가 일본대사관 앞 소녀상을 철거하려 든다면 아빠는 불법이라고 처벌받을지언정 공권력에 맞서 주먹을 휘두르게 될지도 모르겠구나.

〈여명의 눈동자〉의 주인공 여옥은 해방 후 재판정에서 '매춘부'로 매도 돼. 그때 여옥은 눈물을 흘리며 이렇게 말해. "우리 정신대는 몸을 팔았다 지만 당신들은 나라를 팔았잖아요." 그래, 우리가 아무리 못나도 역사를 팔아넘길 수는 없지 않겠니.

역사를 기억하는 것과 역사를 소비하는 것은 다르단다. 그래서 아빠는 요즘 여기저기서 세워지는 '소녀상'이 그리 달갑지 않구나. 소녀상은 분명 아픈 역사의 상징이다. 하지만 상징이란 그 수가 많아지면 많아질수록 빛을 잃기 때문이야.

일제가 자행한 역사적 범죄의 희생양이었던 일본군 '위안부'는 해방 후 '매춘부'로 매도되기도 했다.

03

‘금수저’ 김경징과 ‘흙수저’ 강진흔

병자호란 당시 끝까지 바다를 지키려 애쓴 건
《조선왕조실록》에 가계에 대한 기록 한 줄 등장하지 않는 강진흔이었다.
역사를 보면 늘 문제를 일으키는 쪽은 흙수저의 피해의식이 아니라
금수저의 무책임이었다.

‘금수저’였지만 망나니였던 김경징

정묘호란 후 ‘형제의 의’를 맺었던 만주족들이 1636년 국호를 청淸으로
바꾸고 칸을 ‘황제’로 칭하면서 조선은 결정적으로 벼랑 끝에 내몰리게
돼. 조선 국왕 이하 지배층은 죽어도 청나라 황제를 황제라 부를 수 없고
스스로를 그 신하라고 칭할 수도 없었단다. 왜? 그들에게 황제란 명나라
황제뿐이었으니까. 임금 인조는 마침내 전쟁을 불사하겠다는 유시문을

내려. "오랑캐의 욕구가 날로 커져 이제 우리 군신이 차마 들을 수 없는 말로 협박하고 있다. 이에 강약과 존망을 돌아보지 않고 그들과의 관계를 끊으려 하니 모든 사서士庶들이 힘을 합쳐 난국을 헤쳐나가자"(《역사평설 병자호란》중에서).

마침내 전쟁이 터졌단다. 압록강을 건넌 청나라 기병대는 '전격전'을 펼쳤어. 산성에서 활 잡고 있던 조선군을 닭 쫓던 개로 만들어버리고 무서운 속도로 한양으로 내달린 거야. 조선 조정은 청군이 압록강을 건넌 7일 후에야 전쟁 발발 보고를 받는데, 그 순간 이미 청나라 군대는 한양 근처에 도달해 있었어. 강화도를 향해 어가御駕가 출발했지만 이미 지금의 불광동 근처까지 출몰한 청나라 군대가 발길을 막았어. 그래서 들어간 곳이 남한산성이야.

강화도에는 임금의 두 아들과 세자빈과 원손 등이 이미 피란 가 있었지. 강화도 방어 책임자는 김경징으로, 임금을 모시고 남한산성으로 들어간 영의정 김류의 아들이었어. 요즘 말로 대단한 '금수저'였지. 인조반정에 가담해서 과거 급제하기도 전에 2등 공신에 군君 칭호를 받았으니, 그야말로 탄탄대로의 인생이었다고나 할까. 하지만 이 사람은 조선왕조 역사에 남을 망나니 금수저였어.

《병자록》에 보면 김경징은 어머니와 아내는 덮개 있는 가마에 태우고 계집종에게는 전모剪帽를 씌웠대. 집에서 싣고 나온 짐 보따리가 50여 개나 돼서 그걸 운반하려고 무수히 많은 사람을 동원했고 심지어 자기 가족과 친척과 친구를 먼저 실어 나르느라 세자빈이 배를 구하지 못해 바닷가에서 와들와들 떨고 있었다는구나. 화가 머리끝까지 치민 세자빈이 김경징의 이름을 부르며 절규하지. "경징아, 김경징아. 네가 어찌 이런 짓을 하느냐." 그제야 김경징은 미적미적 세자빈을 강화도에 데려다 놓았다고 해.

김경징과 강진흔, 상반된 강화 방어

그 후로도 김경징이 한 일은 아무것도 없었어. 잔치나 벌이고 술이나 퍼먹었지 어떠한 방어 대책도 수립하지 않아. 글깨나 배운 터라 《고려사》에 나온 몽골과의 전쟁을 상상하고 있었는지도 모르겠구나. 그 무서운 몽골 병사도 이 바다를 넘지 못했거늘 하물며 여진 오랑캐 따위가 어찌 건널까 하면서 말이야.

하지만 청나라는 항복한 명나라 수군 장수들을 활용해서 과감한 '강화 상륙 작전'을 전개해. 이때 청나라 함대가 몰려들어온 곳이 강화도 갑곶이었고, 이 일대를 수비하던 이는 충청 수사 강진흔이었어. 기습을 맞은 강진흔은 수적 열세에도 불구하고 목이 터져라 독전하며 맞싸워 청나라 배 3척을 침몰시키며 분전했어. 이때 주사대장, 즉 강화 지역 해군사령관 장신의 함대가 도착해. 조선 함대에서 환호성이 일었지. 하지만 이내 수그러들고 말아. 청나라 수군이 덤벼들자 장신이 뒤로 돌아 도망쳐버린 거야.

이를 보고 내지른 강진흔의 외침은 통렬하게 절박하고 미치도록 슬펐단다. "장신! 네가 나라의 은혜를 두터이 입고서도 어찌 차마 이럴 수가 있느냐. 내 너를 베어 죽이겠다." 이 외침을 들은 다른 장수들이 강진흔을 구원하러 달려가려는 것도 장신은 막았어. 이 꼴을 보다 못한 군관 하나는 피를 토하듯 장신을 꾸짖으면서 바다에 몸을 던진단다.

수적 열세를 극복하지 못한 강진흔은 어쩔 수 없이 물러나지. 수군이 무너진 뒤로는 이렇다 할 방책이 없었어. 김경징은 쪽배를 타고 충청도로 도망가버리고, 강화도의 세자빈과 왕자들 이하 사농공상 백성은 고스란히 적의 손아귀에 들어가고 말아.

끝내 참수당한 '흙수저' 강진흔

전쟁이 마무리된 뒤 패전 책임을 묻는 논의가 활발하게 일어난단다. 그런데 인조는 강화도 방어 책임자 김경징과 수군 지휘관 장신을 죽여야 한다고 부르짖는 신하들 앞에서 기묘한 말을 해. "김경징은 거느린 군사가 매우 적었고, 장신은 조수潮水가 다 빠져 배를 통제할 수 없었다고 한다. 법대로 처벌하는 것은 과하다." 이게 무슨 뜻이겠니? 장신도 장신이지만, 인조는 자신을 왕위에 올린 반정 1등공신 김류의 아들이자 2등공신이던 김경징을 죽이고 싶지 않았던 거야. 이미 한배를 타고 끼리끼리 만수산 드렁칡처럼 얽혀 백년같이 권력을 누리던 그 시대의 금수저들이었거든.

하지만 김경징의 죄가 너무나 컸고 눈에 불을 켜고 대드는 신하들의 등쌀에 임금은 어쩔 수 없이 김경징에게는 사약을, 장신에게는 자결이라는 명령을 내리지. 그런데 사약이 내려졌다는 소식에 엉엉 울음을 터뜨리는 김경징 옆에서 "어차피 죽을 것 체통을 지키시오" 하는 또 하나의 사형수가 있었어. 바로 강화도 앞바다에서 피눈물 쏟으며 싸운 충청수사 강진흔이었어.

강화도 앞바다에서 가장 열심히 싸웠건만 그에게는 외려 참수형이 떨어졌단다. 충청수영의 병사들과 군관들이 대궐 앞에서 엎드려 울부짖었어. "그때 강화 앞바다에서 싸운 사람은 우리 장군밖에 없습니다." 눈앞에서 도망간 사령관도 겨우 사약을 받는데 목숨 걸고 싸운 충청수사는 망나니의 칼에 목숨을 잃게 되다니. 아무리 공자도 맹자도 모르는 무식쟁이들이라지만 도무지 영문을 모를 일이었어. 그러나 끝까지 의연했던 충청

수사 강진흔은 결국 목이 잘렸어.

강진흔과 함께 참수된 사람이 있어. 강화도 갑곶을 지키던 하급 지휘관 변이척이야. 둘의 공통점이 뭔지 아니? 《조선왕조실록》에 그들 출신 가계家系에 대한 기록이 등장하지 않는다는 거야. '무슨 벼슬을 지낸 아무개의 후예요, 승지 벼슬을 한 아무개의 손자요, 어느 고을 사또 아무개의 아들'이라는 식의 소개 한 자락 없는, 양반치고는 별 볼 일 없는 '흙수저'였다는 얘기야. 인조가 강진흔을 두고 한 말은 정말이지 기가 막힐 정도란다. "강진흔은 싸우지도 못했고 달아나지도 못했다."

흙수저의 피해의식이 아니다

2016년 1월을 장식했던 여러 얘기들 기억나니? 새해라고 신문마다 희망을 이야기하면서 젊은이들이 흙수저 금수저 운운하는 것을 패배주의라고 나무라고, "하늘이 감동하도록 노력해봤나?"라고 핀잔하는 얘기가 너무나도 많았지. 하지만 아빠는 강진흔의 죽음을 보면서 자고로 우리 역사와 사회의 문제는 흙수저의 피해의식이 아니라 금수저의 무책임이었음을 떠올려. 강진흔의 목이 쉽게 잘릴 때 김경징은 참 힘들게 사약을 받았고, 정작 군 총사령관으로 최정예 군대를 거느리고도 어슬렁거리기만 했던 김자점은 후일 영의정의 자리에까지 올랐지. 이게 과연 조선시대만의 일이었을까?

고위직 공무원은 관사 욕실에서 목욕하다가 죽어도 '과로로 순직'이 되는데 말벌통 제거하다가 말벌에 쏘여 죽은 소방관은 순직이 아닌 사회, 아버지의 직업이 신분으로 세습되고 하다못해 정규직 노동자들까지 '노조원 세습'에 나서는 가운데 비정규직 노동자는 샤워실과 식당 이용도 제한되는 이 나라에 또 다른 강진흔이 없으리라 누가 장담할 수 있겠니. 정의가 의심받는 땅에서 희망이 어찌 건강할 수 있으며, 쳐다보지도 못할 나무가 즐비한 틈에서 열 번 찍을 노력의 도끼가 어찌 날을 세운단 말이냐.

"싸우지도 달아나지도 못했다"라고 강진흔을 타박하던 인조의 목소리를 아빠는 〈내부자들〉(2015)이라는 영화에서 들었다. '족보 없는 검사'에게 부장검사가 내지르던 소리지. "그러게 잘했어야지. 잘 태어나든가."

인조가 남한산성에서 나와 청 태종에게
항복한 사실을 기록한 삼전도비 옆 부조물.

04

굽기보다 곧기를 택한 검군 그리고 검사 윤석열

악행에 가담하지 않는 동료에게 독을 먹여 죽인
신라의 창예창 관원들은 21세기에도 좀비처럼 부활해 있다.
정보기관의 선거 개입 사건을 수사하던 검사가
한직을 돌아다니는 걸 보라.

"창예창 곡식을 빼돌리자!"

진평왕은 신라 제26대 왕이야. 《삼국사기》에 따르면 그는 신라의 임금 56명 가운데 초대 박혁거세왕을 제외하면 가장 오랜 기간 왕위에 있었어. 장장 54년(《삼국유사》에는 17대 내물왕이 57년 동안 왕위에 있었다고 기록되어 있기도 해). 하지만 진평왕은 결코 즐겁지만은 않았을 거야. 그 반세기는 지긋지긋한 전쟁으로 얼룩졌으니까.

너도 잘 아는 평강공주의 남편 고구려의 온달장군이 신라로 쳐들어온 것도, 원광법사가 화랑 귀산과 추항에게 '세속오계'를 전하면서 불제자에겐 어울리지 않는 '임전무퇴臨戰無退'의 가르침을 내린 것도 진평왕 때야. 진평왕 스스로도 한강 유역을 빼앗기지 않기 위해 몸소 오늘날의 북한산성까지 올라와서 고구려 군에 맞서 싸우기도 했어. 사랑하는 여인의 아버지를 대신해 변방의 군 복무를 대신한 가실이와, 기한이 넘어도 돌아오지 않는 연인을 끝까지 기다린 설씨 아가씨의 아름다운 사연 역시 이 진평왕의 통치기를 배경으로 한단다.

진평왕 49년(627)에 전쟁으로 골병들어 있던 신라에 기근까지 닥쳐. 백성들은 말할 것도 없고 낮은 벼슬아치들까지 배를 곯는 처지가 됐지. 나라의 곡식을 관리하는 창예창唱翳倉의 관원도 크게 다르지 않았어.

어느 날, 창예창 관원들이 한자리에 모였단다. 아마도 요즘 말로 '헬Hell신라'에 대한 왈가왈부가 한참 진행되었겠지. 그즈음을 기록한 일본의 역사책에는 '신라 사람들이 바다 건너 탈출해오기도 했다'고 되어 있으니, 관원들 역시 "이민이라도 가자"며 푸념하고 있었을지도 몰라. 그런데 누군가 갑자기 목소리를 낮추면서 대략 다음과 같은 말을 꺼냈단다. "나라도 나라지만 나는 당장 내 식구들 끼니가 더 걱정이네. 식구들이 굶기 전에 뭔가 수를 내야 한다고 생각하네." 침을 꿀꺽 삼키고는 얘기를 이어갔어. "우리 이 창고의 곡식을 나누세." 둘러앉아 있던 모두가 아연실색해서 입을 쩍 벌렸지. 이건 나라 창고를 털자는 말이었거든. 상상한 적도 없고, 또 상상했다 하더라도 이내 몸서리치며 서둘러 머릿속에서 지워버렸던 생각이 음성이 되어 자신들의 귀를 울리고 있었지. "창예창 곡식을 빼돌린다!"

나쁜 쪽으로 머리를 돌리면 회전이 빨라지는 게 사람이야. 그리고 못된 병일수록 전파가 빠른 법이지. 한동안 정신없이 머리를 굴리고 주판알을

튕긴 후 사람들은 의기투합한다.

'옳지 않은 일에는 천금을 줘도 움직일 수 없다'

"우리만 입을 다물면 돼. 기록도 우리가 하고 집행도 우리가 하는데 못할 일이 뭔가." 반나절도 지나지 않아 그들은 창예창의 곡식을 빼돌릴 계획을 완성하고 역할 분담까지 끝냈을 거야. 흉년 심한 어떤 고을에 보낼 구휼미와 국경의 어느 성에 보낼 군량미 서류를 거짓으로 꾸미고 두둑한 뇌물을 통해 윗사람의 승인까지 받은 날, 그들은 기뻐서 어쩔 줄 모르며 '분배'에 들어갔을 거야.

그런데 뜻밖의 장애물에 부딪쳐. 검군劍君이라는 사람이었어. 형편이 다른 관원들에 비해 나을 구석이라고는 전혀 없는 사람이었지만 유독 검군은 "나는 받을 수 없네"라며 자신의 몫을 거절해. 관원들은 기겁을 해서 그의 입을 바라보았지. 검군의 대답은 간단했어. "나라의 곡식을 사사로이 챙길 수는 없네."

구성원 대부분이 불의에 동조한 세상에서 정의로운 사람들은 대개 바보 취급을 받는단다. 창예창 관원들도 그랬을 거야. "자네만 잘났냐? 우린 뭐 정의를 몰라서 이런 줄 아나?" 누군가는 흥분하며 검군의 멱살을 쥐었을 것이고, 또 누군가는 "모난 돌이 정 맞는 법이네"라고 걱정스럽게 충고했을 거야. 좀 더 동작 빠른 누군가는 쌀을 퍼 들고 와서 이렇게 얘기하기도 했어. "우리 모두 다 받았는데 자네 혼자 거절하니 뭣 때문인가. 모자라나? 양이 적다면 자네에게는 더 주지[衆人皆受君獨却之 何也 若嫌小 請更加之]"《삼국사기》.

이 모든 회유와 설득 앞에서 검군은 '웃었다'고 기록되어 있어. "내가 명색이 화랑의 낭도였는데 옳지 않은 일에 천금을 준대도 마음이 움직일 수 있겠소?"

자신의 이익을 위해 의로움을 생매장한 파렴치한

인간이 문명을 건설하고 역사를 기록하기 시작한 이래 정직한 사람은 항상 있었어. 하지만 그를 자신들의 '조직'에 해를 입히는 존재로 폄하하며 찍어내고야 마는 소인배들은 더 많았단다. 검군의 동료들이 그랬어. 그들은 무서운 결심을 하게 돼. "이놈을 죽이지 않으면 말이 새나갈 거야." 작당한 그들은 양심 같은 건 손톱처럼 잘라버리고 말아. 자신들의 잘못을 사과하겠노라며 술자리를 만들어 검군을 초대하고 독을 먹여 죽이기로 한 거지.

그 자리에 가기 전 검군은 자신이 모시던 화랑에게 가서 사태를 대충 설명해. 화랑은 안타까이 대답하지. "도망이라도 가지 그러나."

이 말을 들으며 아빠는 그런 생각을 해. 검군의 동료뿐 아니라 그들과 한통속인 더 큰 힘이 개입되어 있었던 게 아닌가 하고 말이야. 화랑으로서도 어쩔 수 없는 그런 큰 힘. 그때 검군은 이렇게 말해. "굽은 건 저들이고 곧은 건 저인데 제가 되레 도망간다면 장부가 아니지요[日彼曲我直而反自逃非丈夫也]." 그리고 동료들이 베푼 독 든 음식을 먹고 죽어갔어.

독 기운에 온몸이 굳은 채 가쁜 숨을 몰아쉬는 검군 앞에서 그 동료들은 어떤 생각을 했을까. 아마도 "녀석 잘 죽었다"라고 생각하는 사악한 치들은 많지 않았을 거야. 오히려 안타까워하면서 "조금만 생각을 고쳐 먹었으면 이 지경까지는 오지 않았을 것 아닌가"라고 혀를 차는 자들이 더 많았을 듯해. "다 죽을 수는 없잖아. 처자식이 몇 명인데"라며 애써 자위하는 새가슴들이 다수였겠지. 그럼에도 불구하고 결론은 같아. 그들 모두는 살인자였어. 살인의 공모자였고, 자신의 이익을 위해 의로움을 생매장한 파렴치한이었어.

그 검사가 '검군의 마음'으로 버텨주기를

지난 18대 대통령선거 때 이 나라의 정보기관이 선거에 개입해서 야당 후보를 헐뜯는 댓글을 달고 일반 국민에게도 입에 담지 못할 욕설과 협박을 퍼부은 일이 있었어. 자유민주주의를 표방하는 나라에서 있을 수 없는 반칙이었단다. 검찰이 수사에 들어갔지. 하지만 곧 벽에 부딪치고 말았어. 장관부터 검사장까지 수사를 가로막느라 눈에 핏발이 섰고, "야당 도와줄 일 있나?"는 윽박지름이 난무했던 거야. 검군의 동료들이 그를 어르고 협박했듯이.

　"하늘이 무너져도 정의는 세워라"는 말에 충실한 검군의 후예들은 "첫 단추부터 잘못 끼운 일"이며 "사람에게 충성하는 것이 (검찰이) 아니기에 이렇게 얘기한다"고 호소했어. 하지만 자신들의 악행에 가담하지 않는 동료에게 독을 먹인 창예창 관원들은 21세기에도 좀비처럼 부활해 있더구나. "정권이 물라면 물고 놓으라면 놓는 개"(김영삼 정권 당시 한 검사의 토로)처럼 정권에 순종적인 검찰은 검군의 후예들을 찍어내고 모욕하고 변두리로 쫓아버리고 말았으니까. 그 가운데 한 검사는 2016년 1월 검찰직을 떠났단다. "나는 사람에게 충성하지 않습니다"라고 부르짖던 다른 엘리트 검사는 귀양 같은 한직閑職을 돌아다녔고.

　아빠는 그분이 검사직을 그만두지 않기를 간절히 바랐단다. 아무리 더럽고 치사하고 아니꼽더라도 "굽은 건 저들이고 곧은 건 저인데 제가 되레 도망간다면 장부가 아니다"라는 검군의 마음으로 버텨주기를 바랐단다. 그 후로 세월이 1,400여 년이나 흘렀는데, 발전이라는 게 있어야 하지 않겠니. 쓸모 있는 모난 돌이 탐욕의 정에 쩡쩡 부서지는 꼴은 좀 그만 봐야 하지 않겠니.

얼마 전 아빠는 후세를 향해 우리 때는 이런 일이 있었단다 하고 어깨에 힘을 줄 수 있는 장면을 보았지. 정권과 검찰 상층부로부터 노골적인 '디스'를 당하던 검군 같은 그분, 윤석열 이천지청장이 '박근혜 정부의 최순실 등 민간인에 의한 국정농단 의혹 사건' 특별검사팀의 수사팀장으로 나서서 어둠 속에서 나라를 좀먹던 이들의 멱살을 잡아 밝은 태양 아래로 끌어내는 모습 말이다. 다른 사람보다 주먹 하나 더 큰 키의 헌헌장부 윤석열 검사는 마치 이렇게 말하고 있는 것 같았어. "범죄자는 저들이고 나는 검사인데 내가 되레 겁을 내거나 포기하면 이 나라는 나라가 아니고 나는 검사가 아니지요." 진정으로 고맙다 싶구나.

P.S. 신라의 검군은 죽었으나 2017년 대한민국의 검사 윤석열은 서울중앙지검장이라는 요직으로 금의환향했다. 역사는 그렇게 새롭게 단장하고 우리 곁으로 다가선다. 우리 시대의 모난 돌은 다이아몬드로 돌아왔다.

신라 제26대 진평왕은 가장 오랜 기간 왕위에 있었다.
당시는 전쟁과 기근의 시대였다.

05

관동대학살 때의 일본인과 만보산 사건 당시 조선인의 광기

별다른 피해 없이 마무리된 사건 하나가
조선으로 건너와 사람들의 분노를 자극했다.
만보산 사건이 잘못 알려지며 조선에 살던 중국인들이 큰 화를 당했다.
그릇된 정의감이 불러일으킨 일종의 '학살'이었다.

만보산 사건, 지나쳐서 모자람만 못하게 된 분노 사건

인간의 감정, 희로애락은 그 하나하나가 소중하단다. 기쁠 때 웃지 못하고 슬플 때 울지 못하는 것만큼 비참한 일도 없을 거야. 분노 또한 마찬가지다. 화내야 할 때 화내지 못하는 사람은 머지않아 분노마저 잃어버리게 돼. 분노하여 일어서지 못하는 사람은 노예의 삶을 살 수밖에 없어. 스테판 에셀의《분노하라》에 등장하는 다음과 같은 외침은 그 자체로 진리라고 해야 할 거야. "분노할 이유를 발견하는 것은 귀중한 선물이며, 분노할 것에 분노할 때 당신은 거대한 역사의 흐름의 일부가 된다. 그 흐름이 우리를 더 많은 정의와 자유로 이끈다. 그 자유는 여우가 닭장 속에서나 맘껏 누리는 자유가 아니다."

그런데 뭐든 지나치면 모자람만 못한 법이지. 분노 또한 그렇단다. 일제강점기로 거슬러 올라가보자. 일본제국주의 세력은 갖은 방법으로 식민지 조선을 수탈했고, 조선 팔도의 곤궁한 백성들은 고향에서 살길을 잃고 압록강과 두만강을 건너야 했어. 수많은 사람들이 산 설고 물 다른 만주 벌판에 흩뿌려졌고, 만주 사람들의 구박 밑에서도 죽을힘을 다해 땅을 일구고 농사를 지었다. 그 와중에 독립운동도 했지. 그런데 일본은 조선을 넘어 만주를 일본의 생명선, 즉 '반드시 손에 넣어야 할 영토'로 간주하면서 호시탐탐 기회를 엿보고 있었어.

1931년 7월 2일, 현재 중국 지린성 창춘 근처의 만보산이라는 곳에서 조선인과 중국인 사이에 충돌이 일어났어. 농사를 위해 조선인들이 판 수로가 문제가 된 거야. 그 수로 때문에 자신들의 경작지로 흘러 들어가는 물길이 막혔다고 본 중국인들은 수로 공사를 방해했고 중국 관헌도 조선인들을 구속하는 등 압박을 가해. 그런데 일본 측이 그들 법대로 하면 '자국민自國民', 즉 일본 제국의 신민이라는 조선인들을 보호하겠다고 나섰어. 이에 부아가 치민 중국인들은 조선인 정착촌으로 몰려가 수로를 파괴하며 난동을 부려. 그러자 일본 경찰이 출동해서 이를 저지하면서 일촉즉발의 위기가 펼쳐지지.

일제의 이간질에 걸려들다

이 '만보산 사건'의 와중에 일본 경찰이 발포까지 했다 하니 보통 사안은 아니었지만, 조선인과 중국인 모두 다친 사람이 거의 없어서 별 탈 없이 마무리될 수 있었단다. 그러나 몇 가지 요인들이 첨부되면서 기묘한 화학적 변화를 일으키게 돼. 일제의 이간질과 거기에 걸려든 조선의 언론들이 바로 그 요인이었지.

당초부터 일본은 만주의 조선인이 예뻐서 보호하려던 게 아니었어. 오히려 일제의 목표는 조선인과 중국인 사이를 이간질해 서로 으르렁거리게 만드는 것이었지. 두 민족이 힘을 합친다면 일본의 만주 지배 전략에 막대한 차질이 빚어질 게 뻔했으니까. 그러던 차에 벌어진 만보산 사건은 그야말로 울고 싶은데 뺨 때려준 격이었어.

일본은 갑자기 쥐를 열렬히 보호하는 고양이로 둔갑해서 '조선인들이 중국인들에게 피해를 봤다'고 선전하기 시작해. 여기에 당시까지만 해도 비타협적 민족주의자들이 주도권을 잡고 있던, 심지어 쟁쟁한 공산주의자들까지 기자로 맹활약하던 《조선일보》가 말려들고 말아.

창춘에 주재하던 조선인 기자 김이삼은 만보산 현지를 답사하지 않은 상태에서 일본 관헌의 말을 급보로 송고했단다. 《조선일보》는 이 소식을 호외까지 발행하며 알렸어. 이 뉴스들은 만보산 사건을 중국인에 의한 대규모 조선인 박해 사건으로 둔갑시켜버려. '200명이 죽었다더라!' 하는 식으로 말이야. 조선인들은 경악했어. '되놈들이 우리 동포들을 어떻게 했다고?'

중국인들이 우리 동포들을 해코지했다는 건 분노할 만한 소식이었지. 고향 떠나 사는 것도 서러운데 텃세를 부려 사람을 해치다니! 그러나 그

진위를 확인하기도 전에 조선인들의 분노는 매우 비정상적으로 폭발하고 만단다.

조선인들이 벌인 소규모 '관동대학살'

전국 곳곳에서 일상을 영위하며 살아가던 중국인들은 그야말로 조선인들의 분노 쓰나미에 휩쓸리게 돼. 그해 7월 3일 새벽, 언젠가 너도 둘러봤던 인천의 차이나타운 거리가 조선인들의 습격을 받았단다. 그뿐 아니었어. 열받은 조선인들은 서울·평양 곳곳에서 중국인들을 '응징'하기 시작했지. 특히 심한 곳은 평양이었어. 7월 5일 시민 수백 명이 중국 요리집 동승루를 공격하면서 비극은 시작되지. "차차 모여드는 군중들이 합세하야" 늘어난 군중은 중국인 가게와 거주지를 습격했어.

1931년 7월 7일자 《동아일보》는 "평양 부내에 사는 중국인 476호는 거의 전부 습격을 당했다"라고 기록하고 있어. '만보산에서 너희들이 우리 동포들을 죽였다니 너희들도 죽어봐라!' 하는 분노가 하룻밤 사이에 100여 명 가까운 목숨을 삼켜버렸지.

평양뿐 아니라 전라도 삼례, 경상도 부산, 충청도 천안, 함경도 원산 등 전국적으로 중국인 배척 운동이 일어났어. 별 탈 없이 조선 땅에서 짜장면 팔고 포목 장사하며 살아가던 화교들은 별안간 생지옥에 떨어진 듯한 공포에 떨어야 했단다. 전 세계 어느 지역에서도 밀려난 적이 없다는 화교들이 이 사건 이후 대거 조선을 떠났을 만큼 그 공포는 컸어.

결국 조선인들은 소규모의 '관동대학살'을 벌인 셈이었단다. 관동대학살은 1923년 일본 관동 지역 일대를 강타한 대지진 때 '조선인들이 지진을 틈타 소요를 일으키고 우물에 독을 풀려 한다'는 헛소문에 사로잡힌 일본인들이 조선인들을 학살한 사건이야. 당시 일본 정부는 자신들에게 쏠리는 비난의 화살을 잠재우고자 이 소문을 방관 내지는 조장했고, 조선인 수천 명이 방향 감각을 상실한 일본인들의 분노에 희생됐다. 만보산 사건 이후 조선인들이 보여준 모습은 바로 일본인의 그것이었어.

그릇된 정의감과 만만해 보이는 자에 대한 분노

다시 돌아보자. 관동대학살 때의 일본인들과 만보산 사건 당시 조선인들의 광기에서 공통점은 무엇일까. 아빠는 그릇된 정의감, 그리고 만만하게 보이는 자에 대한 분노라고 생각해. 관동대학살 당시 일본인들은 조선인들에게 어려운 일본어 발음 "주고엔 고짓센"(15원 50전)을 시킨 뒤 유창하게 말하지 못하면 바로 죽창을 내질렀다고 해. 아마도 '조선인들의 소요로부터 우리 가족을 지킨다'는 정의감으로 무장하고 말이야. 만보산 사건 때 조선인들 역시 이른바 '동포애'라는 정의감으로 팔뚝을 걷어붙였을 거야.

이에 더해진 것이 만만하게 보이는 자에 대한 분노였어. 일본인들에게 조선인이란 기분 나쁠 때 배를 걷어차도 괜찮은, 마구 대하고 심지어 죽여버려도 큰 탈 입을 것 같지 않은 약자였단다. 마찬가지로 조선인들에게는 화교들이 약자로 비쳤던 거야. 그릇된 정의감이 부른 분노가 약자에게 발동될 때 그 결과가 얼마나 치명적인지 이 두 사건으로 충분히 알 수 있겠지?

한 가지 더 덧붙이면, 이렇게 대중이 분노를 '소모'할 때 느긋하게 그 분노의 불길을 쳐다보며 불구경에 여념이 없는 자들도 항상 있었다는 사실을 기억해둘 필요가 있어. 관동대학살 때의 일본 정부가 그랬고, 조선인들의 항일운동에 대해서는 거의 빈틈을 보이지 않았던 조선총독부와 경찰들도 마찬가지였지. 이런 점에서 "의지만 있었다면 유능한 경찰이 소요를 막지 못했을 리 없다"(윤치호의 1931년 7월 13일 일기)라는 구절은 참 의미심장하단다. 이 사건이 터진 두 달 뒤 일본은 만주사변을 일으켜 만주 침략을 본격화하게 되거든.

아빠는 조선인들이 몹시도 잔인한 가해자가 되었던 만보산 사건을 네게 얘기하면서 여러 가지를 생각한다. 과연 우리는 당시의 조선인들에 비해 지혜로워졌을까? 분노하기 전에 생각할 줄 알고, 분노를 조장하는 세력에게 분노를 퍼부을 깜냥을 키우고 있을까? 글쎄, 네게 감히 '그렇다'고 대답하기 어렵구나.

1923년 관동대지진 당시 일본인 사이에 퍼진
유언비어로 학살당한 조선인 시체가 땅을 뒤덮었다.

06

암태도의 서태석, 송곳 같은 인간

이름도, 빛도 없이 나선 사람들 덕분에 세계는 인간의 자유를 넓히고
불평등을 줄여나가는 방향으로 발전할 수 있었다.
한국도 마찬가지다. 그들의 이름과 행적을 기억하는 것으로
역사는 새싹을 틔운다.

지배자들에게 맞선 '송곳 같은 사람'

인간 사회가 다스리는 사람과 그 다스림을 받는 사람들로 나뉜 이래 양자
간에 갈등이 없던 시기는 찾아보기 어려울 거야. 역사 속에서 어질고 현명
한 통치자는 그렇지 않은 사람들에 비해 현저히 적었고, 부당한 대우를 받
은 사람들은 통치자의 위엄이나 위협에 맞서 불만을 표출했거든. 도저히
참을 수 없게 되면 무기를 들고 일어서서 지배자들과 충돌하기도 했어. 국

사나 세계사 교과서에 수도 없이 적혀 있는 'OOO의 난'이 바로 그것들이야('난亂'이라는 표현 자체가 지배자들의 시각으로 본 단어다. 그 점은 기억하고 들으렴).

그런데 난亂이란 게 터지는 가능성이 사람들의 불만의 크기와 정비례하지는 않아. 반드시 누군가 먼저 부당한 상황을 깨치고 '이렇게 살 수는 없다', '내가 앞설 테니 따르시오'라고 외쳐야 '난'의 폭발이 가능했단다. 난이 끝나면 자신은 물론 가족까지도 혹독한 대가를 치러야 했던 이른바 '주동자'들이지. 누가 자청해서 그런 위험한 일을 할까 싶지? 하지만 인류 역사의 기이한 점은 "가장 앞에서, 가장 날카로웠다가 가장 먼저 부서져버리고 마는 송곳 같은 인간"(웹툰 〈송곳〉 중에서)들이 끊임없이 나타난다는 거란다.

목포 앞바다의 여러 섬 중에 암태도라는 곳이 있어. 목포에서 25킬로미터 정도 떨어져 있는데, 토지가 비옥해서 인구가 한때 1만 명을 넘었다는 큰 섬이야. 흥미로운 건 일제강점기에 "사람다운 사람은 다 암태에 산다"라는 말이 돌 만큼, 이 섬 주민들의 '사람됨'이 높이 평가되던 시절이 있었다는 거야.

무슨 이유로 암태 사람들이 '사람다운 사람'이라 일컬어졌던 걸까. 이는 1923~1924년에 진행된 '암태도 소작 쟁의' 사건에서 비롯돼. 암태도의 비옥한 땅에도 그 땅의 주인, 즉 지주들은 어김없이 있었단다. 문재철이라는 이가 대표적인 지주였지. 그는 암태도에만 약 140정보(1정보=3,000평)의 농지를 보유했고 저 멀리 강원도 철원과 충청도 당진에도 토지를 가진 대지주였어. 문재철은 농민들이 생산한 소출의 70~80퍼센트를 소작료로 거둬들이고 있었다고 해. 그래도 암태 사람들은 참아야 했지. 왜? 지주 어른이 무서우니까. 혹시 눈 밖에 나서 그나마 부쳐 먹던 땅을 빼앗기면, 오도 가도 못하고 굶어 죽을 수 있으니까. 하지만 암태도 사람들 사이에서도 송곳 같은 사람이 나타났어. 서태석이라는 이였지.

서태석, 암태도 소작 쟁의 사건을 이끈 송곳

서태석은 20대의 이른 나이에 8년 동안이나 암태면장을 지냈어. 일제강점기 때 '면장'이라면 일제에 빌붙은 친일파를 떠올리는 경우가 많아. 하지만 서태석은 1920년 3·1운동 1주년 행사를 준비하다가 감옥에 가기도 했을 만큼, 일제의 앞잡이 노릇에 열을 올리던 여느 '면서기'와는 전혀 다른 사람이었지. 1년 동안의 옥살이를 한 뒤 돌아온 고향은 그에게 또 다른 저항의 마당이 된단다. 지주와 마름(지주의 앞잡이이자 하수인을 이르는 말이야)의 횡포가 도저히 참아줄 수 없을 만큼 심했던 거야. 서태석은 자기 소유의 땅이 있던 자작농이었어. 그랬음에도 자신보다 못한 처지였던, 지주의 땅을 부쳐 먹던 소작농들을 위해 선봉에 나서게 된단다. "소작료는 4할(40퍼센트)로! 소작료 쌀 운반비는 지주가 내라!"

섬사람들은 1924년 3월 27일 암태면 동와촌리에서 '지주 규탄 면민대회'를 열어. 지주와 정면으로 맞서게 된 거지. "분쟁이 생기면 소작료를 내지 않고 파작해버립시다! 결의를 어기는 사람하고는 모든 것을 끊어버립시다!" 그 와중에 면민들은 지주 문재철 부친의 덕을 기린다며 세워진 송덕비를 부숴버려. 이 문제로 소작민과 지주 측 청년들이 충돌하면서, 결국 소작인 13명이 목포로 끌려가 감옥에 갇힌단다.

그러자 온 섬이 들고일어났어. 청년회고 부인회고 할 것 없이 1000명 이상의 섬사람들이 뭍으로 나와 '아사동맹'(단식농성)에 들어간 거야. "뭉치어라 작인들아, 뭉치어라 우리의 부르짖음 하늘이 안다. 뼈 빠지게 일하여도 살 수가 없거든, 놀고먹는 지주들은 누구의 덕인가." 농성 때 불렀다는 소작인의 노래야.

암태도 사람들은 간부를 석방하지 않으면 그대로 법정 안에서 또는 법원 앞마당에서 굶어 죽자는 결의를 보였어. 남녀노소가 정말로 밥 한 술 넘기지 않고 "대지를 요로 삼고 창공을 이불 삼아" 버렸단다. 그 중심에 서태석이 있었지.

일제 경찰도 혼비백산했어. 암태도 도민들의 의로운 투쟁에 식민지 조선 전국이 들썩였거든. 나중에 대한민국 초대 대법원장이 되는 김병로를 비롯한 시국 사건 전문 변호사들이 앞다퉈 변호를 자청하고 나라 밖에서까지 투쟁을 지원하는 성금이 쏟아질 정도였어. 일이 심상찮다고 생각한 일본 경찰이 부랴부랴 중재에 나서 소작회와 문재철은 다음과 같은 합의에 서명하게 돼. "소작료는 4할로 인하하고, 구속자는 쌍방이 고소를 취하하며, 지주 아버지의 송덕비석은 소작회 부담으로 복구한다." 암태도 사람들, 즉 '사람다운 사람들'의 승리였어. 서태석의 승리이기도 했고.

그러나 서태석은 이후 일본 경찰로부터 집중적인 감시를 받는단다. 결국 농민운동을 하다가 체포되어 온갖 고문을 당한 끝에 몸과 정신이 다 망가져버려. 정신분열증까지 얻었고 대소변을 동네 꼬마에게 부탁해 내가게 할 정도였다고 해. 어떤 처지였는지 짐작할 수 있겠지?

1943년 광복을 두 해 앞둔 어느 날, 그는 논두렁에서 시체로 발견되었어. 소작료 인하를 부르짖으며 소작농들 사이를 헤집고 다니던 그날의 기억을 잊지 못해서였을까? 벼 포기를 굳게 움켜쥐고 있었다는구나. 자기 땅을 가진 농민이었지만 남의 땅 부쳐 먹는 사람들의 권리를 위해 모든 것을 걸었던 사람은 그렇게 슬프게 생을 마쳤어.

"오냐 동무야 가자 가자 또 가보자"

2016년 2월, 아빠랑 동갑내기 정도인 한 아저씨가 고시텔에서 시신으로 발견됐다는 뉴스가 있었단다. 그분은 창원 롯데백화점에서 시설 관리를 맡았던 용역업체 노동조합의 지회장이었어. 회사의 부당한 해고에 맞서 백화점 앞에서 넉 달 동안 천막을 치고 농성하며 싸웠고 결국 해고자 10명 중 8명을 순차적으로 복직시킨다는 합의를 이끌어냈지. 그런데 지회장의 이름은 복직자 명단에서 빠져 있었어. "언제 끝날지 모르는 투쟁을 계속해 조합원들 고통이 계속되는 것보다는 노사가 조금씩 양보하는 것이 낫다"라면서 다른 사람의 복직을 조건으로 자신은 회사를 떠나기로 한 거야.

가장 날카롭게 튀어나와 회사의 두터운 고집에 구멍을 냈던 송곳 같은 지회장 아저씨는 그렇게 회사를 떠나 막노동으로 삶을 이어가다가 고시텔 방에서 외롭게 세상을 떠났다. 아저씨의 희생으로 직장을 다시 얻은 사람들은 그 죽음을 알았을까? 슬퍼해주었을까? 벌써 잊지는 않았을까? 아빠는 그러지 않았기를 바랐단다. 진심으로.

우리나라는 물론이고 세계 역사에서 인간의 자유를 넓히고 사람과 사람 사이의 불평등을 줄이는 데 결정적으로 기여했던 게 어진 임금의 선정善政이나 인자한 귀족들의 양보라고 하기는 어려워. 자신의 몸이 부서져 가며 이름도 없이 빛도 없이 남을 위해 나설 줄 알았던 사람들이야말로 사람과 사람 사이의 간극을 좁히고 높낮이를 고르게 만들었던 소중한 존재였다. 솔직히 아빠는 네게 그런 삶을 살라는 말을 하고 싶지 않다. 아빠부터도 그리 하지 못했고, 또 너무나 고된 길이라는 걸 충분히 알고 있기도 하니까. 하지만 그런 사람들을 기억하라는 당부는 꼭 하고 싶어. 그들의 이름과 행적을 기억하는 것으로 역사는 새싹을 틔우는 법이거든.

기억해라, 암태도의 서태석, 롯데백화점 창원점 비정규직 노조 이상구 지회장. 암태도 소작 쟁의 당시 서태석이 불렀고 지금은 이상구 지회장도 함께 부르고 있을지도 모를 노랫말 한 자락을 들려줄게. "오냐 동무야 가자 가자 또 가보자. 무쇠 팔뚝 돌 팔뚝에 풀린 힘을 다시 넣어 칼산 넘고 칼물 건너 쉬지 말고 또 가보자. 이 팔과 다리 부서져 일점육일지골 다 없어질 때까지"(장안대학교 박천우 교수의 〈100년 편지〉 중에서).

소작농들을 이끈 암태면장 서태석.

07

친일파 경찰 음모를 폭로한 백민태

반민특위의 와해는 한국 현대사의 결정적 순간 중 하나로 꼽힌다.
친일세력과 고위층은 반민특위를 없애기 위해
수단과 방법을 가리지 않았다. 해방 이후 백민태라는 인물은
친일파 경찰들의 음모를 폭로해버렸다.

반민특위 와해, 한국 현대사의 '결정적인 순간'

홍상수라는 영화감독이 있어. 어른들을 대상으로 한 영화를 주로 만드는 분인데 이분의 영화에는 "왠지 찜찜하다"는 평이 따라. 아빠를 비롯한 어른들이 다 가지고 있지만 평소엔 숨기고 사는 얄팍한 마음, 음흉한 욕심, 유치한 속셈 등을 기가 막히게 끄집어내 펼쳐 보이기 때문이야. 이 감독의 영화 대사 중에 유명한 게 하나 있어. "우리, 인간 되기도 어렵지만 괴

물은 되지 말자." 이 영화의 주인공은 이 말을 누구로부터 듣기도 하고 누구에겐가 쏘아붙이기도 해. 쉽게 말하면 그는, 또는 우리는 인간과 괴물 그 사이에서 어중간하게 서 있는 존재지. 괴물이 될 수도 있고 인간이 될 수도 있는.

격동의 한국 현대사에서 이른바 '결정적인 순간'은 열 손가락을 모두 꼽아도 모자랄 만큼 많았지만 그 가운데 생각할수록 뼈아프고 곱씹을수록 입맛이 쓴 사건 하나를 들자면 아빠는 '반민특위反民特委'의 와해를 들고 싶어. 반민특위는 '반민족행위특별조사위원회'의 준말이야. 일제강점기 당시 일본의 앞잡이로 동포를 때려잡았던 사람들, 일제와 손을 잡고 동포들을 괴롭히고 착취해서 그 돈으로 배 두드리며 산 사람들, '천황 폐하 만세' 부르면서 애꿎은 조선 청년들을 전선으로 내몬 사람들을 단죄하고자 만든 특별 기구였지. 식민지를 겪은 나라로서는 당연한 일이었고, 여러 명의 '친일파'가 끌려와서 반민특위 법정에 서게 된단다.

반민특위법 막으려던 경찰의 악질적인 제안

그런데 이를 몹시도 못마땅해 하는 사람들이 있었어. 일단 친일파들에게야 당연히 반민특위가 눈엣가시였겠지. 친일파들을 자신의 정치적 자산이자 우군으로 삼고 있던 이승만 대통령도 반민특위와 각을 세웠어. 그럼에도 불구하고 반민특위의 친일파 척결 작업은 성큼성큼 진행됐지. 일제강점기에 에스컬레이터와 엘리베이터가 설치됐던 으리으리한 화신백화점의 주인 박흥식도 잡혀왔고, '조선이 낳은 천재'로 찬양받던 작가로 2·8독립선언문을 쓴 춘원 이광수도 끌려왔어.

그 가운데 가장 악질의 친일파라면 아마 노덕술이라는 사람일 거야. 친일 경찰의 핵심이었고 너도 봤던 영화 〈암살〉에 등장하는 밀양 사람 약산 김원봉을 빨갱이로 몰아 체포했던 사람이야. 이 사람은 당시 대한민국 고위층의 비호를 받으며 숨어 있다가 반민특위에 덜미가 잡히지.

그런데 노덕술 체포 작전 다음 날 전혀 뜻밖의 '위인'이 역사의 전면에 등장한단다. 이름은 백민태. 이 사람의 행적은 사실 분명하지 않아. 일제 때 중국에서 항일투쟁에 가담했다는 백민태는 주로 암살과 파괴 등의 전문가였던 것 같아. 해방된 뒤에는 정치 깡패의 원조라 할 김두한과도 친교가 있었고. 우익들이 좌익으로 몰았던 몽양 여운형의 집을 폭파했다고 주장하기도 했지. 굳이 분류한다면 극우파 테러리스트, 요즘 말로 '일베 출신 테러리스트'라면 이해가 가겠지?

친일 경찰들은, 빨갱이라면 이를 갈고 사람 죽이는 솜씨도 탁월한 백민태를 자신들의 음모에 끌어들이게 돼. "자네 나라를 위해 큰일 한번 하게." 수도청, 즉 오늘날 서울시경찰청 수사과장 최난수가 백민태에게 속삭인 말은 산전수전 다 겪은 백민태조차 귀를 의심케 만들었단다.

"반민특위법을 강경하게 주장하는 국회의원 가운데 가장 악질적인(?) 의원 3인을 납치해서 사퇴서를 3통 쓰게 한 후 대통령과 국회의장과 언론사에 보내고 그들을 38선 모처로 끌고 오기만 하면 돼. 우리가 손을 써서 처치한 다음 월북하다가 적발돼 총살당한 걸로 꾸밀 거야."

경찰로부터 돈을 받아쓰며 경찰의 하수인 노릇을 해왔던, 가끔 경찰이 손대기 어려운 은밀하고 지저분한 일도 했을 백민태지만 고민에 휩싸이게 돼. 어떻게 이런 일이 있을 수 있단 말인가. 과연 내가 이 일을 해도 되는가. 아무리 경찰에 돈 빌어먹고 사는 처지라 해도 한때 일본 제국주의자들과 싸운 내가 친일파 경찰들을 위해 이런 짓까지 해야 하는가. 결국 백민태는 양심을 선택해. 친일파 경찰들의 음모를 폭로해버린 거야.

백민태, '괴물'에서 '인간'으로

법정에서 백민태는 자신에게 '배신자'라고 욕설을 퍼붓는 경찰에게 이렇게 대답해. "감정이란 단 한 가지 있죠. 그건 당신에게 신세를 졌다는 감정입니다." 그러나 곧 낯빛을 바꿔서 호통을 쳐. "우리의 나라가 기반을 튼튼히 하려는 때 이런 일을 한다는 건 민족을 배반하는 짓이니 왜놈들에게 상장을 받기보다 민족에게서 죄를 받는 걸 영광으로 아시오." 경찰의 돈을 받으며 떳떳하지 못한 일을 하고 살던 '괴물'이 찬연하고도 존엄한 '인간'으로 거듭나는 순간이었지.

백민태가 "인생 뭐 있어. 돈이나 두둑이 받아서 잘 먹고 잘살면 되지"라고 눈을 감았다면, "저 사람들은 빨갱이들이라니까!" 하면서 스스로를 합리화했다면, 그는 국회의원들을 납치해서 38선으로 끌고 올라갔을 거야. 괴물이 될 수 있었던 거지. 하지만 마지막 순간에 그는 인간으로 남아. "나는 내 나름대로 민족을 위해 살아왔습니다!"

하지만 이 '인간'의 일격을 받은 '괴물'들은 백민태 같은 이들을 제치고 직접 행동에 나섰어. 1949년 6월 6일 경찰 병력이 반민특위를 공격했고 반민특위는 재기 불능의 타격을 입었단다. 괴물들의 승리였지. 그러나 우리는 괴물들의 승전가 속에 묻혀버리기 쉬운 한 인간의 양심의 외침을 기억해야 해. 더 이상 추할 수 없고 더 악해질 데도 없고 그보다 더 비겁할 수 없는 사람들도 많지만 차마 그런 괴물이 되기는 싫어서 힘겹고 외로운 인간의 길을 택한 이들도 있었다는 사실과 함께 말이야.

"인간 되기도 힘들지만 괴물은 되지 말아야겠다"

2016년 벽두였던 것 같구나. 아빠가 처음에는 꽤 괜찮은 '인간'의 범주에 들었다가 전혀 다른 길로 접어들어버린 이의 얘기에 쓰디쓴 입맛을 다셔야 했던 때가. 한때 사람 목숨을 무시로 빼앗은 사이비 종교 집단에 맞서서 카메라를 돌렸고, 누구도 감히 손대기 싫어하는 아이템을 서슴없이 선택해 사회에 경종을 울렸던 용감한 PD가 있었어. "인간이 존재하고 사회가 존재하는 한 시사 고발 프로그램은 영원히 존재할 것이다"라고 기염을 토할 때 그는 정말로 본받고 싶은 PD였고 멋있는 '인간'이었어.

그러던 분이 지상파 방송사 간부가 된 후 "노동조합 파업의 후견인인데, 후견인은 증거가 남지를 않는다. 그런데 가만 놔두면 안 되겠다 싶어 가지고 (증거도 없이) 해고를 시킨 것이다"라면서, 자기 후배들을 증거도 없이 잘랐다고 무용담을 늘어놓고 다니게 될 줄 누가 알았겠니. 놀랍게도 한때 "시사 고발 프로그램이 놓쳐서는 안 되는 조건은 바로 공정하고 엄정한 증거입니다"라고 강조하던 바로 그 입으로 말이야.

이런 부당해고의 희생양이 된 후배들이 도대체 왜 나를 잘랐느냐고 물을 때 몇 해 전만 해도 거리낌 없이 사회의 타락을 규탄하던 그의 유장한 입은 굳게 닫히고 말았단다. 그가 그렇게 변한 세월 동안 그에게 시사 고발 프로그램 PD로 명성을 안겨준 프로그램은 있는지 없는지도 모를 프로그램으로 전락했고 "그 프로그램만은 믿을 수 있다"라고 했던 대중의 신뢰는 바람과 함께 사라지고 말았구나.

권력이라는 이름의 좀비에 물린 것인지 황금으로 된 메두사와 키스한 것인지 알 길이 없지만 왕년과는 전혀 다른 존재로 돌아와 세상 앞에 선 그분의 모습을 보며 아빠는 그저 힘없이 홍상수 감독의 영화 대사를 되씹을 뿐

이야. "인간 되기도 힘들지만 괴물은 되지 말아야겠다." 이 쉬워 보이는 명
제가 현실에서는 가장 어려운 명제인지도 모르겠다만.

친일 경찰의 대명사였던 노덕술.
고위층의 비호를 받던 그는 반민특위에 덜미가 잡혔다.

08

재벌 가문이 소환한 평강공주 이야기

온달은 알려진 것처럼 바보가 아니었다.
단지 평민 집안의 사내였을 뿐이다. 공주와 결혼한 그는 경멸과
질시를 극복하기 위해 평생 노력해야 했다. 어느 재벌 가문의 이혼 소송은
평강공주 이야기를 떠오르게 만든다.

'평민' 온달과 결혼한 '공주' 평강

오늘은 아빠가 누군가에게 '빙의'가 돼볼까 해. 아빠의 말투가 아니라 역사 속 누군가의 입장과 어조를 빌려보겠다는 뜻이야. 그 사람이 누구냐고? 고구려 시대 평강공주야. 앞으로의 이야기는 '빙의'돼 떠드는 거라 객관적 사실이 중심이긴 하지만 아빠의 주관적 생각이나 짐작도 들어가 있다는 걸 미리 얘기해두마.

나는 너희가 평강공주라고 부르는 사람이다. 단군 이래 4000년 역사에서 나만큼 유명한 공주도 없으리라. 너희가 아는 바와 같이 나는 바보 온달의 아내였다. 그런데 혹시 너희 가운데 김부식이라는 자가 《삼국사기》에 쓴 것을 곧이곧대로 믿는 자가 있느냐? 내가 어릴 적 하도 울어대어 부왕이 자꾸 울면 온달에게 시집보내겠다고 했는데 장성한 다음 모모한 귀족에게 시집보내려 하자 "아버지가 온달에게 시집보낸다고 했는데 어찌 말을 어기십니까" 따지고 들어 끝내 바보를 남편으로 맞았다는 이야기. 그건 사실이 아니다.

온달은 바보가 아니었다. 단지 평민 집안의 사내였을 뿐이다. 나는 우연한 기회에 그를 만나 사랑에 빠졌고 그 아니면 누구와도 혼인하지 않겠다고 고집을 부렸던 것이다. 부왕은 나를 때려죽일 듯 분노했고 후일의 영류왕 건무建武는 온달을 죽이겠다고 설쳐댔으며 뒷날 영양왕이 되는 원元은 내 앞에서 무릎까지 꿇어가며 만류했다. "누이는 상부上部의 고씨에게 시집가야 하오."

하지만 너희도 알다시피 사랑에 빠진 여인의 고집은 황소보다 억센 법이다. 끝끝내 내가 고집을 꺾지 않자 부왕은 이렇게 말씀하셨다. "자식 이기는 부모가 어디 있겠느냐. 궁을 나가라. 온달과 혼인하여 평민으로 살거라. 너는 내 딸이되 공주일 수 없다." 아버지의 얼굴은 어두웠다. 패물을 챙겨 궁궐을 나가던 날 안학궁 처마 아래에서 오래도록 밤하늘을 쳐다보던 아버지의 표정은 보이지 않았으나 알 수 있었다. 나도 눈물을 흘리며 궁궐을 나갔다.

"이 사람은 나의 사위다"

내 결혼은 온 고구려의 화제였다. 나를 며느리로 삼으려던 상부 고씨 집안은 말할 것도 없고 귀족들 태반은 혀를 차며 나를 미쳤다고 욕했다. 온달은 '바보 온달'로 부여성(고구려 북쪽의 성)에서 한성(황해도 재령에 있던 고구려 남쪽의 성)까지 유명해졌다. "바보가 공주를 얻었다네."

온달조차도 나를 버거워했다. 온달의 어머니는 내 손을 잡으며 "귀하신 분이 있을 집이 아닙니다"라면서 나를 돌려보내려 갖은 애를 썼다. 그러나 그럴수록 나는 이를 악물었다. 내가 선택한 사람이 결코 바보도 아니었거니와 거들먹거리는 재주 외에는 가진 것 없는 유약한 귀족의 아내로 평생을 보내느니 내가 선택한 남자를 어떻게든 가다듬고 변화시켜 보란 듯이 세상에 선보이고 싶었다. 그리고 온달도 내 노력에 따라주었다.

마침내 어느 해 3월 삼짇날 고구려의 풍습대로 낙랑의 벌판에서 부왕이하 5부의 귀족들과 무사들이 모두 참가한 사냥 대회가 열렸을 때 온달은 단연 두각을 드러냈다. 부왕이 그의 이름을 물으실 만큼. "온달입니다." 그리고 온달은 덧붙였다. "공주와 함께 살고 있습니다." 이미 온달은 웬만한 귀족 나부랭이보다 훨씬 글도 잘 짓고 무술도 뛰어난 장군의 재목으로 성장해 있었지만 귀족들에게는 그저 '바보 온달', '천치 온달'로 통했다. 그들은 온달이 그들과 동렬에 선다는 것 자체를 참을 수 없었다.

후주의 무제가 요동으로 쳐들어왔을 때, 온달은 적진으로 뛰어들어 수십 명을 쓰러뜨렸고 이에 힘을 얻은 고구려군은 돌격을 감행하여 후주 군대를 물리쳤다. 사냥 대회에서 '기특하게' 여기긴 했지만 사위로 인정하지 않으셨던(또는 귀족들 눈치 보느라 인정하지 못하셨던) 아버지의 얼굴도 환하게 피어났다. 못마땅해하는 귀족들 앞에서 부왕은 선언했다. "이 사람은 나의 사위다.”

'바보' 온달과 '정신 나간 공주' 평강

하지만 온달은 여전히 '바보'로 불렸다. 온달은 경멸과 질시를 극복하기 위해 온갖 노력을 다해야 했다. 온달은 무던한 사람이었다. 노골적인 또는 은연중의 경멸과 무시를 웃으며 받아넘겼고 꿋꿋이 참아냈다. 하지만 그도 사람이었다. 누구도 무시할 수 없는 공을 세워 바보 딱지 떼고 왕실의 일원으로 떳떳이 서겠노라는 강박을 갖고 있었다. 그 강박이 빚은 것이 신라 공격이었다.

“죽령 이북 땅을 되찾지 못하면 돌아오지 않겠소.” 출전하는 온달은 이렇게 말했다. 서토西土(중국)의 정세가 불안해 주력군은 요동에 집결해 있었다. 반면 온달이 이끄는 군대는 허약했다. 걱정하는 내게 그는 이렇게 오금을 박았다. “그럼에도 불구하고 승리하면 바보 소리를 떼지 않겠소?” 그때 나는 절감했다. 이 사람이 얼마나 한이 맺혀 있었던가를. 공주를 사랑한 대가가 그에게 얼마나 큰 짐이었던가를. 달포 뒤 신라군의 화살에 맞아 죽었을 때 한달음에 달려간 내 앞에서 온달은 두 눈 부릅뜨고 죽어 있었다.

그의 관을 옮기는 과정은 무척 힘겨웠다. 까닭 없이 마차 바퀴가 부러지거나 말 다리가 꺾이거나. 사람들이 온달의 한恨 때문이라 수군거렸고 나는 관 앞에 나아갔다. 그리고 관을 어루만지면서 이를 악물고 말했다. “생사가 이미 정해졌으니……” 오만 가지 생각이 머리를 때렸다. 나 때문에 그가 이렇게 죽은 것이 아닐까. 내가 차라리 그를 만나지 않았더라면 그는 비슷한 신분의 색시를 맞아 해로할 수 있었는데. 그를 그리도 힘들게 살게 하고 이렇게 허무하게 죽인 건 결국 공주라는 내 신분 탓이 아니었을까. "…… 그만 돌아가십시다."

데릴사위제 성행한 고구려에서도 없었던 일

사람 사이의 귀천은 하늘이 낸 것이라는 믿음이 지배하던 나라에서 나와 온달은 별종이었다. 온달은 바보가 됐고 나는 정신 나간 공주가 됐다. 그 모멸을 떨쳐보려고 발버둥 쳤으나 우리의 사랑은 비극으로 끝났다. 나의 시절로부터 무려 1500년이 흐른 너희 시대에는 만인이 평등하다는 원칙이 빛난다고 들었다. 너희 헌법으로도 "사회적 특수계급제도는 인정되지 아니하며, 어떠한 형태로도 이를 창설할 수 없다"(제11조 2항)라고 못 박고 있다고 안다. 그러나 2016년 2월, 나는 나의 살아생전 모습을 보는 듯한, 너희 시대의 이른바 '재벌 가문'의 이야기에 망연자실하고 말았다.

사랑이야 죽 같은 것이니 끓을 수도 있고 식을 수도 있다. 나도 온달이 꼴 보기 싫을 때가 한두 번이 아니었으니.

하지만 적어도 너희 대에서는 신분이 다르다고 하여 한쪽이 바보가 되거나 차별을 받는 일은 없어야 하지 않느냐. 어떤 대단한 가문에 장가든 온달 같은 이가 파경 교섭을 앞두고 "저희 아버님을 비롯한 저희 집안 대부분 식구들은 저희 아들이 태어나서 면접교섭 허가를 받기 전, 2007년부터 2015년 9살이 될 때까지 단 한 번도 보지 못했다"라고 토로하는 것을 보고 내 귀를 의심했다. 데릴사위제가 성행한 우리 고구려에서도 그런 일은 듣도 보도 못했을 뿐더러, 나와 온달 사이의 아이를 시어머니가 보지 못한다는 건 상상조차 어려운 일이다. 얼마나 대단한 가문이기에 옛 왕가도 어쩌지 못했던 천륜을 그 지경으로 틀어막는단 말이냐. 사실이 아니리라. 그의 과장이리라.

평강공주 아닌 온달의 아내로서 너희에게 당부한다. 잘난 사람과 못난 사람이 어찌 없으며 출중한 사람과 용렬한 사람이 왜 차이가 없겠느냐. 그들의 삶이 어찌 같을 수 있겠느냐. 그러나 그 차이가 차별로 굳어져 한 사람으로서가 아닌 집단으로 평가되고 특권과 의무가 분리되고 일방적으로 부여될 때, 그리하여 인간의 존엄함이 소수에게만 적용될 때 비극은 싹트고 자라 암울한 꽃봉오리로 세상을 덮는 법이다. 내 남편 온달은 바보가 아니었다.

아차산 입구의
온달과 평강공주 동상.

09

재상 이장용, 쿠빌라이에게 결연히 맞서다

수십 년 전쟁에 망가진 나라에서 또 다른 전쟁에
백성을 끌어들이지 않기 위해 고군분투한 고려의 재상 이장용의
이름을 기억한다. 전쟁이라는 소리를
함부로 내뱉는 사람들에게 그러면 무어라 말했을까.

몽골과의 30년 전쟁, 역사상 손꼽히는 거대한 국난

고려 시대에 벌어진 몽골과의 30년 전쟁은 그리 많이 알려지지 않았지.
네게 몽골과의 전쟁에서 활약한 사람 이름을 대보라고 하면 "국사 시간에
배우긴 했는데……"라며 말끝을 흐리지 않을까 싶구나. 하지만 몽골과의
전쟁은 우리 역사상 손꼽히는 거대한 국난國難이었어. 최초로 몽골군이
압록강을 건넌 게 1231년 1월이고 고려의 세자가 원나라의 세조가 되는

쿠빌라이를 만나 항복 의사를 전한 게 1259년이야. 고려 조정이 피란 수도이자 저항의 상징이었던 강화도에서 완전히 나온 게 1270년, 몽골의 지배를 거부한 삼별초가 최종적으로 진압된 게 1273년이었단다. 짧게는 30년 길게 보면 40년 동안, 고려가 전쟁의 소용돌이에 휘말려 있었다고 보면 될 거야. 그야말로 기나긴 전쟁이었지.

1차 침입 때 일단 머리를 숙이고 화친을 맺었지만 고려를 지배하던 최씨 정권의 2대 집권자 최이는 강화도로 수도를 옮겨 몽골에 저항할 태세를 갖춰. 강화도는 빠른 물살과 허리까지 빠지는 갯벌, 그리고 겨울에는 항해가 불가능하도록 만드는 한강과 임진강의 얼음덩이들까지 두루 갖춘 천혜의 요새였단다. 뿐만 아니라 이중 삼중으로 쌓은 성에 고려 최고의 정예부대까지 버티고 있었지. 천하의 몽골군도 감히 넘보지 못할 정도였어.

그러나 고려 정부가 피란 수도 강화도에서 안전하게 지낼 때 육지의 백성들은 몽골군의 파도와 같은, 즉 몰려왔다가 물러가고 또다시 들이닥치는 공세에 시달려야 했지. 고려 백성들은 열심히 싸웠단다. 하지만 상대는 세계 제국을 이룩한 몽골이었어. 몽골은 끊임없이 몰려왔고 결국 백성들도 지칠 대로 지치고 말아. 백성들이 들고일어나 조정의 관리나 지휘관을 붙잡아서 몽골군에 넘기거나 몽골군을 환영하는 일까지 벌어질 정도였어.

나라를 위해서라기보다는 자신들의 기득권이 무너질까봐 두려워하는 최씨 정권과 그 허수아비인 왕을 두고 몽골 사신이 던진 말은 매우 뼈아프다. "대군이 들어와 하루에도 죽는 자들이 수도 없는데 고려 왕은 어찌 자기 한 몸만 아끼며, 만민의 생명은 돌보지 않는 것입니까?"

동포 처지 외면하는 무책임한 선동꾼

마침내 최씨 정권이 몰락하고 고려는 몽골에 항복하게 되었지. 연로한 임금 대신 세자가 몽골에 들어가 쿠빌라이에게 항복했어. 마침 몽골의 칸인 뭉케(쿠빌라이의 형)가 남송을 공격하다가 사망해서 권력투쟁이 벌어지고 있었단다. 다른 형제들과 칸 자리를 두고 싸워야 했던 쿠빌라이는 고려의 항복을 기쁘게 받아들여. "당 태종도 항복시키지 못한 나라의 세자가 제 발로 걸어왔으니 이 어찌 하늘의 뜻이 아니겠는가."

칸이 된 쿠빌라이는 고려에 왕조의 제도와 풍속을 유지할 수 있다는, 몽골로서는 파격적인 선언을 해. 쿠빌라이 칸 스스로 "고려만큼 예를 가지고 대하는 나라가 없다"라고 자처할 정도였다.

하지만 고려의 고난은 끝난 게 아니었어. 몽골이 바다 건너 일본을 넘보기 시작한 거야. 일본이 몽골에 복속하지 않으면 곧 전쟁이 터질 판이었다. 고려 조정도 난감했지만 수십 년 전쟁에 지친 백성들로서는 더욱 가슴 터질 노릇이었지. 게다가 쿠빌라이 칸에게 일본의 존재를 일깨워준 자는 다름 아닌 고려인이었다. 쿠빌라이의 편지야.

"그대 나라 사람 조이趙彝가 일본에 대해 이런저런 얘기를 했다. 고려 왕은 '풍랑이 험하다'거나 '일본과 사귄 적 없다'고 핑계 대지 말고 사신을 보낼 수 있도록 길을 안내하라."

일본은 몽골에 굽힐 마음이 없었어. 고려는 어정쩡한 처지가 됐지. 그런데 이 상황에서 쿠빌라이 칸에게 "고려가 일본과 합쳐서 몽골에 저항하려 합니다"라고 충동질하는 사람들이 있었어. 이들도 고려인이었지. 몽골 침략 와중에 저항을 포기하고 몽골에 항복한 사람들을 아빠는 이해해. 심지어 조정의 관리를 죽이고 몽골군을 환영한 사람들도 '반역자'라고 생각하지 않아. 고려 정부가 그들에게 해준 게 없으니까. 하지만 자기 동포들은 어찌 되든 개의치 않은 채 강대국 군주의 비위를 맞추고 탐욕을 자극했던 고려인들은 반역자요 악당이며 무책임한 선동꾼으로 불러야 한다고 생각한단다.

이장용, 대원제국 황제에 결연히 맞서다

그런데 이 소인배들과 그들을 업고 있던 대원제국大元帝國(몽골이 세운 왕조) 황제 쿠빌라이에게 결연히 맞선 사람이 있었어. 이장용이라는 재상이었지. 그가 쿠빌라이에게 보낸 글을 보면 매우 예의 바르면서도 할 말을 다 한다는 느낌이 들어.

일본에선들 어찌 대원제국의 위신이 높다는 소문을 듣지 못했겠습니까? 그들이 들었으면 당연히 들어와 조공했을 것인데, 오지 않는 것은 바다 밖에 멀리 떨어져 있는 것을 믿기 때문입니다(일본은 아주 먼 곳입니다). 그러니 시간을 두고 서서히 일본의 동정을 살피다가, 오면 복종하게 하고(오면 좋고), 오지 않으면 버려두어 안 보이는 곳에서 제멋대로 살게 하는 것이 실로 황제의 은덕이 될 것입니다(안 와도 내버려두자니까요).

그러던 어느 날 이장용이 쿠빌라이 칸에게 불려가. 쿠빌라이는 고려 왕족 영녕군 준이라는 자로부터 "고려 군대가 5만씩이나 되니 일본을 치는 데 도움이 되고도 남습니다"라는 허튼소리를 듣고 있었지. 쿠빌라이는 고려 군대를 내놓으라고 윽박질렀어. 이장용은 이렇게 맞받아쳤다고 해.

"30년 전란으로 인해 다 죽어서 없어졌습니다."

이건 도발이었어. 적어도 대원제국 황제 쿠빌라이의 병력 요구에 이렇게 답할 자는 하늘 아래 없었을 거야. 쿠빌라이도 기가 막혔지. "너희 나라에는 여자가 없느냐? 죽은 자는 있고 태어난 자가 없다?" 몽골의 억센 무장들도 어깨를 움츠릴 쿠빌라이의 호통이었지. 이에 지지 않고 이장용은 대답했어.

"성은을 입어(즉 몽골과의 전쟁이 끝나) 9년 동안 전쟁이 없었습니다. 그때 태어난 아이들이래봤자 이제 아홉 살입니다. 폐하의 군인으로 쓸 수가 없습니다."

군사작전권도 없는 처지에 전쟁 운운하는 자들

누가 봐도 억지였지만 천하의 쿠빌라이도 반박할 수 없었어. 그 억지는 하나의 절규였던 거야. '너희가 이렇게 우리를 초토화시켜놓고 무얼 더 요구한단 말인가?'라는 피울음을 이장용은 전하고 있었던 거지. 하늘 아래 절대 권력자 쿠빌라이 앞에서 말이야. 결국 쿠빌라이도 입맛을 다시면서 얘기했어. "정녕 아만 메루겐(말의 명수)이로다!"

그러나 끝내 고려 백성들은 일본 원정의 부담을 져야 했단다. 숱한 고려 장정들이 일본 땅에서 피를 뿌리고 남해 바다의 억울한 혼백으로 흩어졌어. 하지만 아빠는 수십 년 전쟁에 망가질 대로 망가진 나라의 재상으로, 또 다른 전쟁에 백성들을 끌어들이지 않기 위해 고군분투하던 이장용의 이름을 언제고 잊지 않고 싶구나. 쿠빌라이 앞에서 "당신들이 쳐들어오는 바람에 우리나라 장정들은 다 죽어 없어졌다고! 전쟁 끝난 뒤에나 아이들이 태어났다고!"라며 목숨 걸고 항변하던 그의 기개와 함께 말이지.

몽골의 침략에 고려는 치열하게 항전했어. 그러나 전쟁이란 정의롭든 그렇지 않든 나라를 망가뜨리고 사람들을 피폐하게 만든다. 요즘 들어 전쟁이라는 소리를 함부로 내뱉는 사람들이 많아지는 게 아빠는 견딜 수 없게 슬프구나. 군사작전권도 갖고 있지 않은 처지에 '대통령이 김정은을 제거할 결심을 해야 한다'는 식의 말들을 떠드는 족속들이, 과거 쿠빌라이 옆에서 일본으로 쳐들어가야 한다고 속닥거리던 고려인들과 뭐가 다른지 모르겠다. 또 북한의 위협을 강조하며 테러방지법을 그토록 목 놓아 떠들다가 정작 '국가테러대책회의' 의장이 자신이라는 사실도 몰랐던 국무총리를 봤다면, 고려 재상 이장용은 몽골 말로 이렇게 외칠지도 모른다. "오오, 탱그리시여(오오, 하늘이시여)."

P.S. 2016년 3월 2일 테러방지법은 야당 국회의원들의 190여 시간의 필리버스터(합법적 의사진행 방해)에도 불구하고 통과됐다. "국가·지방자치단체 또는 외국 정부의 권한행사를 방해하거나 의무 없는 일을 하게 할 목적 또는 공중을 협박할 목적으로 행하는 행위"를 테러로 규정하는 이 법은 정부의 권한행사를 '방해'만 해도 테러로 몰 수 있는 위험한 법이었지.

30년 넘게 지속된 고려와 몽골의 전쟁은 한국 역사상 손꼽히는 거대한 국난이었다.

10

돌아온 3월, "대한독립 만세"

명랑한 보통 소녀 유관순이 만세 운동을 주도할 수 있었던 에너지는
어디서 나왔을까. 억눌린 시대를 사는 사람들 사이에
넘쳐흐른 에너지가 새 시대를 열어줬다.
다시 돌아온 3월, 그날에 비춰 오늘을 묻는다.

우수한 체력 그러나 그에 미치지 못하는 정신력

19세기 말, 조선은 서양 사람들에게 '은자隱者의 왕국Hermit Kingdom'(윌
리엄 E. 그리피스의 표현), 즉 은둔하며 사는 이들의 왕국이라고 불렸단다.
그만큼 조선은 서양 사람들에게 알려진 바가 거의 없었어. 물론 천주교
신도가 수만 명에 이르렀고 프랑스 신부가 이 땅에 들어왔다가 죽음을 당
하기도 했으니 완전히 깜깜했다고 할 수는 없겠지만, 적어도 외국 여행객

이 조선 팔도를 팔자 좋게 여행하거나 사람들과 만나는 건 조선이 문호를 개방한 뒤에야 가능했지.

조선을 찾았던 호기심 넘치는 서양인들이 이구동성으로 하던 얘기가 하나 있어. 조선인들이 신체적으로는 이웃 나라에 비해 전혀 뒤지지 않는다는 거였지. "한국인들은 중국인과도 일본인과도 닮지 않은 반면, 그 두 민족보다 훨씬 잘생겼다. 한국인의 체격은 일본인보다 훨씬 좋다"(이사벨라 버드 비숍의《조선과 그 이웃 나라들》)라거나 "나는 주저하지 않고 조선인이 극동에서 가장 잘생긴 민족이라고 단정한다. 그들은 키가 크고, 선이 굵으며, 강인하고, 힘이 세며, 항상 균형이 잘 잡혀 있다"(님 웨일스의《아리랑》)는 칭찬을 들으면 왠지 아빠를 얘기하는 것 같아서 어깨가 으쓱해지곤 해. 하지만 그 칭찬 뒤에는 으레 상당한 험담이 뒤따랐단다. "우수한 체력에 비해 정신력은 그에 못 미치는데, 그들은 분명 최상의 자질을 갖추고 있으면서도 마치 너울처럼 심한 무기력증에 빠져 있다"(카를로 로제티의《꼬레아 에 꼬레아니》).

그들은 "머리 하나는 더 큰" 조선인들이 일본인들이 펄쩍 뛰어올라 때리는 뺨따귀를 맞고 징징대는 희한한 풍경에 혀를 내둘렀고, 작달막한 일본인들 앞에서 훤칠한 한국인들이 허리와 머리를 굽히고 조아리면서 어쩔 줄 모르는 모습에 경멸의 시선을 던졌던 거야. 이런 기사 한번 볼까? "한 사람이 오줌을 누다가 일본 순사에 붙잡혀 뺨을 맞고 의관을 다 찢겼을 뿐만 아니라, 땅에 눈 오줌을 도로 먹게 하여 무수한 곤욕을 당했다"(《대한매일신보》1909년 2월 12일). 상상해보렴. 네가 눈 오줌을 다시 핥으라고 호령하는 일본 경찰과 개처럼 엎드려 그걸 핥으며 울상 짓는 한 조선 아저씨의 모습을. 그걸 서양 사람들이 봤으면 어땠을지를.

망해 마땅한 나라가 일어서다

의병들의 장렬하지만 산발적이었던 저항 외에는 이렇다 할 국가 간 전쟁 하나 없이, 스리슬쩍 자칭 하나의 제국帝國이 이웃 나라에 속수무책으로 먹혀갔던 과정은 더욱 한심하게 보였을 거야. 그들에게 조선은 그리고 대한제국은 망해 마땅한 나라였어. 지배층은 나라건 뭐건 제자리 지키고 호의호식하는 게 우선이고, 백성들은 지배층의 탐욕과 가난에 짓눌려 뭘 해볼 기력조차 사라진, 답 없는 노예의 나라였던 거지.

그렇게 나라가 망한 뒤 9년이 흘러 1919년 기미년이 왔을 때까지도 그 괴로운 어둠은 여전히 한반도 전역에 깃들어 있었어. 예를 하나 들어줄까. '조선 태형령'이라는 게 있어. 즉 봉건 잔재로 치부돼 갑오개혁 이후 공식적으로는 폐지된 태형, 즉 매질을 조선총독부는 '조선 태형령'으로 부활시킨 거야. 이 태형은 일본인에게는 적용되지 않고 조선인에게만 시행됐지.

"조선놈들은 때려야 말을 들어." 아빠도 자라면서 종종 들었던 이 말은 일본 순사들이 삐딱한 조선인들 잡아다가 몽둥이찜질을 하면서 내뱉는 관용어였어. 조선 태형령이 공식 선포된 건 1912년 3월. 그 이후 주재소마다 경찰서마다 때리는 소리와 맞는 비명이 드높았고 그 꼴을 보는 서양 사람들은 또 한 번 고개를 저었을 거야. "하여간 코리언들은 명예가 뭔지 긍지가 뭔지도 몰라. 일본인들에게 두들겨 맞고 꼼짝 못하는 꼬락서니 좀 보라지."

그러나 경술국치 후 9년, 조선 태형령 후 7년이 지났을 때 식민지 조선 사람들은 마침내 거대하게 일어섰단다. 바로 1919년 기미년 3월 1일 터져 나온 대한독립만세의 함성이야.

"환희에 넘치는 승리자의 표정"

총독부 발표로 2000만 한국인 중 200만, 미국이건 러시아건 중국이건 한국 사람들이 모여 살던 거의 모든 곳에서 대한독립만세가 터져 나왔어. 그제야 한국 사람들이 '인간'의 얼굴을 세계에 드러내게 된 거야. 한국인들은 결코 노예에 적합한 인종이 아니며 한때 노예처럼 무기력했을망정 세상에서 그 누구보다 용감하고 존엄한 인간으로 주먹을 그러쥘 수 있음을 보여준 거지. 식민지 조선에서 생활했던 엘스펫 로버트슨 스콧이라는 영국인은 3·1항쟁 이후 투옥된 여학생을 면담한 기억을 이렇게 쓰고 있어.

> 학교에서 루스라고 불리는 이 여학생은 …… 기품이 고고한 얼굴이었고 …… 슬픈 표정이라기보다는 오히려 환희에 넘친 표정이었다. 여학생은 왜 자기가 학교의 명령을 어기고 독립운동에 참가했는지 또 어떻게 체포되었는지 말했다. …… 동정을 구하는 표정이라기보다는 승리한 자의 모습이었다《영국 화가 엘리자베스 키스의 코리아: 1920~1940》 중에서).

비슷한 여학생이면서 너도 잘 알고 있는 유관순을 떠올려보자. 16년쯤 전 촬영차 만났던 유관순의 동기 동창 할머니의 말을 아빠는 선명히 기억해. "관순이는 불쌍한 사람 보면 그냥 지나치지를 못했어. 뭐라도 쥐어주거나 덮어줬지. 우스갯소리도 잘하고 얼마나 명랑했다고. 화가 나면 충청도 사람답잖게 말도 따다다다 쏴대기도 했고." 그녀는 기도 시간에 별안간 '주 예수의 이름으로'가 아니라 좋아하는 반찬이던 '명태의 이름으로' 기도한다고 천연덕스럽게 읊어대서 좌중을 웃음바다로 만드는 활달

한 보통 소녀였어.

그런 평범한 소녀가 고향의 어른들을 불러 모으고 용기를 불어넣고 만세를 주도하고 후일 재판정에서 판사에게 의자를 집어던진 에너지는 어디서 나왔을까. 아빠는 음력 3월 1일, 양력 3월 31일 매봉산 정상에 선 유관순의 얼굴에 답이 있을 것 같아. 자신이 봉화를 들어 올릴 때 일제히 인근 스물네 곳의 산봉우리에서 불길이 솟는 것을 보고 유관순이 어떤 표정을 지었겠니. 팔 아픈 줄도 모르고 다리 저리는 줄도 모르고 "조선 만세"를 부르짖으며 이리 뛰고 저리 뛰지 않았을까. 스콧이 봤던 "환희에 넘치는 승리자의 표정"으로 말이야.

3월 1일이 없었다면 8월 15일이 있었을까

이 에너지는 수백만 한국인을 움직였고 한때 일제에 투항했던 일부 사람들까지도 돌려세웠단다. 일제로부터 자작 칭호를 받았던 이용직은 조선총독부에 이렇게 선언했거든. "너희가 군함의 무력을 자랑하지만 우리의 만세 부르는 정신은 분쇄하지 못할 것이다."

그 시대를 사는 사람들 사이에 이런 에너지가 넘칠 때 역사는 용기하고 폭발하고 새 시대를 열어줘. 장담하는데 3월 1일이 없었으면 8월 15일은 절대로 없었을 거야. 반면 그 에너지를 끝내 발휘하지 못하고 '실력 양성'에 매진했다면 어떻게 됐을까. 우리는 지금 '곤니치와'와 '사요나라'를 되풀이하며 살고 있을 거고 한국어는 언어학자들이 연구하는 사어死語 아니면 영화 속에서나 등장하는 신기한 언어가 돼 있을지도 몰라.

다시 돌아온 3월, 아빠는 생각해본다. 우리는 그 에너지를 충분히 발휘하고 있을까. 아니면 덩치는 큰 주제에 뺨 맞고 울기나 하고 외세를 이용

한답시고 그들 좋은 일만 시키던 시절의 암울한 에너지 방전 상태에 있는
것일까.

1919년 3월 1일 서울 덕수궁 앞에 모인 사람들이 대한독립만세를 외치고 있다.
ⓒ 국사편찬위원회

11

숙부를 때려죽인 홍윤성,
그러나 '공신'이라는 이유로 면책

조선 세조 때 홍윤성의 숙모는 홍윤성의 살인을 왕에게 직접 고했다.
하지만 세조는 홍윤성이 공신이라는 이유로 그는 처벌치 않고
암매장을 도운 하인들의 목만 쳤다.
이런 불평등한 사건이 과연 옛날에만 있었을까.

격쟁, 억울함을 호소하다

좋은 정치의 특징 가운데 하나는 언로言路를 열어놓는 일일 테다. 어질고
훌륭한 통치자는 예외 없이 신하들이나 백성들의 말에 귀 기울였고 보다
자유롭게 말할 수 있는 환경을 조성하는 데 힘썼지. 형식적으로나마 조선
왕조에는 백성들이 귀천을 떠나서 임금에게 직소할 수 있는 제도가 마련
돼 있었어. 네가 잘 아는 신문고 제도가 대표적이겠지만 '격쟁擊錚'이라는

것도 있었어.

격쟁이란 '조선시대 일반 백성이 궁궐 안으로 들어가거나 임금이 행차할 때 징이나 꽹과리를 치며 억울한 사연을 호소하는 행위'였단다. 대충 어떤 건지 짐작하겠지? 정조 임금 같은 분은 수천 건에 달하는 상언上言(글로 지은 호소문)과 격쟁을 처리했다고 해. 그런데 훨씬 더 거슬러 올라가서 조선 전기의 왕 세조는 온양 온천에 요양하러 가다가 매우 황망한 사연을 접하게 돼.

천안삼거리에서 세조는 한 여인의 찢어지는 통곡 소리를 들어. 대체 이게 누구의 곡소리냐? 알아보니 곡성의 주인공은 버드나무 위에 올라가 있었어. 세조는 신하를 보내 이유를 묻게 해. 그러자 돌아온 대답은 뜻밖이었어. "이는 권세 있는 신하의 일이라 소인이 전하 앞에서 직접 아뢰어야 합니다." 그러니까 워낙 힘 좋은 신하와 관련된 일이라서 말단 신하정도는 감히 그를 들먹일 수 없을 것이니 임금 앞에서 직접 고하겠다는거였지. 세조는 이를 허락했어. "데려오라."

세조 앞에 엎드린 여인은 피를 토하듯 자신의 억울한 사연을 털어놓았는데 세조는 그만 입을 딱 벌리고 말았어. 그녀는 과거 세조가 일으킨 쿠데타인 계유정난癸酉靖難 당시 김종서 등 조정 중신들을 제거할 때 큰 공을 세웠던 홍윤성이라는 공신의 숙모였단다. 그런데 이 숙모가 "조카 홍윤성이 제 남편을 죽이고 뒤뜰에 묻었습니다"라고 고발한 거야.

죽었다는 숙부는 조카 홍윤성이 가난하던 시절 수십 년을 돌봐준 사람이었어. 계유정난 뒤 홍윤성이 출세를 하고 잘나가게 되자 숙부가 어떤 일로 부탁을 하려고 찾아갔는데 홍윤성이 그 대가로 땅 스무 마지기를 달라는 말도 안 되는 요구를 했고, 숙부가 이에 분개하여 네가 이럴 수 있느냐며 호통을 치자 무지막지한 손으로 때려죽여고는 마당에 파묻어버렸다는 거였어. 졸지에 패륜아에게 남편을 잃은 아내는 형조니 사헌부니 온 갖 곳을 찾아다니며 고발해봤지만 아무도 정난공신 홍윤성을 고발하거나 탄핵할 엄두도 내지 못했지. 이에 그녀는 마지막으로 임금의 길을 막고 호소했던 거야. 조사 결과 이는 사실로 밝혀졌어.

'공신'이기에 면책된 사이코패스 홍윤성

기록에 따르면 홍윤성은 사이코패스에 가까운 인물이었어. 백성의 땅을 마음대로 빼앗고는 돌려달라고 울며 호소하자 돌로 때려죽이기도 했고, 자기 집 앞 흐르는 물에 말을 씻기던 사람을 보고 쫓아나가서 죽여버리기도 했다니까. 하지만 수십 년 먹여주고 돌봐준 숙부를 제 손으로 죽이고 마당에 묻어버린 건 정말 인간으로서 양심을 깡그리 포기한 살인귀 같은 짓이었다고 할 수밖에 없어. 그런데 세조는 이에 대해 어떻게 대응했을까? 동생부터 조카까지 거침없이 죽였던 실력을 여지없이 발휘했을까?

그러지 못했어. 짐짓 홍윤성을 죽이겠다고 설레발을 치긴 했지만 다른 공신들이 "공신의 죄는 한 단계 감하여 묻는 것입니다"라고 만류하고 나서자 홍윤성을 용서하고 만 거야. 하지만 그냥 넘기는 건 또 찜찜했던지 조카에게 맞아죽은 숙부를 암매장했던 홍윤성의 하인들을 잡아들여 목을 날려버렸어. 하인들의 죄라면 오직 하나 '주인 잘못 만난 죄'뿐이었는데 말이야.

세조는 조선 왕조의 기틀을 다진 임금으로 평가되고 있어. 하지만 역으로 조선 왕조의 골수에 사무친 암덩어리를 이식한 인물이기도 해. 조선 왕조의 근간이 되는 《경국대전經國大典》을 편찬하는 데 힘쓴 왕이면서 자신을 도운 공신들에게는 법의 적용을 느슨하게 하고 그들의 횡포와 범죄를 눈감아주었기 때문이야. 왜 그랬냐고? 공신이니까. 나와 같이 큰일을 한 사람이니까. 저들하고 척을 지게 되면 좋을 게 없으니까. 그 후 조선 왕조에서는 툭하면 공신들이 생겨났고, 그들은 앞에서 끌어주고 뒤에서 밀며 나라를 분탕질했지. 그들의 범죄는 웬만하면 면책됐어. '공신'이라는 이름으로.

평생을 함께한 남편이 수십 년 돌봐준 조카를 만나러 갔다가 맞아죽었다는 소식을 들은 숙모의 마음은 어땠을까. '미치고 팔짝 뛴다'는 말이 전혀 낯설지 않은 심경 아니었을까. 가슴을 손톱으로 긁어 피가 흐르고 목이 쉬어 소리가 나지 않을 만큼 울부짖어도 모자랄 일 아니었을까. 애꿎은 홍윤성의 하인들만 목이 떨어지는 걸 보면서 숙모는 또 한 번 발을 굴렀을 거야. "전하, 윤성이는요? 저 악마는요?" 그러나 홍윤성은 그 뒤로도 잘 먹고 잘살다가 죽는단다.

살인 청부 사모님의 특별한 감옥살이

"참 옛날엔 별일이 많았구나." 너는 한숨을 쉬겠지. 그러나 역사란 놈은 또 네게 이렇게 빈정거릴지도 몰라. "글쎄, 과연 옛날 일일까?" 그러면서 이 사건을 들이밀 거야. '여대생 공기총 살해 사건.' 아마 너도 이 사건에 대해 이야기를 들었을 테니 자세한 설명은 생략하자꾸나. 대략 살피면 자기 사위가 그의 사촌 여동생과 불륜 관계라는 망상을 가졌던 한 대기업 사모님이 하수인들을 시켜 여학생을 납치해 살해한 뒤 암매장했던 사건이었지. 이 문제의 사모님은 무기징역을 선고받고도 남편의 돈과 힘, 그리고 부도덕한 의사의 도움으로 병원 특실에서 아늑한 감옥살이(?)를 즐기고 있었음이 폭로됐어. 이로 인해 세상은 물 끓듯 분노했단다. 세상에 어떻게 이럴 수가.

여기까지만 얘기해도 어금니가 부서져라 앙다물게 되는데, 2016년 2월 전 피해 여학생의 어머니가 슬픔 끝에 영양실조로 세상을 떠났다는 소식과 함께 살인을 사주한 그녀는 최신식으로 지어진 '직업훈련 교도소'에서 '직업훈련'도 받지 않으면서 지내고 있다는 뉴스가 또 한 번 세상 사람들의 뒤통수를 쳤어. 아빠도 홍윤성의 숙모처럼 청와대 위 가로수에라도 올라가고 싶은 심경이었단다. "어떻게 이럴 수가 있습니까. 이 나라는 법도 없습니까."

어떻게 그렇게 극악한 죄인, 티 없이 맑게 살아가던 여성을 자기 사위와 바람났다고 믿고 죽여버린 범죄자가 법을 우롱하며 호의호식하며 지낸 것도 모자라 그것이 폭로된 뒤 감옥에 들어가서도 '재량'에 따라 편안하게 지낼 수 있었을까. 그리고 그동안 희생자의 어머니는 슬픔에 겨워 굶주린 채 말라 죽어가야 했을까. 아무리 돈 있는 놈이 양반이고 돈 많은 놈이 공신이라지만 여기는 높은 양반들이 툭하면 우겨대는 '법치국가' 아니냔 말이야. 분을 못 참은 피해 여학생의 오빠가 청부 살해를 한 '사모님'의 가족이 운영하는 회사 앞에서 1인 시위를 할 때 회사 직원들이 나와서 그 오빠를 협박하기까지 했다니 과연 이 나라는 법에 의해 다스리는 법치法治국가일까 법이 창피한 법치法恥국가일까.

아빠 역시 회사 돈으로 아내의 탈법을 도왔던 그 회사 회장에게 촉구하고 싶어. 당신의 전 재산을 들여 희생자 가족에게 보상하고 희생자 추모 재단을 세워 사회에 환원하라고. 시간이 허락한다면 1인 시위라도 하고 싶다. 이렇게 쓴 팻말을 들고 말이야. "한탑'으로 이름을 바꾼 영남제분 회장 류원기 씨. 당신은 그래야 한다! 당신은 당신의 재산으로라도 속죄

해야 한다. 여기는 대한민국이다. 법치국가란 말이다. 피해자 가족에게
보상하고 피해자 추모재단 설립하라."

홍윤성의 묘와 비. 기록에 따르면 홍윤성은
사이코패스에 가까운 인물이었지만 '공신'이라는 이유로 면책되었다.

12

생명을 살리고 죽인 두 얼굴의 과학자

과학의 발달로 만들어진 인류의 자산은 전쟁에 악용되곤 했다.
질소비료를 만들어낸 독일의 한 화학자가 독가스를 개발했듯이.
2016년 한참 화제였던 인공지능 알파고를 떠올리면서
"과학자는 생명에 대한 통찰을 지녀야 한다"는 말을 되새긴다.

"전쟁은 만물의 아버지다"

영화감독 스탠리 큐브릭의 작품 중에 〈2001 스페이스 오디세이〉(1968)라
는 영화가 있어. 이 영화에는 여러 가지 놀라운 면이 있지만 상당히 길고
독특한 인트로는 두고두고 화제가 되고 있지. 인간의 아득한 조상, 즉 원
숭이에 가깝던 인류는 무리를 지어 살면서 먹을 것이나 물을 두고 꺅꺅거
리며 몸싸움이나 하며 생활했어. 그런데 하루는 어떤 특별한 경험을 한

원숭이가 짐승의 뼈를 집어 들게 돼. 아마 넓적다리뼈쯤 되겠지. 굵고 단단한.

원숭이는 이 뼈를 들고 자신들의 무리에 대적하는 원숭이를 때려눕혀. 고무된 원숭이는 자신을 승리자로 이끈 자랑스러운 무기를 하늘 높이 던져 올리지. 그런데 허공에 뜬 이 뼈다귀가 서서히, 당시로서는 수백만 년 뒤인 우주 공간에 떠 있는 우주선으로 바뀐단다. 원숭이의 뼈다귀나 온갖 최첨단 제품이 들어간 기술의 총화인 우주선이나 결국 쓰임새는 같다는 메시지였지. 이기기 위해 동족을 죽이기 일쑤였고 평화보다 오히려 전쟁이 익숙했던 인류 발전의 역사를 그 한 컷으로 압축했다는 찬사를 받은 명장면이야.

죽지 않기 위해 또는 더 죽이기 위해 인간은 더 많은 노력을 기울였고, 아이러니하게도 그러한 노력을 통해 인간은 한 차원 높은 문명을 건설할 지혜를 얻게 됐지. 오죽하면 그리스의 철학자 헤라클레이토스가 이렇게 말했겠니. "전쟁은 만물의 아버지다."

하여간 뭔가 인간들 사이에서 새로운 아이디어가 등장하면 그것이 가장 효율적으로 적용되는 곳은 대개 전쟁터였어. 전쟁을 거치며 기술은 더욱 진보해서 다시 인간의 생활에 적용되는 기묘한 순환이 인류의 역사이기도 했어. 참치캔 같은 통조림은 '어떻게 하면 전쟁에 나간 병사들에게 오랫동안 상하지 않은 음식을 보급할 수 있을까' 하는 궁리의 소산이었단다. 우리가 쓰는 컴퓨터나 인터넷 등도 군사적 필요에 따라 개발된 거야.

전쟁과 전혀 관계없는 선의로 이뤄진 연구와 성과가 전쟁에 이용되는 일도 흔했지. 아마 라이트 형제가 원시적인 비행기로 하늘을 처음 날았을 때, 자신들의 발명품이 수백만 명의 목숨을 빼앗는 도구가 되리라고는 상상조차 못했을 거야. 반면 자신의 연구를 적극적으로 전쟁에 활용하고자 노력한 과학자들도 많았지. 독일의 화학자 프리츠 하버가 대표적 인물이야.

프리츠 하버, 인공 질소비료를 개발하다

먼저 그는 인류의 은인이라고 불려도 손색이 없는 탁월한 과학자였어. 지력地力이라고 들어봤니? 농작물을 길러낼 수 있는 땅의 힘이야. 농사를 짓다 보면 아무리 기름진 땅이라도 양분을 빼앗겨서 제대로 된 생산력을 발휘할 수 없게 되거든. 그래서 비료를 주는 거 아니냐고? 맞아. 그런데 비료가 없다면 어떻게 될까? 그래도 먹고살아야 하니 농사는 계속 지을 테고, 결국 땅을 못 쓰게 돼서 사람들은 배를 곯게 되고 말아. 옛날 사람들을 괴롭히던 기근의 원인 중 하나지.

토양의 질은 질소에 의해 결정되는데 과거에는 이 질소를 어떻게 공급해야 할지 몰랐어. 그래서 남아메리카에서 나는 인광석, 즉 바다새들의 배설물들이 쌓여 굳어진 암석에서 질산염을 추출하여 질소비료로 사용하기도 했단다. 하지만 인광석은 새똥이 오랫동안 쌓여서 만들어진 퇴적물인 만큼 공급량이 모자랄 수밖에 없었어.

그때 혜성같이 나타난 사람이 바로 프리츠 하버였어. 그가 인공적으로 질소비료를 만드는 방법을 개발했거든. 공기 중의 질소를 수소와 화합해서 얻은 암모니아가 질산과 반응하면 질산암모늄으로, 황산과 반응하면 황산암모늄으로 바뀌는데 이게 인공 질소비료의 중요한 원료가 됐단다.

사람들은 환호했어. "공기에서 빵을 만드는 사나이"라는 찬사가 하버에게 쏟아졌고 20세기의 연금술사라는 찬사를 받았지. 이제 지력을 높이기 위해 땅을 놀릴 이유가 없게 됐어. 황무지를 옥토로 바꾸는 일도 그만큼 쉬워졌고. 그 덕분에 늘어나는 인구를 먹여 살릴 농작물을 충분히 생산할 수 있게 됐으니, 이런 위대한 발명이 또 어디 있겠어. '기쁘다. 비료 오셨네. 만백성 맞으라.' 온 세상이 다 일어나 하버를 찬양할 만했지.

아내의 자살에도 불구하고 전선으로 떠난 과학자

그런데 이 인류의 구세주(?) 하버는 그 지식 때문에 죽음의 사자로도 역사에 기록되고 있어. 유대인이었지만 기독교로 개종한 그는 조국 독일의 열렬한 애국자였어. 제1차 세계대전 중 하버는 독일의 승리를 위해 최선을 다해. 자신의 화학 지식을 총동원해서 화약의 원료인 질산 제조 방법을 개발해낸 거야.

여기까지는 그럭저럭 인정할 만해. 프랑스의 과학자 파스퇴르는 "과학에는 국경이 없으나 과학자에겐 국경이 있다"라고 말한 바 있어. 하버 역시 조국의 승리를 위해 헌신한 거잖아. 그러나 하버의 과학적 천재성과 화학적으로 결합된 열렬한 애국심은 결국 그를 끔찍한 살인 도구의 개발자로 몰아가고 말아. 바로 독가스였지.

하버가 독가스를 처음 발명한 건 아니야. 독일만이 독가스를 사용한 것도 아니고. 하지만 하버가 화학적 지식을 이용해서 좀 더 사용하기 쉬운 독가스 제조를 위해 전력을 기울인 건 사실이야. 독가스라는 무기의 비인간성에 독일 장교들도 우려를 표했지만 그의 대답은 이랬어. "포탄을 맞아 죽으나 독가스에 죽으나, 죽는 것은 똑같다." 얼핏 맞는 말 같기도 하지만 동조할 수는 없는 이야기지.

이 '애국 과학자'의 가장 강력한 반대자는 바로 그의 아내였어. 클라라 임머바르. 그녀 역시 유능한 화학자였단다. 그러나 결혼한 뒤엔 현모양처를 바라는 남편 하버 때문에 엄청난 스트레스를 받으며 연구를 접어야 했어. 남편 때문에 자신의 재능을 희생해야 했던 수많은 불운한 여성 가운데 한 사람. 하지만 그녀는 한 사람의 화학자로서 남편의 독가스 연구에 공개적으로 반대해. "과학자에겐 생명에 대한 통찰력을 지녀야 한다는 규율이 있다. (독가스 개발은) 과학자의 이런 규율을 타락시키는 야만성의 상징으로, 과학의 이상마저 왜곡한다."

그러나 프리츠 하버는 들은 척도 하지 않았어. 하버는 자신의 신제품 독가스 발명 축하연에 참석한 뒤 그 무기를 사용하기 위해 동부전선으로 출발하게 됐어. 바로 그 축하연이 있던 날 남편과 심하게 다툰 클라라는 자신의 심장을 향해 방아쇠를 당겨버려. 아내의 죽음에도 불구하고 이 열렬한 애국자 프리츠 하버는 러시아인들을 죽이기 위해 동부전선으로 떠났지. 결국 인류를 구한 위대한 금자탑은 수만 명의 목숨으로 세워진 해골탑이 됐고 하버는 인류의 역사에 두 얼굴의 과학자로 남게 돼.

"과학자는 생명에 대한 통찰을 지녀야 한다"

2016년 3월에 한참 화제가 됐던 이세돌 9단과 알파고의 대결 기억나니? 처음의 예상을 뚫고 인공지능 알파고는 놀라운 집중력과 분석력을 발휘하며 바둑 천재 이세돌 9단을 4승 1패로 꺾는 기염을 토했어. 아빠는 "누가 이기든 인류의 승리"라고 한 에릭 슈미트 구글 회장의 말에 공감했단다. 그러면서도 위대한 인류의 '승리'인 저 알파고가 바둑처럼 인간에게 유용한 분야에서만이 아니라 전쟁에서 더 많은 사람들을 죽이고 혼란에 빠뜨리기 위해 악용되면 어쩌나 하는 생각을 했어. 십중팔구 어떤 사람들은 이 인공지능의 놀라운 능력을 어떻게 하면 '승리'에 활용할 수 있을까

연구하고 있을 테니까. 그리고 그게 역사였으니까!

하지만 남편에게 죽음으로 항의했던 또 한 명의 과학자 클라라 임머바르의 말을 곱씹으면서 치솟는 불안감을 달래게 된단다. "과학자는 생명에 대한 통찰을 지녀야 한다."

맞아. 항상 그렇게 해왔다고 앞으로도 당연히, 또 별 수 없이 똑같은 행동을 되풀이한다는 법은 없을 거야. 인류도 과거로부터 교훈을 얻는 법을 학습해왔을 테니까.

독일의 화학자 프리츠 하버(왼쪽에서 두 번째)는 살상 무기로 쓸
독가스를 만들어내는 데 몰두했다.

13

총리에서 국회의원까지, 특혜를 제도로 아는 사람들

힘센 자들이 특권을 누리는 것은 1950년대 전쟁판이나
1960년의 4·19 때나 지금이나 크게 다르지 않은 듯하다.
열차 플랫폼까지 들어온 총리의 승용차,
국회의원 딸의 특별한 입시전형 논란 등으로 입맛이 무척 쓰다.

이기붕과 국민방위군 사건

1960년 3·15 부정선거와 4·19 혁명에 대해서는 언젠가 들려준 바 있으
니 세세한 얘기는 생략하자. 그때 서울대생들이 목 놓아 외친 4·19 선언
문은 대한민국 현대사의 명문으로 남아 있단다. "보라! 우리는 캄캄한 밤
의 침묵에 자유, 자유의 종을 난타하는 타수打手의 일원임을 자랑한다. 일
제의 철추하에 미칠 듯 자유를 환호한 나의 아버지, 나의 형들과 같이! 양

심은 부끄럽지 않다. 외롭지도 않다. 영원한 민주주의의 사수파는 영광스럽기만 하다."

대한민국의 허다한 젊음이 목숨을 돌보지 않고 경찰의 총구 앞에 달려들던 그즈음, 또래의 한 젊은이와 그의 가족은 서울 인근 군부대와 경무대 (대통령 집무실 겸 관저)를 전전하며 오들오들 떨고 있었어. 자유의 종을 난타하기는커녕, 찢어질 듯 나라를 울리는 그 종소리에 귀를 막으며 괴로워하고 있었지. 이승만 대통령의 양자 이강석의 가족이었어. 이강석의 친아버지 이기붕은 며칠 전까지만 해도 부통령 당선자의 지위를 누리던 사람이었지. 그러나 4·19 혁명의 소용돌이 속에 이기붕 일가는 대한민국에서 가장 초라한 신세로 전락하고 말았어.

어쩌면 이기붕은 그때로부터 9년쯤 전에 있었던 한 사건을 떠올렸을지도 몰라. 전쟁 중 대한민국 정부는 중공군에 밀려 후퇴하면서 수십만 장정들을 소집해 남쪽으로 이동시켰는데 이들에게 제대로 된 보급을 제공하지 않아 수만 명이 얼어 죽고 굶어 죽는 비극을 야기하지. 이른바 '국민방위군 사건'이야. 그런데 이 국민방위군들이 쓸 보급품이 원래부터 없었던 게 아니었어. 사령관 김윤근 이하 고위 장교들이 그걸 몽땅 빼돌려 자기들 배를 채운 거야. 이 사건을 수사하던 조사관은 그들의 행적을 보고 이런 말을 했다고 해. "이놈들이 돈을 써댔던 것처럼 물이라도 써봤으면 소원이 없겠다." 어떤 형편이었을지 짐작이 가지?

중공군의 인해전술에 맞서 병사 한 명이 아쉬운 판에 생때같은 장정들을 그렇게 생으로 굶겨 죽이고 얼려 죽였으니 그 책임자는 열 번 죽어도 부족함이 없었지. 그러나 처음에 그들은 아주 가벼운 처벌을 받았어. 사령관 김윤근이라는 자는 국방부장관이던 신성모의 사위이기도 했거든. 하지만 수만 명을 생으로 죽인 사람들을 어찌 이렇게 할 수 있냐면서 여론이

들끓었고 신성모 국방부장관도 자리에서 물러나게 돼.

그 뒤를 이어 국방부장관이 된 사람이 바로 이기붕이었어. 이기붕은 국민방위군 사건 재수사를 지시했고 죄상을 밝힌 후 국민방위군 간부들을 사형에 처했어. 이런 단호한(?) 조처로 이기붕은 이름을 날리게 됐고 마침내 이승만 대통령의 후계자 자리에까지 올랐던 거란다. 그러나 그로부터 10년도 못 가서 이기붕은 국민방위군 간부들처럼 온 나라의 공적公敵이 됐고 이기붕과 그 아내, 이승만의 양자 이강석과 또 다른 아들 이렇게 네 식구는 집단 자살로 생을 마감했단다.

염치가 사라져버린 세상

부패가 온 나라를 뒤덮고 힘센 자들이 특권을 누리는 건 1950년대의 전쟁판이나 1960년의 4·19 때나 또 지금이나 크게 다르지 않아. 한때 강직했던 이기붕이 부정선거의 원흉이 되고, 그 집이 분노한 시위대에 의해 잿더미가 될 만큼 비판의 대상으로 전락한 건 그런 슬픈 사회의 반영이겠지. 그래도 과거를 돌이켜 국민방위군과 이기붕의 사연을 애써 네게 들려주는 건 예전에는 '염치'라는 놈이 살아 있지 않았나 하는 넋두리일지도 모르겠다. 염치란 '체면을 차릴 줄 알며 부끄러움을 아는 마음'이야.

국민방위군 사건이 다시 군사재판에 들어갔을 때 사람들은 "물러나긴 했지만 신성모 국방장관이 또 사위를 위해 손을 쓸 것"이라고 수군거렸어. 그러자 이종찬 참모총장은 재판을 공개했고 심지어 스피커를 달아 들어오지 못한 사람들에게까지 그 내용이 전달되게 했어. 사형 선고가 내려진 뒤에도 김윤근을 빼돌린다는 소문이 도니까 아예 총살 현장도 공개해버렸고. 국민방위군의 더 깊은 배후는 밝히지 못했을지언정 국민들에 대한 최소한의 염치는 지킨 셈이야.

그 염치를 지키는 데 일조했던 이기붕의 마지막도 그래. 살아남는다 한들 고개를 들고 살아갈 수 없다는 '염치' 같은 것도 작용하지 않았을까. 수만 명을 굶겨 죽인 염치없는 범죄자들에게 준엄하게 사형을 선고하던 자신의, 남편의, 아버지의 모습이 떠오르지 않았을까. "우리가 무슨 낯으로 세상을 대한단 말이냐"(타살설도 있긴 하지만 아빠는 근거가 부족하다고 여긴다).

아빠가 요즘 가장 두려운 건 돈과 권력과 지위를 가진 이들이 염치를 상실하는 세대란다. 그래도 왕년에는 잘못이 드러나면 이기붕 같은 극단적인 선택까지는 아니더라도 무릎 꿇는 시늉이라도 하고 엄정 처벌당하는 흉내라도 냈는데 오늘날의 '사회지도층'들은 그럴 기미조차 보이지 않고 그럴 필요조차 없어져가는 것 같다는 얘기야. 영화 〈내부자들〉에서 신문사 논설위원은 '회장님'께 이렇게 얘기하지. "어차피 대중들은 개, 돼지입니다. 적당히 짖어대다가 알아서 조용해질 겁니다."

의원 딸이 아니었어도 그런 배려를 받았을까

"세월호 유가족들이 시체팔이를 하고 있다"라는 막말을 지껄인 이가 아무리 SNS에서 시끌벅적하게 난리가 나도 국회의원 공천을 받고 결국 국회의원 배지를 달았어. 애국심 좋다는 국무총리는 서울역 플랫폼까지 관용차를 갖다 대고 유유자적 열차에 올라타는 영화에나 나올 법한 장관을 연출하면서도 이에 항의하는 사람들에게 대꾸 한마디 하지 않았고. 수백 명 학생의 값진 목숨을 앗아간 세월호 문제를 조사하겠다며 출범한 세월호 특별조사위원회가 조사 한번 제대로 못해보고 해체됐는데도 정부는 오불관언이었지. 성 접대 혐의를 받은 전직 고관은 피해자 여성들의 고발에도 불구하고 '증거 없음'과 '공소시효 만료'로 무죄를 선고받은 후 변호사 개업을 했단다. 힘 있는 분들의 술자리에 끌려 다니다가 스스로 목숨을 끊은 여배우에게 접대를 받던 이들은 지금도 어둠 속에서 킬킬대며 한 세상 잘 살고 있고 말이야. 아마 그분들은 이렇게 되묻고 싶어 할 것 같아. "뭐가 문젠데? 세상 다 이런 거 몰랐어?"

2012년 대학 입학 면접시험장에서 "우리 엄마는 판사이고 국회의원입니다"를 외치며 금기를 범한 국회의원의 장애인 따님이 합격한 사실이 2016년 뒤늦게 문제가 됐지. 나는 "장애인에 대한 배려"를 주장하는 그 엄마이자 국회의원의 말씀에 크게 이의를 제기하고 싶지 않아. 사실 다소 지능이 떨어지는 장애인은 그럴 수도 있겠지. 또 시험 칠 때 준비물을 가지고 오지 않아도 학교 교직원들이 발로 뛰어 대령하는 배려를 해줄 수도 있겠지. 장애인이니까.

하지만 아빠를 서글프게 만드는 건 '과연 그 장애인 학생이 국회의원의 딸이 아니었더라도 그런 '배려'를 받을 수 있었을까?' 라는 질문에 자신 있게 답하기 어렵다는 점이야. 아니, 그 대답을 이미 알고 있기 때문에 서글픔이 밀려오는 것 같구나. 왜 이런 일들이 끊임없이 벌어지는 걸까? 특권을 누리는 사람들이 염치를 상실한 지 오래고 "특혜가 계속되면 제도인 줄 아는" 사람들이 너무 많아진 탓은 아닐까?

2016년 초에 공전의 히트를 친 드라마 〈시그널〉에서 15년 전을 살아가는 형사는 15년 후 미래의 경찰에게 이렇게 질문한단다. "거기도 그렇습니까? 돈 있고 백 있으면 무슨 개망나니 짓을 해도 잘 먹고 잘 살아요?" 아빠가 그 질문을 받는다면 이렇게 대답할 것 같아. "그래도 그때는 형사님같이 그 사람들 응징을 포기하지 않는 사람들이라도 있었잖아요. 지금은 다 포기하고 살아요. 개망나니 짓을 하든 그렇지 않든 나만 다치지 않으면 된다고 생각하고 살아요."

이기붕은 국민방위군 사건 재수사를 지시하고 진상을 밝힌 후
국민방위군 간부들을 사형시키는 단호한 조처로 이름을 날린다. 하지만 10년도 못 가서
온 나라의 공적이 된다. 사진은 국민방위군 징집자들.

14

임시정부는 정부가 아니다?

2016년 3월, 대한민국역사박물관 관장이
임시정부를 정부가 아닌 민족운동단체로 폄하했다.
대한민국 헌법이 '3·1운동으로 건립된
대한민국 임시정부의 법통'을 계승하고 있다는 걸 그만 모르는 걸까.

"임시정부는 민족운동단체이지 정부가 아니다"

세상 누구라도 장점만 가진 사람은 없어. 저마다 흠이 있고 결점을 지니
지. 동시에 아무리 빛나는 과거를 지닌 이라 하더라도 차마 내보이기 싫
은 부끄러운 기억을 여러 갈래 품고 있기 마련이야. 역사 또한 마찬가지
야. 눈부신 영광의 역사가 있다면 '흑역사'라고 지칭되는 감추고 싶은 역
사 역시 그림자처럼 따라붙는 거란다. 아빠가 네게 가끔 얘기해주는 우리

나라 독립운동의 역사도 마찬가지야.

너도 익히 알 만한 쟁쟁한 인물들도 독립운동 와중에 이런 파, 저런 모임, 아무개 단체, 특정 지역으로 나뉘어 격렬하게 대립했고, 심한 경우엔 서로 죽이기도 했단다. 독립군끼리 전투를 벌여 1000명 넘게 죽은 자유시 참변은 그 한 예일 뿐이야. 어떤 단체는 망해버린 제국의 황제에게 충성을 바친답시고 봉건 왕조를 거부하는 독립군들을 습격해서 죽여버리기도 했어. 좌우익으로 나뉘어 서로 '빨갱이'와 '반동분자'라는 험악한 욕설을 주고받으며 총질하는 경우도 있었고. 네가 잘 아는 백범 김구도 공산주의 계열의 독립운동가를 암살한 적이 있어. 자신도 좌익의 습격에 죽을 뻔한 고비를 넘기기도 했지. 어쩌겠니, 그것도 우리 역사이고 사람들의 삶이었던 것을. 또 이런 내부 분열과 파벌 싸움이 우리 민족에게만 있었던 것도 아니었고 말이야.

2016년 3월, 대한민국역사박물관 관장이라는 그럴듯한 직에 있는 분이 대한민국 임시정부를 두고 이런 말씀을 하셨어. "임시정부는 민족운동단체이지, 정부가 아닙니다. …… 임시정부가 설립될 때는 일제강점기여서 선거를 할 수 있는 상황이 아니었습니다. …… 당시 13개 지역별로 대표자를 뽑아 대표자회의를 만들고, 이들을 통해 임시정부를 구성하긴 했지만 국민을 대상으로 직접선거를 하지는 않았습니다."

"집에 가자. 집에 가자"

유감스럽지만 "선거를 안 했으니 정부가 아니다"라는 주장은 지극히 '무식하다'는 말을 들어 마땅해. 이에 따르면 세계사상 등장하는 모든 '망명정부'는 다 허깨비가 돼버리거든. 저 콧대 높은 프랑스 드골의 망명정부나 폴란드의 망명정부도 정부를 참칭하는 운동단체에 불과하다는 얘기 잖아.

아마도 저 관장님이 드러내고 싶었던 건 바로 임시정부의 흑역사였던 듯해. 임시정부의 어두운 면에 대한 노골적인 멸시를 깔고 말이야. 정부 랍시고 처음엔 그럴싸하게 출발했지만, 추대된 대통령(이승만)은 미국으로 떠나버렸지. 그가 미국에 위임 통치를 요청한 걸 두고 "이완용은 있는 나라를 팔아먹었지만 이승만은 없는 나라마저 팔아먹었다"(신채호)라는 극언이 나오고, 이를 둘러싼 싸움박질은 탄핵 소동까지 불러왔어. 이 소동의 와중에 그나마 처음 있던 사람들 대부분 떠나버렸지.

아마도 저 관장님은 상하이의 프랑스 조계에 허름한 구석방 하나 빌려 '대한민국 임시정부' 주석이네 뭐네 하면서 군대도 조직도 제대로 없이 폭탄이나 몇 개 만들어 던지던 사람들의 모임이 무슨 정부냐, 하는 감정이었던 게 아닐까 싶어.

하지만 말이야. 아빠가 반문하고 싶은 게 있어. 그렇게 힘겹고 가난하고 위험한 세월을 끝끝내 견딘 사람들은 어떤 마음으로 살았을까 하는 거야. 영화 〈암살〉에서 해방 소식이 들려왔을 때 임시정부 사람들은 환호하지. "집에 가자. 집에 가자." 아빠는 그 소리에 울컥했어. 저분들에게 집이란 무슨 의미였을까.

임시정부 요인들에게 임시정부란?

1919년 4월 11일 대한민국 임시정부를 결의한 29명의 독립운동가 가운데 한 사람인 성재 이시영의 가문은 대대로 명문가에 오늘날 서울 명동 일대의 땅 태반을 소유한 엄청난 부자였어. 하지만 이씨 가문 6형제는 모든 가산을 팔아치우고 온 가족과 그들을 따른 노비들(이미 해방된 사람들이었지만 죽어도 주인 뒤를 따르겠다고 해서)까지 수십 명을 동반해서 일제히 만주로 향했단다.

조선에 남았더라면 배터지게 먹고 마시며 한세상 즐겼을 그의 형제들에게는 잇단 비극이 닥쳤어. 한때는 손에 물 한 방울 묻히지 않고 살았던 이씨 가문 며느리들은 삯바느질로 연명해야 했고 아이들도 학교에서 제대로 된 교육을 받지 못했지. 일찍이 영의정을 지낸 이유원의 양자로 들어가 엄청난 부를 누렸던 둘째 이석영은 상하이의 빈민가에서 굶어죽었어. 이석영의 아들은 의열단원이 되어 일제 밀정을 처단하는 등 열성적으로 활동하다가 젊은 나이에 병사했고. 이시영의 동생 철영도 사망했고, 맏형 건영의 가문은 대가 끊겼으며, 막내 호영은 만주에서 독립운동을 하던 중 소식이 끊겨버렸단다.

망명했던 여섯 형제 가운데 살아남아 해방을 본 건 다섯째 시영이 유일했어. 1919년 성재 이시영은 갓 태어난 임시정부의 법무총장을 맡았단다. 1945년 해방 당시에도 그는 임시정부의 재무부장이었어. 그에게 26년 세월은 무엇이었을까.

일화 하나를 더 들어볼게. 임시정부에서 일했던 최중호 선생의 딸 최윤신 씨의 회고야. 하루는 학교 졸업식에 헌옷을 빨아 입고 가라는 어머니 말에 울음을 터뜨렸다고 해. 엉엉 울고 있는데 백범 김구 선생이 떡 들어오더래. 자초지정을 다 듣고는 다음 날 또 불쑥 나타나서 돈 1원을 내놓으면서 그러셨대. "제수씨, 윤신이 옷 한 벌 해주세요." 그때 최윤신 씨 어머니의 답은 이것이었다는군. "선생님, 또 어디 가서 뭘 저당 잡히셨어요?"

돈 나올 구멍이 없는 걸 뻔히 아는데 난데없는 돈 1원이 나온 건 겨울옷이든 뭐든 저당을 잡혔다는 거였지. 최윤신 씨의 회고를 그대로 옮겨볼게.

"선생님께선 웃으시면서 '글쎄, 그건 묻지 말고 …… 그 어린 것이 자기 딴엔 졸업식인데 ……. 어서 옷 해 입혀 졸업식에 보내세요' 하시더라고요. 어린 맘에 그게 어찌나 기뻤던지, 제가 지금 여든이 넘었는데 아직도 그 일이 제 가슴속에서 쟁쟁합니다"(《대한민국 임시정부 바로 알기》 중에서).

비록 미약했을망정, 의견이 달라 치고받고 싸우면서 떠날 사람 떠나고 남을 사람 남아 애면글면 간판 유지하기에도 힘겨웠을망정, '대한민국'의 이름을 처음 사용했고 오늘날의 대한민국을 위해 살이 떨어져 나가고 뼈가 부서졌던 사람들의 역사를 "선거도 치르지 못한, 정부도 아닌 운동단체"로 폄하하는 이가 오늘날의 '역사박물관장'이라니. 아빠는 참으로 어이가 없다.

그 중국인들을 볼 낯이 없다

1997년 외환위기가 터졌을 때 온 나라에서 금모으기 운동이 벌어진 적이 있었어. 장롱 속에 재워둔 금붙이들을 헌납 또는 싼값에 팔아서 나라의 빚을 갚자는 운동이었지. 금모으기 운동이 한창 벌어지던 무렵 베이징의 중국 주재 한국대사관에는 뜻밖의 전화가 걸려와. 중국의 전시 수도에서 당시 임시정부 청사를 관리하던 중국인 16명이 연락을 한 거야. 그들은 작은 정성이나마 한국의 금모으기 운동에 동참하고 싶다며 1000달러를 보내겠다고 했대. 1000달러면 당시 중국 노동자의 1년 연봉에 해당하는 액수였어. 결코 '작은' 정성이 아니었던 거지.

워낙 내륙에 위치해서 한국 관광객들이 많이 들르지도 못하는 충칭의 대한민국 임시정부 청사 관리인 16명이 도대체 무엇 때문에 그런 거금을 모았을까? 수십 년 고난을 겪으면서도 끝까지 포기하지 않고 누추한 거점이나마 지탱하며 살았던 과거 대한민국 임시정부 독립운동가들에게 감화되었다는 이유 외에 다른 게 있을까? 자신들이 관리하던 청사를 사수했던 사람들이 꿈에 그리던 나라가 위기에 처했을 때 "우리도 가만있을 수 없지 않아?" 하며 선뜻 지갑을 열었다는 외에 다른 해석이 있을까?

이 중국인들에게 우리 '역사박물관장'은 도대체 뭐라고 말할 수 있을지 모르겠구나. 아빠 역시 그 중국인들을 볼 낯이 없다. 우리라도 기억하자. 1919년 4월 11일 대한민국 임시정부가 탄생했다고.

P.S. 임시정부 창립기념일은 몇 가지 설이 있다. 아빠는 대한민국임시정부기념사업회 주장을 따랐다.

독립운동가 중 한 명인 이시영의 형제들은
엄청난 불행을 겪어야 했다.

15
스무 살 노동자 문송면의 눈동자를 삼키다

'내 눈 한쪽이라도 팔아서 어린 노동자들에게 인간적인 대우를 해주는
기업을 만들겠다'던 전태일의 결심 앞에 우리 사회는
반세기가 지나서도 떳떳지 못하다.
인생에서 가장 빛날 시기에 스러져가는 젊은 노동자들이 아직 많다.

'내 눈 한쪽이라도 내겠소'

1970년 11월 13일 근로기준법을 지키라고 절규하며 스스로 불꽃이 된 전태일은 사실 바닥 인생을 어느 정도 벗어난 재단사였어. 실력과 성실성을 겸비해서 자기 한 몸 먹고살기엔 어려움이 없는 처지였지. 전태일은 자신도 한번 사업을 해봐야겠다고 꿈꾸게 돼. 공장 키워서 잘 먹고 잘살겠다는 게 아니었어. 이런 생각을 하고 있었거든. "정당한 세금을 내고, 기계

와 다른 인간적인 배움의 적령기에 있는 소년 소녀들에게 합당한 대우를
하고도 사업이 성장할 수 있다는 것을 여러 경제인, 특히 평화시장 사업
주들에게 인식시키기 위함이다."

전태일은 꽤 치밀한 계획을 세웠어. "사업자금만 준비되면 일의 80퍼
센트 이상을 행한 거나 다름없다"라고 자신할 만큼. 하지만 그에게 사업
자금이란 꿈속의 진수성찬 같은 거였단다. 그를 믿고 투자해줄 전주들은
전태일과 완전히 다른 세계 사람이었거든. 은행에 담보 잡힐 만한 물건
따위도 가져본 적이 없었고. 그래서인지 전태일은 이런 결심을 토로해.

"나의 가진 것 중 사회가 필요로 하는 것, 즉 한쪽 눈을 사회에 봉사할
것이다. 눈을 사회에 봉사하고 나는 사회의 자금주를 소개받을 것이다."
세금 정당하게 내고 어린 노동자들에게 인간적이고 정당한 대우를 해주
면서도 사업을 성공시킬 수 있다는 걸 보여주기 위해 자신의 한쪽 눈을
기꺼이 내주겠다고 했던 거야. 그 각오를 칭찬하기에 앞서 아빠는 전태일
의 눈에 담겼을 당시의 풍경이 얼마나 참혹했을까를 상상해봐. 사람이 다
른 사람의 몸과 인생을 한낱 수익을 올리기 위한 불쏘시개로 다루기만 하
는 모습들이 얼마나 아프게 그의 눈을 찔렀으면 '내 눈 한쪽이라도 내겠
소' 하고 토로했던 것일까?

전태일을 가장 아프게 한 건 '소년 소녀들'의 비참함이었어. "내 이상의
전부인 평화시장의 어린 동심"들이 돈벌이를 위한 공기알이 돼서 던져지
고 치워지고 팽개쳐지는 모습들이 보기에 힘겨웠던 거야. 대통령에게
"공무원의 평균 근무시간 1주 45시간에 비해 15세의 어린 시다공들은 1
주 98시간의 고된 작업에 시달립니다"라고 호소했던 편지는 이렇게 끝난
단다. "절대로 무리한 요구가 아님을 맹세합니다. 인간으로서 최소한의
요구입니다. 기업주 측에서도 충분히 지킬 수 있는 사항입니다." 그는 자

신의 눈을 팔아서라도 보여주고 싶었던 거야. 기업주가 사람을 조금만 더 소중하게 생각한다면, 당대의 참혹한 현실도 극복할 수 있다는 것을.

15세 소년 머리카락에 수은이 듬뿍……

전태일이 불꽃으로 지상을 밝히고 사라진 해에 태어난 아빠는 1988년에 대학생이 됐단다. 요즘은 대학 진학률이 거의 80퍼센트에 달하지만 아빠의 신입생 시절만 해도 대학 진학률은 36.4퍼센트에 불과했어. 대학은커녕 고등학교 진학도 못한 사람이 남녀 각각 10퍼센트를 넘었어. 그들은 대개 돈을 벌기 위해 공장으로, 가게로 나가야 했지.

그 가운데엔 1988년 당시 15세 소년 문송면(1973년생)도 있었어. 그의 일기를 잠깐 볼까. "집안이 어려워 고등학교에 갈 수 없다. 하지만 친구들처럼 나도 공부하고 싶다. 산골에서 농사지으며 뼈 빠지게 고생만 하시는 부모님. 자식 공부 못 시키는 부모님 맘이 오죽할까. 서울에는 고등학교 공부시켜주는 공장이 있다는데……"(1987년 문송면의 일기 중).

문송면은 기숙사가 있어서 낮에 일하고 밤엔 공부할 수 있다는 온도계 제조 회사를 택했지. 날이 차면 '수은주가 내려갔다'는 표현을 쓰지? 온도계에는 수은이 주요 재료로 쓰여. 문송면은 온도계에 수은을 주입하는 일을 했고, 기숙사 텃세 때문에 5평 남짓한 작업장에서 잠을 잤다고 해. 수은이 널려 있고 겨울이라 문까지 꼭꼭 닫혀 환기도 되지 않는 작업장에서 말이야. 그런데 또래에 비해 키가 크고 건장했던 문송면이 취직한 지 두 달도 안 돼서 이상을 호소하기 시작해. 두통과 가려움증, 불면 등에 시달렸던 거야. 몸에 좋다는 한약도 먹었지만 점점 상태는 악화됐지. 1988년 설날, 고향에 내려온 문송면은 눈이 뒤집힌 채 경기를 일으켜.

친지들은 문송면을 서울의 큰 병원으로 옮겼지만 의사는 병명조차 알아내지 못했어. 순박한 가족들은 의사도 모른다는 괴질을 물리치기 위해 굿판까지 벌였지만 송면이의 병은 차도가 없었지. 결국 마지막 지푸라기를 잡는 심경으로 서울대병원에 들렀을 때에야 병의 실체를 알 수 있었어. 수은 및 중금속 중독. 서울대병원 주치의가 문송면이 온도계 공장에서 일했다는 말을 듣고 모발을 채취해서 검사한 결과 거기서 수은과 구리가 듬뿍 검출된 거야.

"우리 송면이 학교 가야지……"

티 없이 건강하던 15세 소년이 무당도 곡을 할 병에 걸려 시들고, 그 원인까지 과학적으로 규명되었지만, 노동부 서울남부지방 노동사무소는 산재 신청을 받아들이지 않았단다. 관련 서류에 사업주의 날인이 없고 '서울대학교 병원'이 산재보험 미지정 의료기관이라는 이유에서. 사업주는 "다 멀쩡한데 왜 개만 수은중독이냐. 시골서 큰 녀석이니 농약 중독 아니냐"라는 식으로 대응했어.

신문에 나고 여론이 끓어오르는 우여곡절을 거친 뒤에야 직업병이 인정되고 치료도 받게 되지만, 1988년 7월 2일 순박한 소년 송면이는 형이 깜박 잠든 사이 아무도 모르게 외로이 숨을 거두고 말았어. 딱 지금 너랑 같은 또래였지. 공부하고 싶었으나 공부할 수 없었고, 열심히 살려 했으나 그 열성이 결국 73년생 소띠 소년의 생을 갉아먹은 거야. 영안실 바닥을 치며 통곡하던 문송면의 아버지도 끝내 가슴에 묻은 아들의 무덤의 무게를 견디지 못하고 다음 해 세상을 뜨셨어. 그분이 남긴 말은 "우리 송면이 학교 가야지……"였다고 해.

문송면을 돕던 노동상담사 김은혜 씨는 사건이 보도된 뒤 수은중독 증세를 호소하는 노동자들의 전화 폭탄을 받았다고 해. 폭포처럼 쏟아지는 전화를 상대하는 와중에 '송면이가 죽었다'는 소식이 천둥처럼 끼어들었다는구나. 그만큼 많은 노동자들이 회사 측으로부터 아무런 위험성도 통보받지 못한 채 수은을 다루는 일터에 투입돼왔던 거야.

"인간으로서 최소한의 요구"는 여전히 멀리 있구나

그로부터 28년이 지난 2016년 4월, 아빠는 놀라운 소식을 들었어. 삼성전자에 휴대폰 부품을 납품하는 협력업체에서 일하던 20대 노동자들이 독성물질인 메틸알코올(메탄올)에 급성중독돼 실명 위기에 놓였다는 거야. 나이 20대라면 인생에서 가장 빛날 때고 또 세상이 가장 아름다워 보여야 할 때야. 그렇게 빛나야 할 이들이 가장 아름다워야 할 세상을 평생 눈에 담지 못할 수도 있는 비극이 21세기 대명천지에 벌어졌던 거지.

대기업이 하청을 준 회사의 '파견직'이었으니 그들을 위한 안전시설은 미비했을 거야. 하청업체 사장은 사정없이 단가를 후려치는 대기업 앞에서 안전한 작업환경 따위는 뒤로 제쳐뒀을 거고. 결국 전태일이 목 놓아 외쳤던 "인간으로서 최소한의 요구"와 "기업주 측에서도 충분히 지킬 수 있는 사항"이 또 한 번 무시되고 만 거란다. 반세기가 지났는데도 말이지.

노동자들의 건강을 지키며 사업할 수 있음을 보여줄 수 있으니 내 한쪽 눈을 가져가라던 전태일의 핏발 서린 눈매, 경기를 일으키며 허옇게 뒤집히던 문송면의 눈, 그리고 별처럼 초롱초롱 빛나다가 하루아침에 블랙홀에 삼켜져버린 스무 살 노동자들의 눈동자 앞에서 대관절 우리는, 우리 사회는 무슨 위로를 할 수 있을까. 어떤 변명을 할 수 있을까.

1988년 온도계 공장에서 일하다가 수은중독으로 사망한
문송면(당시 15세)의 노동자장 장면. ⓒ 일과건강 제공

16

무산자, 여성······'우리에게도 투표권을 달라'

지금은 투표할 수 있는 권리를 당연한 것으로 여긴다.
하지만 재산이나 성별을 가리지 않고 투표권이 성인 모두에게
평등한 권리로 자리 잡는 과정에는 수많은 피눈물과 한숨이
녹아들어 있다는 점을 잊지 말아야 한다.

'재산 없는 사람에게 투표권은 웃기는 얘기'

《레미제라블》에서부터 이야기를 시작해볼까. 장발장은 마들렌 아저씨로
신분을 숨기고 작은 도시의 시장으로 일하다가 팡틴을 만나. 딸 코제트를
키우기 위해 악착같이 일했지만 오히려 미혼모라는 사실이 알려져 공장
에서 해고되고 거리의 여자로 살아가던 팡틴은 취객과의 시비 끝에 경찰
관 자베르에게 체포당한단다. 이때 거리에서 전말을 지켜봤던 장발장,

즉 마들렌 시장이 나서지. "이 여자를 석방하시오. 체포돼야 할 사람은 남자 쪽이오." 그러자 자베르는 시장에게 반발하며 이렇게 얘기해. "제가 사건 현장에 있었습니다. 시민에게 달려든 건 저 여자입니다. 피해 시민 바마타부아 씨는 선거권이 있는 사람이며 광장의 모서리에 있는 4층 석조건물, 아름다운 건물의 소유자입니다."

자베르의 얘기 중 '선거권이 있는'이라는 말에 주목해보자. 프랑스에서는 1848년 2월혁명 이후 '성인 남자'에게 투표권이 주어졌단다. 여자? 여자는 한 100년 더 기다려야 했지. 2월혁명 이후 투표권이 부여된 유권자는 800만 명에 달했지만 그 이전(장발장이 시장이던 때를 포함해서)의 투표권자는 겨우 25만 명 정도였다고 해. '아름다운 건물' 정도는 소유하고 세금도 넉넉히 내는 사람만이 투표를 할 수 있었던 거야.

프랑스뿐 아니라 민주주의 선진국이라는 영국도 마찬가지였단다. 의회 제도가 일찍부터 발달하긴 했지만 그 구성원을 채우는 투표권은 철저히 소수의 손아귀에 놓여 있었어. 청교도혁명의 지도자였던 영국 정치가 올리버 크롬웰의 사위이자 의회군軍 장군이었던 아이어턴은 이런 말을 해. "아무 재산도 없는 사람들은 이 나라와 안정적인 이해관계가 없다. 그들에게 투표권을 준다는 것은 웃기는 얘기다." 투표권을 확대해달라는 '재산 없는 사람들'의 외침은 끊임없이 지속됐지만 투표권을 자신들만의 전유물로 국한시키려는 이들의 방해와 탄압도 악착같았지.

500명 이상 칼을 맞은 피털루 학살

1819년 8월 16일, 박지성 선수가 뛰었던 팀의 연고지 맨체스터에서는 참정권 확대를 요구하는 대규모 집회가 벌어졌어. 당시는 프랑스혁명에서 나폴레옹의 몰락까지 지속된 유럽 대륙에서의 전쟁이 끝나고 제대한 군인들이 사회로 쏟아져 나올 때였단다. 당연히 일자리는 터무니없이 모자랐고 임금 수준도 절반 수준으로 뚝 떨어졌어. 굶주린 배를 움켜쥔 사람들의 눈엔 독기가 치솟고 있었단다. "이렇게는 살 수 없다."

그런데도 일정 규모 이상의 토지 보유자들로 구성된 의회는 자신들의 이익을 지키기 위해 해외로부터의 곡물 수입을 금지하는 법을 제정했어. 곡물이 수입되지 않아야 그 가격이 유지되고, 토지 보유자들은 자신들의 땅에서 나온 곡물을 팔아 수익을 유지할 수 있었을 테니까.

이런 배경 속에서 맨체스터의 성베드로 광장, 영어로 피터 광장에는 군중 수만 명이 집결했어. '우리에게도 투표권을 달라. 우리 처지를 대변할 사람을 의회에 보낼 수 있게 해달라'는 요구가 뜨겁게 타올랐지. 그러나 이 같은 요구는 당시의 정부나 투표권을 가진 유력자들에게는 더없이 무엄하고 무례한 반항이었어. 그들은 반항을 응징하기로 결심해.

집회 외곽에서 군중을 지켜보던 영국군 제15경기병대, 그리고 지주와 귀족 등에게 고용된 용병들이 칼을 빼들고 무방비 상태의 군중을 향해 돌격했어. 양떼 속에 늑대가 뛰어든 것 같은 아수라장이 벌어졌지. 비극적인 사실은, 칼을 휘두르는 말 위의 기병들은 물론이고 그 칼에 맞고 쓰러지는 시민 가운데도 나폴레옹을 몰락시킨 워털루 전투에 참전했던 사람이 많았다는 거야. 워털루 전투에 참전했던 한 제대 군인은 칼을 맞고 죽어가면서 이렇게 절규했단다. "워털루에서는 남자 대 남자로 싸웠지만 이건 학살이야."

정부는 11명이 죽었다고 발표해. 그러나 현장에서 칼을 맞은 사람은 500명을 웃돌았어. 그 후 이 사건은 '성피터(베드로) 광장'과 '워털루'의 합성어 '피털루'에서 벌어진 학살이라는 뜻을 내포한 '피털루 학살'이라 불려. 워털루 용사들이 피터 광장에서 비무장 시민을 상대로 벌인 학살이라고 비꼬는 거였지. 이렇듯 세계사의 대부분에 걸쳐 투표권이란 여차하면 목숨과도 바꾸는 걸 각오해야 했던 위험한 권리였어.

'여자가 어딜?'

하지만 인류의 역사는 좀 더 많은 자유가 실현되는 과정이었단다. 투표권 역시 느릿느릿, 그러나 눈에 보이게 확대돼왔어. 오랜 시간과 노력을 거쳐 20세기에 들어서면 '성인 남성'이 투표권을 제도적으로 보장받게 돼. 물론 이 또한 절반의 성취에 불과했지. 한동안 세계의 절반인 여성들에게는 마치 당연하다는 듯 투표권과 참정권이 허용되지 않았어. 상류층 남자들은 말할 것도 없고 피땀을 흘려가며 투표권을 획득한 남성 노동자 가운데 상당수도 '내 아내가 투표권을 가지는 건 말도 안 돼'라고 우기곤 했지.

19세기 말 영국에서는 여성들의 참정권 관련 법안이 연이어 제출됐어. 하지만 의회는 어김없이 부결해버려. 여성들에게는 '이것 먹고 떨어져라'는 식으로 지방의회 선거권만 허용됐지. 아마도 당시 영국 남성들은 이렇게 말했을 거야. "여자들은 이 나라와 안정적인 관계가 없다고. 부엌일이나 하지 왜 나랏일에까지 참견하려 드는 거야?"

그러나 투표권을 달라고 절규했던 남자들처럼, 한편으로는 그 기억을 까맣게 잊고 '여자가 어딜?'이라는 소리나 내뱉게 된 남자들에 대항해서, 여성들은 눈물겨운 참정권 쟁취 투쟁을 전개하기 시작해. "우리가 나라를 세운 것은 우리 중 절반에게만 자유를 주거나, 우리 자손들 중 절반에게만 자유를 주기 위해서가 아니었다. 우리 모두에게, 즉 남성은 물론 여성에게도 자유를 주기 위해서였다"(미국 여성 수전 앤서니)라는 선언과 함께. 영국의 경우 지체 높은 귀족 여성들도 노동자 복장으로 갈아입고 거리에 나섰고, 심지어 버킹엄 궁전 난간에 몸을 묶고 매달리면서 필사적인 저항운동을 펼쳤어.

'한 표'에 맺힌 핏방울을 잊지 말기를

그런 가운데 에밀리 데이비슨이란 여성운동가가 사망하는 사건이 생겨. 영국 엡섬에서는 1780년 이래 '더비'라는 유서 깊은 경마 대회가 열려왔어. 1913년 6월 4일 '더비'가 한창 진행되는 가운데 한 여성이 갑자기 트랙으로 뛰어들었단다. 옥스퍼드 대학 출신의 엘리트 에밀리 데이비슨이라는 여성이었어. 그녀는 트랙으로 뛰어들기 전 "여성에게 투표권을!"이라는 구호를 되뇌고, 옷 속에도 여성 투표권 운동 단체의 깃발을 품고 있었다고 해. 그녀가 국왕 조지 5세 소유의 말고삐를 잡아채기 위해 목숨을 건 것인지, 단순히 경마를 방해하려 한 것인지는 아무도 몰라. 하지만 데이비슨은 집으로 돌아갈 기차표를 지닌 채 말에 치여 목숨을 잃고 말았어.

이 사고가 발생한 뒤 유력 신문 《타임스》는 "한 여자가 경기를 망쳤다"라는 망언에 가까운 보도를 했어. 그러나 동료 여성들은 경마장에서 쓰러진 에밀리보다 "왕의 말이 다쳤다!"고 부르짖던 관중에게 더 충격을 받아. 에밀리 데이비슨의 장례식은 여성들의 분노와 슬픔의 퍼레이드가 되지. 그들은 십자가를 들고 행진했으며, 여성참정권 운동에 온갖 야유와 조롱을 던졌던 영국판 '개저씨'들 중에도 모자를 벗고 조의를 표하는 사람이 많았다고 하는구나. 그녀의 죽음은 여성 투표권 운동의 상징적인 장면으로 역사에 남게 돼.

아빠는 2016년 4월 13일 있었던 20대 총선 개표 방송을 보면서 이 글을 적었어. 투표소에 들어가 선명하게 찍히는 붉은 기표를 보면서, 이 한 표가 재산과 신분과 성별과 지역과 피부색의 차이를 무시하고 모두에게 공평한 권리로 자리 잡는 과정에서 서리서리 맺혔던 핏방울을 떠올리기도 했단다. 세상에 숱한 진리가 있겠지만, 그중 가장 명백한 진리는 '세상에 공짜는 없다'일 거야. 아빠와 엄마가 산보하듯 걸어가서 내리누른 붓두껍 하나에는 수많은 피눈물과 한숨이 녹아들어가 있어. 우리가 물처럼 마시고 공기처럼 들이켜는 권리가 누군가에게는 목숨을 걸고 찾아야 할 오아시스였고 깊은 물에서 겨우 빠져나와 들이마시는 공기였다는 것, 우리 딸이 꼭 기억해주기 바란다.

여성의 투표권을 요구하다 1913년 목숨을 잃은
여성운동가 에밀리 데이비슨.

17

아들 권오설을 빼앗긴 아버지의 슬픈 춤

조선시대 왜군을 무찌른 이순신도, 일제강점기 시골 선비 권술조도
아들의 죽음 앞에서는 감정을 주체하지 못하고 슬픔이 절절한 글을 남겼다.
세월호 희생자 영석 군의 아버지는 20대 총선 유세
인형 탈 안에서 눈물을 흘렸을 것이다.

"슬프다, 내 아들아! 나를 버리고 어디로 갔느냐?"

이순신의 《난중일기》는 뭐랄까, 참 무뚝뚝한 내용의 연속이야. 좋게 말하면 담백하고 절제된 무인武人의 글이지만, 일기에 털어놓게 마련인 감정의 토로나 내면의 고백 같은 건 그다지 보이지 않아. 하지만 이순신도 사람인지라 감정을 격렬하게 폭발시키기도 하지. 이를테면 고향을 습격한 왜군에게 아들 면이 죽었다는 소식을 전해들었을 때였어. "하늘이 어찌

이다지도 인자하지 못한가. 간담이 타고 찢어지는 것 같다. 내가 죽고 네가 사는 것이 마땅하거늘, 네가 죽고 내가 사니, 이런 그릇된 이치가 어디 있는가! 천지가 캄캄하고 해조차 빛이 변했구나. 슬프다, 내 아들아! 나를 버리고 어디로 갔느냐? 남달리 영특하여 하늘이 이 세상에 머무르게 하지 않은 것이냐? 내 지은 죄가 네 몸에 미친 것이냐?"

허구한 날 날씨가 어떻고 활 몇 발을 쏘았고 누가 죄를 지어서 곤장 몇 대를 치고 어떤 놈은 목을 쳤다는 얘기가 태반인 《난중일기》지만, 이 대목에서만은 피의 비린내와 눈물의 짠맛이 난다. 아들의 죽음은 이 냉철한 무장까지도 속절없이 무너뜨린 거야.

아버지와 아들 사이는 각별한 경우도 많지만 그렇지 못한 경우도 허다해. 러시아 소설가 투르게네프는 "아버지는 아들을 이해할 수 없다. 둘은 두 개의 완전히 다른 세대에 속해 있기 때문이다"라고 쓴 바 있어. 실제로도 아버지와 아들 사이엔, 서로 닮았든 그렇지 않든, 정답게 어우러지기보다 삐걱거리는 긴장 관계가 형성되는 경우가 많아. 대개 아들의 모든 면을 포용하는 어머니와는 다른 점이지. 그래서 세상에 어머니를 껄끄러워하는 아들은 별로 없지만 아버지를 어려워하는 아들은 헤아릴 수 없이 많은 거란다.

하지만 그렇다고 해서 아버지가 아들에게 품는 부정父情이 어머니의 마음에 미치지 못하는 건 아니야. 어머니의 정이 항상 풍요롭게 흘러 포근하게 자식을 감싸는 강물과 같다면, 아버지들의 마음은 지하수처럼 저 아래를 유영하다가 기회가 닿으면 땅을 뚫고 솟구치는 간헐천 같다고나 할까. 안 그런 척 돌아서서 애달파하고, 의연한 듯 버틴 자세 아래에서 발 동동 구르고, 애써 무심한 척하다가 남이 안 보는 곳에서 '터지고' 마는 게 아버지의 정일 거야. 그런 모습은 예전과 지금이 다르지 않지.

이런 아버지들의 웅숭깊은 속내가 여지없이 무너지고 가둬놓은 감정들이 거센 봇물로 터져 나오는 때라면 역시 자신의 팔다리 같은, 아니 심장 같은 자식이 어느 날 갑자기 돌아오지 못하는 사람이 됐을 때일 거야. 위에서 말한 이순신처럼…….

긴 제문祭文에 담긴 아버지의 피눈물

사연 많고 굴곡도 흔했던 우리 역사에는 슬픈 운명의 칼에 빼앗긴 아들을 애통해하는 아버지들이 이순신 외에도 많았단다. 그중 한 아버지로 일제 강점기의 경상도 안동 사람 권술조를 들 수 있을 거야. 그의 아들은 1920년대의 걸출한 사회주의자이자 독립운동가였던 권오설이다. 권오설은 너도 익히 알 만한 역사적 사건과 밀접하게 관련돼 있어. 바로 6·10 만세운동이야.

대한제국의 두 번째 황제이자 마지막 황제 순종은 경술국치 이후 죽은 듯이 살다가 1926년 세상을 떠났다. 독립운동가들은 거의 장례식이었던 6월 10일을 기해 과거 3·1항쟁과 같은 반일 운동을 기획해. 하지만 거사일을 며칠 앞두고 일본 경찰이 정보를 입수해서 대대적인 검거에 나서게 돼. 거사의 총책이라 할 권오설도 일본 경찰에 체포되지.

조선공산당 2대 책임비서, 즉 당의 지도자였고 어기차게 항일 투쟁을 전개해왔던 권오설은 일본 제국주의엔 눈엣가시 같은 사람이었어. 일본 경찰은 그야말로 악랄한 고문으로 권오설을 망가뜨려. 마침내 1930년 4월 17일, 권오설은 서대문형무소에서 짧지만 뜨거웠던 33년의 삶을 끝낸단다. 안동의 명문 권씨 북야공파 35대손 권오설, 일제가 어떻게든 제거하고 싶어 했던 조선 청년 권오설은 이렇게 죽었어. 시골 선비였던 아버지 권술조는 아들의 참담한 죽음 앞에서 터져 나오는 분노를, 어른 두 명의 키를 넘는 길고 긴 종이 위에 제문祭文으로 남겼어.

내가 너와 인간 세상에서 부자父子라는 이름으로 정해진 것이 겨우 33년인데, 이 33년 사이에 부자의 정을 나눈 것이 그 삼분의 일이라도 되었겠느냐. 네가 과연 죽었느냐. 죽었다면 병으로 죽었느냐. 병은 함부로 사람을 죽이지 못할 것이니 충직忠直 때문에 죽었느냐. 사람의 삶은 올바름에 있는 것이니 네가 만약 죽을 자리에서 죽었다면 어찌하겠는가. 하늘이여 하늘이여 어찌 도리라 하겠으며 어찌 허물이라 하겠습니까. 원통하고 슬프도다(《권오설 2: 엽서와 편지》〈안동독립운동기념관 자료총서〉 중에서).

일제 당국은 만신창이가 된 권오설의 시신을 보이려고 하지 않았던 것 같아. 처음부터 화장火葬을 하라며 시신을 내어주지 않더니, 장례도 양철로 만들어진 납땜한 관을 쓰라고 한 거야. 심지어 무덤도 만들지 말고 조문객도 받지 말라고 강요했어. 아버지는 절규해. 이 절규는 너도 아는 노래 〈천 개의 바람이 되어〉 가사와 상당히 비슷하다. "너의 밝은 혼령은 나를 따라왔느냐. 마루에 있느냐 뜰에 있느냐. 봄의 화창함을 만나 만물과 함께 변화했느냐. 우리가 되고 천둥이 되어 원한과 노여움을 펼치려느냐. 온화한 바람이 되고 단비가 되어 못 물로써 광야로 흘러내리려느냐." 그리고 다시 한 번 아들의 혼을 더듬으며 인사를 남기지. "구천에서 서로 만날 날을 기다려다오. 이제 마음이 날로 약해지고 기운도 날로 줄어드니 이 세상에 오래 살지 못할 것 같으며 너와 더불어 회포를 풀 날도 반드시 멀지 않았을 것이다."

이 장문의 제문을 쓰면서 아버지는 얼마나 울었을까. 먹물이 묽어질 만큼 피눈물을 벼루에 쏟지 않았을까. 독립운동이고 나라에 대한 충성이고를 다 떠나서 아들을 잃은 아버지의 마음이 기나긴 제문의 글씨 하나하나에 서릿발처럼 배어 읽는 사람의 눈을 아프게 찌르는구나.

"다시는 슬픈 아버지들이 없도록 해주십시오"

아빠는 지난 2016년 4·13 총선 결과를 보면서 너무 기뻤단다. '그'가 당선되었거든. 아빠 친구냐고? 아니야. 한 번도 본 적 없는 사람이야. 서울 은평 갑에서 당선된 박주민 후보! 세월호 유족들을 돕고 있던 변호사였어. 그의 유세 과정에서 인형 탈을 쓰고 열심히 춤을 추면서 지지를 호소한 자원봉사자 중 몇 분은, 세월호가 침몰했을 때 빠져나오지 못했던 아이들의 부모였다고 해. "환자를 직접 도와주는 일을 하고 싶고, 환자들이 즐겁게 치료를 받을 수 있도록 힘쓰는 일이 훨씬 보람이 있고 잘할 수 있을 것 같아서" 의사가 아니라 환자들과 가장 가까이 있는 간호조무사를 꿈꿨던 착하디착한 소년 오영석의 아버지도 탈을 쓰고 춤을 추었지.

영석이 아버지는 혹여 세월호 유가족이라는 게 선거에 누가 될까봐, '세월호 점령군'이라는 기막힌 악선전을 해대는 상대방 후보에게 악용될까봐 사람들에게 자신들이 누군지 밝히지도 못하고, 그저 탈 쓰고 엉덩이 실룩거리고 V자를 그려대면서 춤을 추었단다. 탈 안에서 얼마나 울었을까. 아들의 억울한 죽음을 조금이나마 풀어줄 사람을 국회에 보내야 한다는 소박한 일념으로 몸을 흔들어대면서 '영석아 영석아, 내가 죽고 네가 살아야 할 것을. 네 혼은 지금 내 옆에 있느냐 길거리에 서 있느냐'라며 내내 울먹이지 않았을까.

아들을 잃은 아버지가 몸으로 쓰는 '제문'을 담은 동영상을 보면서 아빠도 눈물을 흘렸어. 그리고 오랜만에 하느님께 기도도 올렸단다. "제발 저분들이 한 번은 웃게 해주십시오. 다시 눈물 흘리더라도 잠깐만이라도 활짝 웃을 기회를 주십시오." 그 기도는 이뤄졌지만 또 하나의 기도를 덧붙여보는구나. "다시는 슬픈 아버지들이 없도록 해주십시오."

6·10 만세운동의 총책인 권오설은
일본 경찰에 체포돼 고문을 받다 숨졌다.

18

관제 폭력배·어용 시위대의 끈질긴 역사

1898년 서울에선 자주독립의 미래를 꿈꾸는 시민들의
만민공동회가 열렸다. 그 개혁의 기운을 짓밟은 건 정부의 사주를 받은
보부상 단체 황국협회였다. 오늘날 어버이연합에
과거의 어두운 역사가 어른거린다.

만민공동회, 신민臣民에서 인민人民으로

대한제국 광무 2년, 즉 1898년은 매우 중요한 해였어. 갑신정변이나 을
미사변처럼 시험 출제율 높은 사건들이 일어나지는 않았지만 이런 사건
들에 못지않을 정도의 중대한 움직임이 시작되고 결국 좌절되어버린 해
였거든. 무슨 일이었냐고? 수천 년간 나라님 시키는 대로 농사짓고 세금
바치고 부역하고 군대 갔던 양순한 백성들이 자신들의 뜻을 모으고 시위

로 정부를 압박하며 나라의 앞길을 열정적으로 토로하는 일이 벌어진 거야. 이 거대한 변화의 물결의 정체는 만민공동회였다.

1898년 3월 10일, 서울 종로 거리는 여느 때보다 훨씬 더 부산했어. 단발에 양복 입은 개화 신사부터 아직 상투에 갓을 버리지 않은 양반, 머리를 땋은 소년 등 각양각색의 인파가 종로 거리로 몰려들었다. 당시 서울 인구는 20만 명을 밑돌았다. 그런데 종로 거리에 모여든 사람들의 수가 1만 명을 넘어섰어. 요즘으로 치면, 서울 인구를 1000만 명으로 잡을 경우 50만 명이 종로를 뒤덮었다고 생각하면 되겠네.

"러시아 놈들에게 나라를 내줄 수는 없습니다!" 누군가 우렁차게 연설을 시작하자 종로 바닥은 그대로 우레 같은 박수와 함성이 난무하는 집회장이 됐어. 아관파천으로 러시아 공사관에 몸을 피했다가 돌아온 고종이 '대한제국'을 선포하기는 했지만, 왕이 황제가 되고 왕국이 제국으로 불린다고 달라진 건 없었지. 열강들이 '국왕 전하' 대신 '황제 폐하 감사합니다'를 부르짖으며 대한제국의 이권을 뜯어갔으니까. 이에 서울 시민들이 반항하고 나섰던 거야. 모임의 의장은 현덕호라는 쌀장수였지. 젊은 날의 이승만 등이 열변을 토하는 가운데 사람들은 박수를 치고 구호를 외치면서 제국의 '신민臣民'이 아닌 나라의 근본인 '인민人民'이 되어갔단다.

고종 황제와 친러파 정부, 그리고 대한제국을 세계 최고의 '호구'로 알던 외국인들이 보기에 이 만민공동회 사태는 그야말로 "한국 백성이 달라졌어요"였어. 경복궁 깊숙이까지 들렸을 시민들의 아우성 때문인지, 대한제국 정부는 '절영도를 조차租借(양측의 조약에 의해 한 나라가 다른 나라 영토의 일부를 일정 기간 동안 빌려서 통치함)해달라'는 러시아의 요구를 거부하게 돼. 기세를 올린 서울 시민들은 연일 토론회를 열며 자주독립의 미래를 열변에 실었단다. 그해 10월 1일부터는 장장 12일 동안 근대적 법

제도의 실시 및 간신배 퇴진을 요구하는 덕수궁 앞 철야 시위가 벌어졌어. 고종 황제는 또 한 번 물러섰어. 박정양, 민영환 등을 중심으로 한 개혁파 내각을 출범시킨 거야.

보부상의 만민공동회 습격

관료들까지 참석한 '관민官民공동회'의 개막 연설자는 당시 사람 취급도 받지 못했던 백정白丁 박성춘이었단다. 그로부터 몇 년 전만 해도 도성에 출입하기조차 어려웠던 박성춘은 다음과 같이 부르짖었어. "저 차일에 비유하건대, 한 개의 장대로 받치면 역부족이지만, 많은 장대를 합하니 그 힘이 공고합니다. 원컨대 관민이 합심하여 우리 황제의 성덕에 보답하고, 국운國運이 만만세 이어지게 합시다."

그러나 고종 황제는 딴생각을 하고 있었어. '헌의 6조'(관민공동회에서 결의된 6개 항의 국정개혁안)니 뭐니 하면서 자신이 누려온 임금으로서의 권한을 제한하려는 움직임 때문에 고종의 신경도 꽤 날카로웠을 거야. 그런 마당에 백성들이 공화국을 세우고 아무개 대신을 대통령으로 삼으려 한다는 헛소문까지 들려왔지. 결국 고종 황제는 만민공동회를 짓밟을 결심을 하게 돼. 그 앞잡이 노릇을 한 단체가 바로 황국협회였다.

황국협회는 물건을 이고 지고 각지를 돌아다니며 장사하던 '장돌뱅이', 즉 보부상들의 조직이었어. 보부상들은 정부의 통제하에 움직이는 대가로 활동상 특권을 보장받고 있었지. 황국협회가 조직될 때 황태자(이후의 순종)는 돈 1000원을 보내 격려했어. 사실 황제의 뜻이었겠지. 고종은 '헌의 6조'를 받아들이는 체하다가 황국협회를 출동시킨단다.

원래 보부상들은 군대에 비견될 만큼 단결력과 조직력이 뛰어난 조직이었어. 이들이 마치 전쟁을 하듯 물푸레 방망이를 들고 만민공동회를 습격한 거야. 시민들은 피를 흘리고 쓰러지면서도 관제官製 폭력배들에게 저항했어. "일반 농민, 나무꾼, 종로의 시전상인, 기생과 찬양회를 중심으로 한 여성, 심지어 걸인과 아이까지" 분연히 종로 거리에 집결하는 감동적인 시위가 벌어졌지. 대한제국의 희망이 가장 거세게 타올랐던 순간이 아니었나 싶어.

그러나 황제는 백성들의 희망에 줄곧 찬물을 뿌려댔단다. 황제는 밥과 국물을 하사해서 관제 폭력배로 전락한 보부상들의 배를 채워주었지. 황실이 보부상들에게 은밀하게 쥐어준 은덩이는 그들이 집요하게 만민공동회를 습격할 수 있도록 만든 '군자금' 노릇을 했어. 이런 보부상들의 난동과 군대까지 동원한 황제의 완강함 앞에 만민공동회는 결국 해산하고 말아.

깡패 동원해 국회를 협박한 대통령

어쩌면 대한제국은 이때 망했는지도 몰라. 권력자가 자신의 탐욕을 지키기 위해 백성들의 요구를 분쇄했잖아. 더욱이 자신의 백성들에게 또 다른 백성들을 적대하며 공격하라고 시켰잖아. 이 순간, 대한제국이 일어날 수 있는 희망은 이미 숨을 거두었던 게 아닐까? 고종 황제는 각국 공사관에 "이놈들(만민공동회)을 어떻게 하면 좋을까?"라고 물어보기도 했어. 가장 열렬하게 "군대를 동원해서 본때를 보여주세요!"라고 외쳤던 이가 한반도에 큰 야욕을 가졌던 일본의 공사라는 건 무얼 뜻하겠니.

이런 관제 폭력배들, 어용 시위대의 역사는 지긋지긋하게 끈질기단다. 1952년 전쟁판의 임시 수도 부산에서는 백골단이니 땃벌떼니 하는 정체

불명의 깡패 집단들이 "국회가 민의를 무시한다"면서 폭력을 휘둘렀어. 심지어 국회를 포위하고 위협하기도 할 정도로 기세가 등등했지. 당시 헌법으로는 대통령을 국회에서 선출하게 돼 있었단다. 문제는, 이 제도 아래에서 이승만이 대통령으로 재선될 가능성이 전무했다는 거였지. 그래서 이승만은 개헌, 즉 제도를 바꾸려고 깡패들을 동원해서 국회를 압박했던 거야. 역시 나랏돈으로 고깃국 먹이고 돈푼이나 손에 쥐어줬겠지. 깡패들을 부산에 풀어놓은 뒤 이승만이 국회에 보낸 서한은 이렇단다.

"국회에서 민의를 너무 무시하고 한도에 넘친 권리를 사용하다가 민중이 공분을 참지 못하여 대다수의 각 군·도 정식 대표들이 경무대에 와서 국회 해산을 요청하고 있는 터이므로 대통령은 대표들을 대하여 며칠만 허락하면 순리로 해결되기를 시험해보겠다고 하고 책임을 맡아 국회의원 제씨들에게 이 기회를 제공하는 것이니……." 자기가 조직한 깡패들의 뜻을 민의로 둔갑시키고 그것을 근거로 국회를 협박하는 대통령이라니.

'빨갱이들 죽여라' 악다구니치는 '어버이'들

그로부터 60년도 넘게 흘러 21세기가 된 오늘, 아니 만민공동회 시절부터 따지면 무려 두 번의 육십갑자 가까이 흘러간 2016년 4월, 아빠는 새롭게 부활한 어용 깡패들의 면모에 허탈해졌단다. 자그마치 청와대 행정관께옵서 진두지휘하시고 대한민국 자본주의의 참모 본부라 할 그 이름도 찬란한 전국경제인연합회(전경련)가 지원을 아끼지 않았던 관제 시위꾼 조직의 이름은 '대한민국어버이연합'.

그래도 120년 전의 깡패들은 황국皇國을 논했고 60년 전의 양아치들은 백골단이니 땃벌떼니 하면서 스스로의 정체성을 드러냈어. 그러나 21세기 대한민국 정부와 전경련은 돈 2만 원이 아쉬운 노인들을 앞장세웠구나. '어버이'의 휘장을 드리운 채 '빨갱이들 죽여라' 악다구니치는 노인들 뒤에서 모르는 척하고 있었구나. 이렇게 점잖게 육갑들을 떨고 있었구나. 저 노인들에게 황국협회원들의 물푸레나무 방망이가 없는 것을 다행으로 여겨야 하나. 백골단처럼 덩치 좋은 깡패들이 아니라 허약한 노인네들인 것을 위안으로 삼아야 하나. 아빠는 분간이 서질 않는다. 요즘은 네게 역사 얘기를 들려주기가 겁난단다. 네가 살아가야 할 나라는 이런 나라여서는 안 되는데.

경운궁 대안문(지금의 덕수궁 대한문) 앞에 모인 보부상들. 이들이 만민공동회를 습격했다.

19

연좌제, 후쿠자와 유키치의 비웃음이 들린다

'자식이 역적이면 부모도 역적, 부모가 역적이면 자식도 역적'이던
연좌율은 조선 시대 내내 맹위를 떨쳤다.
연좌제는 1894년 갑오개혁으로 공식 폐지되었지만
현대사 곳곳에서 되살아나 고통을 안겨주었다.

갑오개혁으로 공식 폐지된 연좌제

국사 시험 공부하느라 네 이마에 때 아닌 주름이 잡히는 걸 보니 가슴이
아프다. 어찌 보면 현실에는 하나도 쓸데없는 용어 암기인데, '왜 이걸 공
부해야 하나' 싶기도 하겠지. 하지만 따지고 보면 네가 힘겹게 외우는 개
념과 제도와 사건들이 요즘과 동떨어진 세계의 것만은 아니란다.

　네가 한창 외우고 있는 조선과 구한말 시대 사건들 가운데 1차 갑오개

혁의 내용을 다시 읽어볼까? 우선 개국 연호가 사용되고 과거제도가 없어졌지. 조세의 금납화가 실현되고 과부 개가가 허용되고 조혼은 금지됐어. 그리고 하나 더 중요한 내용이 있단다. 바로 '연좌제 폐지'라는 거야.

연좌제의 뜻은 너도 알고 있겠지. 자신이 저지른 죄가 아니라 주변 인물들의 죄로 인해 처벌받거나 책임지는 제도. 흔히 역적들의 경우 삼족을 멸한다고 하지? 무시무시한 의미야. 죄인의 처가·외가·친가 사람들을 모두 죽인다는 거거든. 실제로는 직계 3대, 즉 할아버지·아버지·아들대의 형제와 그 자식들을 처벌하는 식이었지. 그렇다 해도 연좌제의 끔찍함이 줄어드는 건 아니겠지만.

인조 때 반란을 일으킨 이괄이 결정적으로 군사를 일으키기로 결심한 건 한양에서 들이닥친 금부도사의 이야기를 듣고 나서였어. 이괄의 아들이 역모에 연루됐다는 이유로 그를 압송하겠다는 거였거든. 이때 이괄이 외친 한마디는 '연좌제'의 핵심을 정확하게 찌르고 있다고 봐야 할 거야. "자식이 역적인데 아비가 무사한 경우도 있다더냐?" 그리고 이괄은 칼을 들어 금부도사 일행의 목을 쳐버린 뒤 반란의 깃발을 흔들어. 이 소식을 들은 인조는 기겁함과 동시에 잔인함을 발휘하여 이괄의 부인과 며느리의 목을 벤단다. 기존 연좌율緣坐律을 뛰어넘는 폭거였지. 원래 여자들은 죽이지 않고 노비로 보내는 게 관례였거든.

자식이 역적이면 부모도 역적,
부모가 역적이면 자식도 역적

이렇듯 '자식이 역적이면 부모도 역적, 부모가 역적이면 자식도 역적'이던 연좌율은 조선 시대 내내 맹위를 떨쳤어. 개항을 하고 외국 사람들이 한양에 몰려와 살 때에도 달라지지 않았지. 네 시험 범위에 등장하는 갑신정변의 주모자인 김옥균·서재필·박영효·홍영식 등의 가족은 '사육신 이래 최대'라는 연좌제의 희생자가 된단다.

김옥균의 아버지와 동생은 옥에 갇혔다가 죽고, 박영효의 아버지도 감옥에서 굶어죽었어. 홍영식의 아버지는 가족들에게 집단 자살을 명해. 서재필의 경우엔, 직계가족은 말할 것도 없고 이복동생들까지 죄다 처형당했어.

이 끔찍한 피바람을 보면서 당시 서울 정동에 모여 살던 외국인들은 고개를 절레절레 저으며 이렇게 이야기했을 거야. "오우 테러블. 조선, 무서운 나랍니다." 일본의 1만 엔짜리 지폐에 새겨진 개화사상가 후쿠자와 유키치는 조선 개화파의 은근한 지지자였다. 그는 갑신정변 주동자 가족들의 참극 소식을 듣고 다음과 같이 독설을 퍼부었다는구나. "인간 사바 세계의 지옥이 조선의 경성京城에 출현했다. 나는 이 나라를 보고 야만인이라 평하기보다는 요마악귀妖魔惡鬼의 지옥국地獄國이라 평하고자 한다."

시건방진 일본인이 못하는 소리가 없다며 부아가 치밀다가도 문득 우리 조상들이 한 일을 보면 슬며시 부끄러워지기도 한다. "너희들은 안 그 랬냐?"라고 항변하기엔, 우리의 연좌제가 너무 저열하고 잔인했으니까.

흉물스러운 이빨 드러내는 연좌제의 그림자

이미 말했듯이 연좌제는 1894년 갑오개혁을 통해 공식적으로는 폐지되었어. 그러나 이후로도 오랫동안 그 그림자를 드리운단다. 당장 몇 년 뒤 고종의 러시아어 통역관 김홍륙이 황제와 황태자를 독살하려고 커피에 독을 탄 사건이 발생했을 때, 일부 대신들은 연좌제를 되살려 김홍륙의 가족까지 처벌하려 했어. 이에 《독립신문》은 "역적이라도 노륙(역적의 가족을 죽이는 일)과 연좌를 적용하지 않고 무슨 죄를 짓더라도 함부로 가두거나 벌주지 말 것을 선포했는데, 갑자기 노륙과 연좌를 쓰자는 건 법을 어기는 것이다"라고 강하게 비판했지. 이 이슈로 인해 2차 만민공동회가 열리기도 했단다. 당시에도 깨친 사람들은 '연좌'에 대해 진심으로 지긋지긋하게 생각하고 있었던 거야.

그러나 연좌제는 드라큘라처럼 끈질기게 살아남아. 특히 좌우익 갈등과 전쟁을 거쳐 남한에 콘크리트 같은 반공 국가가 자리 잡으면서, 좌익이나 공산당 전력자는 말할 것도 없고 그 가족들까지 거의 예외 없이 되살아난 연좌제의 희생양이 됐지. 공산당과 관계없이 독재에 항거한 사람들까지도 '호적의 빨간 줄' 때문에 혀를 끊는 듯한 고통에 시달려야 했어. 전쟁 당시 월북한 삼촌 때문에 육군사관학교에 가지 못해 통곡해야 했던 아빠 선배의 사연은 축에도 들지 못할 만큼 광범위하면서도 촘촘한 연좌제가 우리나라를 뒤덮고 있었으니까.

연좌제가 정부나 권력만이 휘두르는 칼은 아니었어. 스스로 진보라고 자처하는 분들을 통해서도 연좌제의 그림자는 언뜻언뜻 그 흉물스러운 이빨을 드러내기도 한단다. '친일파의 손자가 국립박물관장을 할 수 있느냐'며 비분강개하는 건, '빨갱이의 아들이 어떻게 경찰을 하느냐'는 억지와 크게 다르지 않다고 아빠는 여긴다. 친일파의 손자가 학문적으로 부족하고 박물관장의 자격이 없다면 당연히 끌어내려야겠으나 그가 태어나지도 않았던 시대에 할아버지가 저지른 죄 때문에 그의 공직이 제한되어서는 안 되는 거거든. 100년 전 《독립신문》이 주장했듯 "역적이라도 연좌를 적용할 수 없는" 것이므로, 연좌제 폐지의 정신은 할아버지가 친일파든 빨갱이든 그 혐의가 무엇이든, 그와 직접적 관계가 없는 누군가에게 책임을 물을 수 없다는 뜻이야.

"아직도 미성숙한 나라"

너도 즐겨 봤던 드라마 〈송곳〉의 열정적인 노동운동가의 모델이 있어. 아빠가 초등학교 다닐 때부터 지금까지 노동자들의 권리를 일깨우고 노동조합의 필요성을 수십 년 동안 역설해온 노동상담가야. 그런데 이 나라에서 가장 큰 노동 조직 중 하나인 전국교직원노동조합(전교조)으로부터 강연 보이콧을 당했어. 부인이 교장으로 재직 중인 학교에서 교사들이 '부당해고'됐는데 이에 대해 노동상담가로서 학교 측을 대변하는 발언을 했다는 게 이유였단다.

해고가 부당한지 그렇지 않은지는 학교와 해직 교사들이 다툴 사안이지 교장의 남편이 개입할 문제가 아니야. 또 '학교 측 대변'이라는 것도 아내의 학교와 관련된 사건에 대해 의견 표명을 집요하게 요구받고서, 학교 측의 입장에도 일리가 있다는 정도의 얘기를 한 게 다였어(애초에 부인의 문제를 남편에게 집요하게 묻는 것 자체가 연좌제적 발상이지).

하지만 "가족이 저지른 부당노동행위를 방관하며 노동 강의를 하는 건 문제가 있다"라는 식의 구한말 연좌제 뺨치는 발언이 '교사들'에게서 나오고, 사실관계를 다투는 문제에서 전교조의 주장에 반하는 발언을 했다는 이유로 한 사람의 공적 활동을 막아버리며, '전교조 교사 탄압하는 아무개는 물러가라'는 피켓을 들고 1인 시위를 하는 상황까지 벌어졌어. '진보'가 어디까지 '퇴행'할 수 있는지를 그야말로 몸부림치며 보여주는 장면이었지.

후쿠자와 유키치의 비웃음이 바람결에 들려온다. "가장 수구적인 연좌제가 아직도 조선에 출현하고 있다. 그것도 진보에 의해서. 나는 이 나라를 보고 야만인이라 평하기보다는 아직도 미성숙한 나라라고 말하고 싶다."

갑신정변의 주역인 박영효·서광범·서재필·김옥균(왼쪽부터).
갑신정변이 실패하고 김옥균 등 주모자의 가족은 연좌제로 피해를 보았다.

20

박정희에 결코 굴복하지 않았던 신학도들

1980년 한신대에 다니던 신학생 류동운은 광주 소식을 듣자마자
서울에서 내려갔다. 시위 도중 체포돼 곤욕을 치르고 풀려난 그는 다시 시민군의
일원이 되어 싸우다 산화했다. 36년 전 그의 삶과 죽음을 기억한다.

권력에 맞선 빛의 사자들

가끔 교회에서 체육대회 가는 곳이 있지? 서울 수유리 한국신학대학교대
학원. 오늘날 한국신학대학교는 경기도 오산으로 이전해서 종합대학인
한신대학교로 자리 잡았어. 그러나 1970년대엔 네가 뛰어놀던 수유리가
한신대 캠퍼스였단다. 박정희 대통령이 '유신'을 선포하고 무소불위의 권
력으로 대한민국을 휘어잡던 시절은 그 막강한 골리앗 같은 권력에 3000

만이 숨을 죽였던 암흑기였지. 그럼에도 물맷돌을 휘두르며 나선 다윗 같은 사람들이 많았는데 당시 한신대는 그 용사들의 산실 같은 곳이었어.

당시 한신대학교는 전교생이 기백 명에 지나지 않았지만 1만 명 이상의 학생 수를 자랑하던 다른 대학들보다 더 정권의 미움을 산 학교였다. '의를 위하여 핍박받는 자에게 복이 있나니 천국이 저들의 것'이라 하신 예수의 말씀을 따르는 이 용맹한 신학도들은, 정부에 저항한다는 이유로 사람의 목을 매달고, 초주검이 되도록 고문하고, 똥물을 끼얹고, 그 가족들까지 못살게 굴던 권력에 맞선 빛의 사자들이었단다. 학생뿐 아니라 교수들까지도.

학도호국단 이름으로 시위에 나서다

1973년 한신대학교에서는 맹렬한 반정부 시위가 일어났어. 정부는 시위 주도 학생들을 제적하라고 강요해. "다 잘라버리시오. 말 안 들으면 재미없소." 마치 이스라엘의 왕이 났다는 소리에 갓난아이들을 죄다 죽여버리라고 소리 지르던 헤롯 왕처럼 말이야. 이 산천초목도 덜덜 떨 만한 호령에 한신대에서는 기이한 일이 벌어졌단다. 대학의 학장님이 머리를 박박 밀어버린 거야. 학생들을 지지하고 정부의 요구를 따를 수 없다는 결의의 표현이었지. 그를 따라 교수님들이 줄을 서서 머리를 시원하게 밀어버렸고, 이를 본 학생들도 앞다퉈 이발소로 달려가거나 자기 손으로 가위를 들어 머리카락을 싹둑싹둑 잘라버렸어. 일부 교직원도 삭발에 동참했다고 하니, 졸지에 한국신학대학은 승가대학(스님들을 위한 교육기관)을 방불케 하는 '빡빡머리'들의 천국이 되고 말았단다.

1975년에는 이 작은 학교에 휴교령이 내려졌지만 그 후에도 '한신'의

기세는 결코 수그러들지 않았어. 이즈음 정부는 각 학교의 학생회를 해체하고 '학도호국단'이라는 이름의 군대식 학생 조직을 만들어. 그런데 한신대에서는 되레 이 학도호국단이 주동이 돼 데모에 나섰단다. 학도호국단 이름으로 시위에 나선 건 전국에서 한신대학교가 처음이었어.

1977년 4월 7일, 교회에서 기념하는 '고난주간'이었어. 한신대 학생들은 교내 예배실에 모여 고난주간 예배를 드린 후 고난 선언문을 발표한단다. 이 고난 선언문에서 한신대 학생들은 저승사자처럼 무섭던 정권의 퇴진을 입에 담게 돼. 그걸 읽은 건 학도호국단장이었지. 하지만 선언문을 다 읽기도 전에 경찰이 예배실 문을 박차고 뛰어들어 그를 낚아채 끌고 나갔단다. 학생들이 분노와 모욕감으로 울부짖는 가운데 또 한 명의 학생이 단상으로 나서 선언문을 이어 읽었지만 그 역시 경찰의 우악스러운 손길에 끌려가고 말았어. 한 학년이 50명쯤 되던 대학의 학생 20명이 긴급조치 위반으로 처벌받았으니 그 의기義氣를 능히 헤아릴 수 있을 거야.

그 무렵 한신대 학생을 비롯해 진정한 '예수쟁이'들이 불렀던 찬송가 가사는 이랬어. "약한 자 힘 주시고 강한 자 바르게 추한 자 정케 함이 주님의 뜻이라. 해 아래 압박 있는 곳 주 거기 계셔서 그 팔로 막아주시니 정의가 사나니."

"나는 이 병든 역사를 위해 갑니다"

1979년 이 의기 왕성한 한국신학대학교에 한 신입생이 들어와. 이름은 류동운. 성결교회 류연창 목사의 장남이었어. 아버지가 시무하는 성결교회 계열의 성결교 신학대학이 엄연히 있었지만 그는 굳이 한신대학교를 택했어. 한신대의 역사를 보았고, 그 학교가 추구하는 가치에 관심이 있었기 때문이지.

그는 이미 정권의 쓴맛을 본 바 있었어. 아버지 류연창 목사가 긴급조치 위반 혐의로 구속됐을 때 가택수색을 당하는데, 그 와중에 '불온한' 메모가 발견돼 연행됐던 거지. 그때 나이 열다섯 살. 너와 동갑이었단다. 당시 정부가 얼마나 정신이 나갔는지 짐작할 수 있을 거야.

사연 많은 신학생 류동운이 1학년을 마치기 전에 한신대를 무던히도 미워하던 박정희 대통령이 죽었어. 새로운 시대가 올 것 같았지. 그러나 1980년, 군복 입은 살인마들이 대한민국에 도둑처럼 들이닥친단다. 그들은 권력을 잡기 위해 군대를 동원했고 이에 맞서는 사람들을 무참히 학살했지. 5·18광주민중항쟁의 시작이었어.

류동운은 경북에서 태어났지만 광주에서 학창 시절을 보냈지. 류동운은 광주 소식을 듣자마자 서울에서 그곳으로 뛰어가. 그러나 시위 도중 계엄사에 체포돼 엄청난 곤욕을 치르고 풀려난단다. 머리는 깨지고 온몸은 멍투성이가 된 채로.

보통사람 같으면, 아니 아빠라도 그렇게 무서운 곳에서 구사일생 빠져나온 뒤엔 언감생심 안방의 이불 속에서 빠져나오지 못했을 거야. 군복과 비슷한 색깔만 봐도 비명을 지르며 와들와들 떨었을 거야. 하지만 류동운은 다시 집을 나서서 시민군의 일원이 돼. "나는 이 병든 역사를 위해 갑니다. 이 역사를 위해 한 줌의 재로 변합니다. 이름 없는 강물에 띄워주시오." 그의 마지막 일기였지.

아버지 류연창 목사 역시 독재정권에 저항하여 옥살이를 했던 사람이었어. 그러나 아들을 사랑하는 아버지이기도 했어. 민주주의든 자유든 어떤 세상없는 가치든 내 목숨보다 소중할 수는 있어도 내 아들 목숨보다 무거울 순 없는 게 인지상정이야. 아버지는 제발 가지 말라고 아들에게 호소해. 하지만 아들은 아버지에게 이렇게 항변해.

"아버지 붙잡지 마세요. 다른 집 자녀들은 다 희생하고 있는데 왜 자기 아들만 보호하려고 합니까? 평소 소신이 왜 변합니까? 아버지 설교 말씀에 역사가 병들었을 때, 누군가 역사를 위해 십자가를 져야만 이 역사가 큰 생명으로 부활한다고 하시지 않았습니까? 저를 붙잡지 말아주세요."

그날 시민군이 되어 도청으로 향했던 아들은 ……

아버지의 설교를 인용하며 아버지의 손을 뿌리친 아들은 총총 역사의 어둠 속으로, 그러나 우리 역사에서 가장 찬란하다 할 빛줄기 속으로 사라진단다. 계엄군이 도청을 함락한 뒤 그는 시신으로 발견돼. 아버지가 치아 상태로 겨우 아들임을 알아보았을 만큼 참혹하게 변해버린 모습으로.

역사를 위해 십자가를 졌던 신학생 류동운. 예수 잘 믿어서 천국 가는 게 아니라 '그 뜻이 하늘에서 이뤄지듯 땅에서도 이뤄지이다'를 가르친 예수의 뜻을 깨우치고자 한국신학대학교를 애써 택했던 신학생 류동운은 지금 그의 동지들과 함께 5·18 묘역에 묻혀 있어.

언젠가 떠났던 남도 여행에서 아빠가 광주 5·18 묘역을 꼭 들르고 싶었던 이유는, 네게 긍지로 빛나고 영예로 눈부신 우리 역사를 보여주기 위해서였다. 얼마나 경제적으로 잘살고 어느 정도로 힘이 센가도 자랑거리가 될 수 있겠지만, 한 나라의 국민들이 불의에 맞서 일어서고, 강도와 같은 독재자들에게 죽음으로 저항하며, 스스로의 존엄과 자유를 위해 목숨을 건 역사는 다른 무엇과도 바꿀 수 없는 역사요 기억이기 때문이야. 전교생 200명의 신학대학이 보여준 용기는, 그리고 그 학교를 선택한 한 신학생이 택한 부활의 길은, 또 망월동에 누워 있는 수많은 묘비들은 우리 민족의 고난과 영광의 십자가이고, 항시 우리들의 머리를 찌르는 가시 면류관이야.

　5월 18일이 다가오는구나. 이 나라와 백성이 길이 간직해야 할 혁명의 날이자 분노의 날, 동시에 희망의 날이. 그래서 광주光州는 빛고을이란다.

한신대에 있는 류동운 기념비.
그의 아버지 류연창 목사도 민주화운동에 앞장섰다.

21

〈님을 위한 행진곡〉이 불편한 사람들

박근혜 정부는 〈님을 위한 행진곡〉을 두고
'국론 분열'의 우려가 있다며 기념식에서 제창하는 것을 꺼렸다.
그러나 이 노래는 독재에 맞선 민주주의의 깃발이자
"대한민국의 모든 권력은 국민으로부터 나온다"는
공화국 헌법에 대한 찬가다.

계엄 해제를 위한 가짜 결혼식

1979년 박정희 대통령이 심복이라 여겼던 김재규 중앙정보부장의 총에
맞고 파란만장한 생을 마감했단다. 이 사태가 알려지자마자 전국에는 비
상계엄령이 떨어졌지. 비상계엄이란, 전쟁이나 기타 비상사태를 맞아 군
병력이 경찰을 대신해 해당 지역의 치안을 장악하는 것을 말해. 계엄군
사령관이 행정권과 사법권을 틀어쥐게 되는 무시무시한 상황이야.

하지만 오래도록 민주주의를 염원해왔던 몇몇 사람들은 한시라도 빨리 계엄령을 해제하고 유신 체제로부터 벗어나 민주정치를 복원하고자 일단의 거사를 준비한단다. 물론 계엄령 하에서는 일체의 집회와 시위, 나아가 사람들의 모임 자체가 엄격히 통제되고 있었어. 그들은 기발한 아이디어 하나를 생각해내. 바로 결혼식이었지.

"신랑 홍성엽, 신부 윤정민의 결혼식을 다음과 같이 거행하오니……"라는 청첩장을 만들어. 청첩장엔 예식이 '1979년 11월 24일 서울 명동 YMCA 강당에서 열린다'라는 문구가 주먹만 하게 박혔지. 하지만 결혼식은 가짜였어. 신랑 홍성엽은 진짜였지만, 신부 '윤정민'은 애초에 그들의 꿈이었던 민주정치, 즉 민정民政을 비튼 가상의 인물일 뿐이었거든. 윤보선 전 대통령부터 젊은 학생과 노동자들까지 만장滿場한 가운데 결혼식이 열렸어. 예식에서 울려 퍼진 건 '딴딴따단~' 결혼행진곡이 아니라 날카로운 구호와 비명, 뒤늦게 사실을 알아챈 계엄군의 군홧발 소리였지.

〈묏비나리〉와 〈님을 위한 행진곡〉

체포된 사람들은 그야말로 악독한 고문을 받아. 위장 신랑 홍성엽은 말할 것도 없었지만 그만큼 특별 취급을 받은 사람이 또 있었단다. 백기완이라는 재야 인사였지. 이전부터 미운털이 박혀 있었던 그를 계엄 당국은 글자 그대로 짐승처럼 다뤘어. 체중 82킬로그램의 육중한 체구를 자랑했던 그가 40킬로그램대의 말라깽이가 될 정도였다면 무슨 말이 더 필요하겠니. 냉혹한 계엄 당국조차 이러다가는 죽이겠다 싶었던지 병보석으로 내보낼 정도였어. 그 참혹한 시간들을 백기완은 자신이 지은 시詩를 주문처럼 읊조리며 버텼다고 하는구나.

시멘트 바닥에 누워 천장에 매달린 15촉 전구를 보고 있노라면 이대로 죽는구나 하는 절망에 몸부림칠 때가 많았다. 극한상황에서 자꾸만 약해지는 정신을 달구질하기 위해 '묏비나리' 시를 지어 주문처럼 외우고 또 외웠다.

이 〈묏비나리〉라는 시는 출옥 후 요양 중에도 계속 백기완의 입에서 맴돌았고 결국 그의 손에 의해 쓰여 세상 밖으로 내보내졌어. 〈묏비나리〉는 무척이나 긴 시야. 언젠가는 꼭 한번 읽어봐주기를 바란다. 한 건장한 사내를 반으로 쪼그라뜨리는 지옥불 같은 고문 속에서 자신의 영혼을 쥐어짜고 이 악물면서 써내려간 시이고, 그 시 속에서 가물거리는 희망을 찾았던 위대한 드라마의 대본이며 참혹한 역사의 증거이니까.

"사랑도 명예도 이름도 남김없이"

고문은 백기완의 육체를 파괴했지만 그 정신은 건드리지 못했어. 이후에도 백기완은 광주의 살인마이자 나라를 도둑질한 전두환 정권과 맞서 싸워. 거동이 여의치 않고 뭔가 떨어지는 소리에도 화들짝 놀랄 만큼 심약한 유리 심장이 됐지만, 백기완은 각지를 누비면서 독재에 저항하는 사람들의 용기를 북돋웠어. 그 와중인 1983년 2월 대구에서 열린 '기독교 예장(예수교 장로회) 청년 대회'에서 백기완은 잊을 수 없는 순간을 맞이하게 된단다. 그가 등장했을 때 청년들이 일제히 일어나 팔을 힘차게 뻗으며 노래를 부르기 시작했는데 놀랍게도 그 노래 가사가 자신이 필사적으로 짓고 읊조리고 비명처럼 내질렀던 시 〈묏비나리〉의 일부였거든.

사랑도 명예도 이름도 남김없이 한평생 나가자던 뜨거운 맹세. 동지는 간데없고 깃발만 나부껴. 새날이 올 때까지 흔들리지 말자. 세월은 흘러가도 산천은 안다. 깨어나서 외치는 뜨거운 함성. 앞서서 나가니 산 자여 따르라.

세상없는 명감독이라도 이런 장면을 연출할 수 있을까. 백기완은 노래를 듣고 그냥 펑펑 울었다고 해. 봇물 터지는 울음 속에서 노래는 천사처럼 날개를 폈고 용기와 희망과 함께 어두운 역사의 허공을 날았지. 이게 바로 〈님을 위한 행진곡〉이라는 노래야.

윤상원·박기순 영혼결혼식 기념해 만든 노래

이 노래가 지어진 시기는, 백기완이 노래와 마주하기 꼭 1년쯤 전이었어. 광주 항쟁의 마지막 날, 도청을 떠나지 않고 쳐들어오는 계엄군에 맞서다가 장렬하게 쓰러진 사람들 가운데에는 유창한 영어 실력으로 외신 기자들을 상대하던 시민군 대변인 윤상원이라는 사람도 있었단다. 대학을 나와 한때 은행 직원도 했던 그는 충분히 결혼해서 아들 딸 낳고 잘 살 수 있었던 사람이었어. 그러나 시민군 지도자로 남아 끝까지 싸웠고 의연하게 죽었어.

일과가 끝난 밤 시간을 활용하여 배움의 기회를 갖지 못한 노동자들을 가르치는 야학 활동을 했던 윤상원에게는 몇 년 전 연탄가스 사고로 사망한 여자 동료가 있었지. 비록 생전에 연인 사이는 아니었지만, 친지들은 이 불운한 처녀 총각의 영혼결혼식을 올려주기로 해. 이 영혼결혼식을 기념하기 위해, 백기완의 시 일부를 따서 만들어진 노래가 바로 이 〈님을 위한 행진곡〉이었어. 노래의 주체는 윤상원과 박기순(윤상원의 여성 동료),

즉 '앞서간' 이들이 살아 있는 자들을 향해 외치는 노래였지.

이 노래는 삽시간에 전국으로 퍼진단다. 이 노래 테이프를 전파하려던 사람들은 엉성하게 녹음한 테이프를 가슴에 품고서는 꼭 혼자서만 다녔다고 해. 혹여 경찰에 걸리더라도 같이 잡히지 않고 누군가는 그 노래를 다른 사람들에게 전하고 싶어서 말이야. 그 눈물겨운 전파를 통해서, 백기완이 삶과 죽음의 경계에서 불렀고 이제는 윤상원의 목소리로 산 자들을 향해 내리꽂는 절규 같은 노래를 듣게 된 사람들 역시 주먹을 거머쥐었어. "앞서서 나가니 산 자여 따르라."

1980년대의 빛 한가운데에 있던 〈님을 위한 행진곡〉

언젠가 네게 1980년대 이야기를 찬찬히 들려주고 싶구나. 비록 그 숱한 오류와 돌아보기조차 싫은 '흑역사'에도 불구하고 당시의 대학생들이, 청년들이 살인적인 독재정권에 의롭고도 줄기차게 저항한 역사는 한국사, 아니 세계사를 통틀어 어디에 견주어도 손색없는 빛을 발한다. 백기완처럼 '산 자'와 윤상원처럼 '죽은 자'의 육성이 넝쿨처럼 엉키고 담쟁이 같이 역사의 담장을 타고 오른 노래 〈님을 위한 행진곡〉은 언제나 그 빛의 한가운데에 있었어. 독재에 맞서 싸우다 제 몸에 불을 댕겼던 사람들도, 절망으로 그득한 밑바닥에서 술 취해 나뒹굴던 사람들도 이 노래를 부르며 삶을 다지고 죽음 앞으로 나섰단다. 독재에 맞선 민주주의의 깃발이자 "대한민국의 모든 권력은 국민으로부터 나온다"라는 공화국 헌법에 대한 찬가였단다.

그런데 이 노래를 두고 '국론 분열'의 우려가 있다고 나대는 사람들이 있구나. 아빠는 그 사람들의 나라[國]가 어디인지 묻고 싶어. 〈님을 위한 행진곡〉의 가치를 부정하는 이들은 대한민국에서 살 권리가 없다고 감히 말하고 싶어. 백기완을 고문하고 윤상원을 죽인 독재가 그립다면, 그들은 차라리 휴전선 넘어 북한으로 올라가는 게 맞을 거야. 그들이 원하는 나라는 그런 나라니까.

지은이가 멀쩡히 이 땅에 살아 있고 노래에 붙여진 사연들이 있는데도, 〈님을 위한 행진곡〉에서 '님'이 김일성을 가리키는 게 아니냐고 떠드는 '종북주의적' 상상력의 소유자들도 활개치고 있구나. 그들이야말로 북한으로 가서 살아야 하지 않을까. 적어도 여기는 민주공화국 대한민국이란 말이다.

이 노래가 불편한 자들은 민주주의가 불편한 거야. 사람을 반으로 꺾어버리는 고문이 넘쳐나고 중무장한 군대가 시민의 살을 헤집고 군화로 짓밟고 총으로 쏜 것을 당연시하는 파시스트들이야. 아직까지도 '광주 항쟁'이 아니라 '광주 폭동'이라 부르고 싶어 혓바닥이 들썩이는 자들이야. 그들의 코앞에서 아빠는 이 노래를 가사 하나 하나 씹으면서 불러주고 싶구나.

"세월은 흘러가도 산천은 안다. 깨어나서 외치는 뜨거운 함성. 앞서서 나가니 산 자여 따르라. 앞서서 나가니 산 자여 따르라."

〈님을 위한 행진곡〉은 1980년 광주민주화운동 당시 시민군 대변인이었던 윤상원과 박기순(윤상원의 여성 동료)의 영혼결혼식을 기념하기 위해 백기완의 시 〈묏비나리〉 일부를 따서 만들어진 노래다.

22

개발 논리에 흔적도 없이 사라져가는 '흥수아이'들

34년 전 충북 청원군 두루봉동굴에서
구석기 어린이의 유골이 발견됐다. 당시 장례 풍습의 비밀을 간직한 그 동굴은
광산 개발로 파괴됐다. 최근 서울 옥바라지 골목에서도
역사를 파묻는 과오가 되풀이되고 있다.

우리나라에도 원시인이 있었다

아득한 옛날 아프리카에서 어느 유인원이 두 발로 딛고 선 이래 인류는
오랜 시간에 걸쳐 진화와 멸종, 새로운 종의 탄생을 거듭하면서 지구의
구석구석으로 퍼져 나갔어. 세계 곳곳에 남아 있는 그들의 화석과 유적은
인류의 이동과 당시의 생활상을 수십만 년 후의 우리에게 알려주고 있단
다. 이를테면 70만 년쯤 전에 살았던 베이징원인은 불을 피울 줄 알았고,

석기를 다듬어 사용했어. 그럼 한반도에는 언제부터 사람이 살았을까? 물론 수십만 년 전의 땅과 바다는 지금과 많이 달라서 오늘날의 지도를 갖다 대는 것 자체가 무리겠지만 우리나라에도 원시인이 있었어.

1932년 함경북도 동관진이라는 곳에서 구석기 시대 유물이 발견됐지만 크게 주목받지는 못했어. 당시 일본 제국주의자들이 일본보다 오래된 구석기 유적이 한국에서 발견됐다는 사실 자체를 탐탁지 않게 여겼기 때문이야. 분단 이후인 1963년에는 북한에서 또 다른 구석기 유적이 발견됐어(함경북도 웅기 굴포리). 이듬해 1964년 4월에는 남한의 충청남도 공주에서 매우 중대한 구석기 유물들이 쏟아져 나와.

고고학 전공 대학원생이던 미국인 앨버트 모어 부부가 충남 공주 석장리에서 뗀석기(자연석에 물리적 타격을 가해서 만든, 구석기 유물) 일부를 발견한 게 발단이었어. 그 일대에서 본격적인 발굴이 추진되었는데, 약 30만 년 전의 전기 구석기 유물부터 중기·후기 구석기 시대는 물론 청동기 시대의 유물까지 나온 거야. 이 발굴팀의 조교로 활약하던 이융조는 충북대 고고미술사학과 교수로 근무하게 되는데 1982년 겨울 뜻밖의 전화를 받게 돼.

전화를 걸어온 사람은 청원군(현 충북 청주시 흥덕구) 일대의 석회석 광산 현장소장 김흥수라는 분이었지. 이융조 교수는 김흥수 씨와 안면이 있었어. 이전에도 김 씨가 석회석 광산을 개발하기 위해 이곳저곳을 들추다가 옛 짐승 뼈 같은 게 나오면 이 교수에게 연락하곤 했거든. 그때마다 이융조 교수는 김흥수 씨에게 되풀이해 강조했다고 해. "사람 뼈가 중요합니다."

그래서일까? 전화를 건 김흥수 씨의 목소리는 매우 상기되어 있었어. "사람의 치아 같은 게 보입니다. 빨리 와보세요." 산세가 두루뭉술하다고 해서 두루봉이라고 불리던 산자락을 훑고 다니던 김흥수 씨의 눈에 어린 아이의 두개골로 보이는 사람 뼈가 들어온 거지. 이융조 교수 역시 흥분을 감추지 못하고 현장으로 달려갔어. 그리고 두루봉의 석회석 동굴에서 거의 완벽하게 보존된 구석기 시대 아이의 뼈를 발견하게 된 거야. 키가 110~120센티미터인 4~5세가량 어린아이의 유골이 석회석 바위 위에 반듯하게 누워 있었다. 동굴 근처에서는 구석기 시대 석기들이 나왔고.

대략 4만 년 전의 유골로 추정된 이 아이는, 발견자 김흥수 씨의 이름을 따서 '흥수아이'로 불리게 돼. 이융조 교수에 따르면 발굴단원들이 당연히 그렇게 해야 한다고 주장했다더군. 우리나라에서 유적에 사람의 이름을 붙인 첫 사례였다고 해.

'흥수아이'가 발견되기 어려운 이유

무려 4만 년 전에 살았던 흥수아이의 자취가 얼마나 소중한지 굳이 얘기할 필요는 없을 거라고 봐. 그런데 흥수아이는 4만 년 후의 사람들에게 또 하나 큰 감동을 주었단다. 아이의 몸 근처에 꽃가루가 뿌려져 있었거든. 4만 년 전, 뜻하지 않게 아이를 잃은 부모 또는 가족들이 아이를 반듯하게 누인 뒤 꽃을 뿌리며 슬퍼했던 거야. 국화와 진달래 종류로 추정되는데 그 꽃들은 석회암 지형에서는 잘 자라지 않는 꽃들이었어. 즉 꽤 멀리 있는 꽃들을 따와서 아이의 몸을 덮었던 거지. 흥수아이는 구석기 시대 장례 풍습을 담은 고고학적 가치와 더불어 아이의 죽음을 슬퍼하는 부모의 애틋한 마음을 수만 년 동안 간직해온 거였어. 상상해보렴. 4만 년 전의 엄마 아빠가 슬프게도 저세상으로 간 아이 위에 눈물과 함께 꽃을 뿌리는 모습을.

그런데 혹시 현장에 가보고 싶지 않니? 홍수아이가 4만 년 동안 누워 있던 바위도 구경할 수 있고, 요즘 같으면 그 장례식을 그럴싸하게 재연하는 행사가 열릴지도 모르지. 그러나 유감이구나. 홍수아이가 4만 년 동안 안식했던 두루봉동굴은 지금 흔적도 남아 있지 않아.

당초 '사람 뼈'를 찾은 김흥수 씨 역시 발견 직후에 이융조 교수를 부른 건 아니었어. 사흘을 고민했다고 해. 생각해봐! 이융조 교수가 그렇게 고대하던 사람 뼈가 나왔다면, 그 장소는 문화재로 지정될지도 몰라. 이렇게 되어버리면 김 씨가 관여하고 있는 석회석 광산 일이 제대로 진행될 수 없었어. 즉 자신에게는 별 의미도 없어 보이는 뼛조각 때문에 막대한 경제적 손해를 입을 수 있었던 거야.

그러나 김흥수 씨는 실로 다행스러운 결심을 해. "주변에서 반대했지만, 돈보다 더 중요한 가치가 있다고 막연하게 느꼈다. 덕분에 금전적 손해는 컸지만, '홍수아이'로 역사에 이름을 남기니 자부심을 가지고 산다" (〈두루봉동굴 홍수아이 첫 발견자 김흥수씨〉, 《충북일보》 2015년 4월 13일). 그러나 사람들이 다 김흥수 씨 같지는 않았지.

두루봉동굴은 사유지였단다. 소유자인 광산주는 완강히 그 이상의 조사를 거부했어. 국가 차원에서 나서야 하는 일이었지만 당시 정부엔 이런 일에 관심을 쏟을 '깜냥'이 부족했지. 결국 구석기 시대 장례 풍습을 보여주는, 세계에서 몇 안 되는 유적이자 홍수아이를 온전하게 4만 년 동안 품었던 두루봉동굴은 폭파와 채굴을 거치면서 흔적도 없이 사라지고 말아. 두루봉동굴은 현재 큼직한 웅덩이로 남아 있을 뿐이란다. 이융조 교수는 이렇게 탄식하고 있어. "두루봉동굴을 보존하지 못한 건 한스럽다. 우리가 잘했다면 한국의 주구점周口店(베이징원인이 발견된 세계에서 손꼽히는 구석기 유적지)이 됐을 것이다."

역사의 터전을 갈아엎는 '도시 개발'

몇 년 전 프랑스의 한 학자가 흥수아이의 시료, 즉 미세한 조각을 분석한 결과 흥수아이가 구석기 시대 아이가 아니라 19세기 아이의 뼈라는 황망한 결과를 발표했어. 한국 학자들은 당연히 반발하며 시료가 오염됐을 거라고 주장했다. 그러나 한국인들은 흥수아이를 입증할 가장 큰 증거물을 스스로 없애버린 뒤였어. 혹여 프랑스 학자가 "발견된 곳이라도 한번 확인해보자"라며 한국을 찾았더라면 얼마나 크게 웃었을까. "뭐 이런 사람들이 다 있어."

2016년 6월 '옥바라지 골목'이라고, 옛 서대문형무소에서 옥살이하던 사람들을 옥바라지하던 이들이 묵던 오래된 골목을 철거하니 마니 옥신각신하다가 서울시장이 직접 나서 철거를 중단시킨 소동이 있었단다. 일제강점기, 일제 당국은 하루에 단 한 명씩만 면회를 허락했고 그나마 심통 나면 면회 불가 딱지를 붙이기 일쑤였지. 그때마다 가족들은 이 옥바라지 골목에서 며칠을 묵어가며 면회를 기다렸어. 김구 선생이나 안창호 선생 등 독립운동사에서 큰 어른들의 가족도 옥바라지 골목 신세를 졌지. 그곳에서 사식을 준비하거나 출소하는 사람들을 위해 두부를 마련했다고 해.

서대문형무소가 세워진 건 대한제국 군대 해산 이후 군인들이 합세하면서 의병 투쟁이 한창 벌어지던 1908년이야. 옥바라지 골목도 근 100년의 역사를 지닌 서울만이 가진 역사의 터전이고. 그런데 이 골목을 다 갈아엎고 아파트 네 동을 짓는 '도시 개발'이 진행되고 있었던 거란다. 기실 옥바라지 골목의 원형은 대부분 사라졌고, 보존의 가치도 그만큼 없다는 의견도 있어. 그러나 그 말이 맞다 하더라도 포클레인과 불도저를 앞세우기 전에 우리 스스로 뭉개버린 역사의 폐허를 돌아볼 필요가 있다고 생각해. 지금껏 우리가 파묻은 역사가 얼마이고, 파괴해버린 과거는 또 어느 정도일까? 흥수아이가 4만 년을 보낸 동굴처럼 흔적도 없이 사라진 역사의 자취를 헤아리다보면, 어이가 없어서 비참해질 정도야. 백제의 수도 위례성으로 추정되기도 하는 풍납토성 발굴 설명회장에서 고고학자가 문화재 때문에 개발이 안 될까 걱정하는 주민들에게 폭행당하고 감금된 적도 있었던 것이 불과 몇 년 전이었다는 사실을 상기해보면 옥바라지 골목이 화두가 되는 것이 그나마 고맙다고 해야 할까.

김구 선생 등 독립운동가 가족이 머문 옥바라지 골목에 재개발 사업이 진행되고 있다.
ⓒ 옥바라지 골목 보존 대책위 제공

23

구의역 청년, 그 죽음이 헛되지 않으려면

1911년 미국 뉴욕 트라이앵글 공장 화재로 노동자 146명이 숨졌다.
이 사건은 미국 역사를 바꾸었다.
구의역 스크린도어를 수리하다 숨진 청년의 희생에서
한국은 어떤 교훈을 얻을 수 있을까.

'기회의 땅'을 덮친 화재

너도 잘 알다시피 뉴욕은 수많은 이민자들이 미국이라는 용광로에 두렵고 설레는 첫 발걸음을 내딛던 항구였어. 영화 〈타이타닉〉(1997)에서 구사일생으로 살아난 여주인공이 마침내 도착한 항구가 뉴욕이야. 영화 〈대부〉(1972)에서 마피아에게 가족을 모두 잃은 이탈리아 꼬마 비토 코르레오네도 뉴욕을 통해 미국에 입성하지. 중심가의 마천루부터 뒷골목의 쓰레기장까지 각양각색 층층시하의 부자와 가난뱅이들이 뒤섞였던 대도시 뉴욕의 맨 밑바닥을 쓸고 있는 이들은 당연히 미국으로 갓 건너온 초보 이민자였단다. '자유의 땅'에서 자유로워지고 '기회의 땅'에서 기회를 얻기 위해 몸을 던져서 일해야 했던 사람들.

1911년 3월 25일은 토요일이었어. 뉴욕 맨해튼의 트라이앵글 셔츠웨이스트 공장에서는 주로 이민자였던 10대 초반부터 20대 중반의 여성들이 그나마 즐겁게 작업 중이었다. 오후 5시면 일이 끝나고, 일요일에는 쉴 수 있었으니까. 그런데 작업 종료 시간을 20분쯤 남기고 갑자기 8층의 천 조각 더미에서 연기가 솟아올랐어. 연기는 곧 사람 키를 넘어 날름거리는 불길로 변하지. 이 불을 보고 가장 신속하게 반응한 이들은 회사 공동사장 두 명이었어. 그들은 불길을 보자마자 뒤도 돌아보지 않고 빠져나가서 긁힌 상처 하나 없이 얌전히 지상으로 내려와.

화재가 처음 발생한 8층 사람들은 그럭저럭 대피했고, 10층 작업자들에게도 인터폰으로 화재 발생을 알렸어. 그러나 9층에서 일하고 있던 여성들은 불이 번지고 있다는 사실 자체도 제대로 전달받지 못했어. 그들은 뒤늦게나마 화재 사실을 알게 되었지만 곧이어 불길 이상의 공포와 맞닥뜨리게 된단다. 출입구가 잠겨 있었던 거야. '손버릇 나쁜' 노동자들을 단속하기 위해 기업주가 문을 잠가놓았던 거지.

그린우드 공동묘지에 묻힌 신원미상자들

불길이 호랑이처럼 덮쳐오는데 'No way out(출구는 없다)'이라는 외침보다 무서운 절규가 또 있을까. 설상가상으로 당시 소방차의 소방 호스 역시 6층 이상은 닿지 못했어. 20세기의 가장 번화한 도시 중 하나인 뉴욕 시민들은 창문 밖으로 안타까운 비명을 지르다가 불길을 피해 몸을 던지는 여성 노동자들을 멍하니 지켜봐야 했어. 가까스로 탈출한 사람들도 제대로 걷지 못하고 주저앉았어. 익히 아는 얼굴들이 외마디 비명과 함께 자기 옆으로 툭툭 떨어져버렸으니까. 시민들은 발을 동동 구르며 불길에 휩싸인 공장을 지켜볼 뿐이었어.

그러던 중 사람들의 눈에 열서너 살 됐을까 싶은 두 소녀가 포착됐단다. 그 둘은 손을 꼭 잡고 기도를 올렸지. 아래에 있는 사람들은 그 기도 소리가 들리지 않아도 들을 수 있었을 거야. 30분도 안 되는 시간에 146명이 목숨을 잃었단다. 폴란드, 이탈리아, 그리고 유대계의 이민자가 대부분이었어. 뉴욕이라는 거대한 피라미드의 맨 아랫돌 밑에 낀 이끼 같은 사람들.

상당수 노동자들은 신원조차 밝혀지지 않았다고 해. 요즘 같은 DNA 감식 기술도 없었으니 시커멓게 타버린 사람들의 면면을 어찌 가릴 수 있었겠니. 〈미국의 소리VOA〉 방송(2000년 3월 30일)에 나온, 어느 희생자의 남편에 대한 이야기를 들어보자. 증언하는 사람은 희생된 여성의 손자야. "할머니는 그린우드 공동묘지에 묻힌 신원미상자들 가운데 한 명이었습니다. 할아버지는 일터로 향하기 전 매일 아침 신원 불명의 시신들의 유품이 있던 선창에 가셨습니다. 그곳의 신발 상자 안에는 각 희생자의 옷 조각과 반지 등이 놓여 있었습니다. 사고 후 10개월에서 1년 정도가 지나고 마침내 할아버지는 한 상자를 가리키며 그것이 할머니 것이라고 말했습니다."

밝게 웃으며 일터로 떠난 아내가 영영 돌아오지 않는 길을 떠났고 그 유품조차 확인할 수 없었던 남편의 심경을 상상해봐. 그는 아무리 슬퍼도 배고픈 아이들을 그냥 방치할 수 없었기에 매일 아침 일터로 향해야 했지. 그러나 일터에 가기 전 어떻게든 선창에 들러서 유품 상자들을 눈 부릅뜨고 훑어 아내의 흔적을 찾아내려고 했던 거야. 아내의 마지막 출근 날에 대한 기억을 쥐어짜서 머리핀 하나, 단추 색깔 하나, 옷 조각 하나를 꿰어 맞추며 아내가 세상에 남긴 자취를 찾아 헤맸던, 남편의 소리 없는 흐느낌을 떠올려보렴.

사람이 어디까지 무책임해질 수 있을까

2016년 6월, 100년 전 한 미국 남편의 심경을 1만분의 1이나마 실감할 수 있는 사진 하나에 가슴이 미어졌던 기억이 나는구나. 혼자서 지하철 스크린도어 공사를 하다가 그만 전동차에 치여 숨지고 만 열아홉 살 청년이 남긴 유품 사진이었어. 각종 공구와 가위, 장갑, 매직펜과 필기구, 충전기 등을 보면서 아빠는 얼굴도 모르는 그 청년이 얼마나 바쁘고 힘겹게 일하고 있었는지를 그린 듯이 떠올릴 수 있었단다.

특히 뜯지도 않은 채 젓가락과 함께 들어 있던 컵라면 한 개가 많은 사람들의 눈물을 자아냈어. 작업을 끝내고 컵라면을 먹으려 했을까. 지하철역 한구석에 서서, 어딘가에서 얻어온 뜨거운 물에 면발 익혀 후루룩 먹어치우고 다른 현장으로 발걸음을 옮길 계획이었을까. 아빠 머릿속도 어지러워지는데 그 부모의 심경은 대체 어떠했을까. 짐작조차 할 수 없었던 기억이 나는구나.

그런 부모 앞에서 서울메트로 관계자는 "본인 책임"을 들먹였다고 하지. 산술적으로도 계산이 나오지 않는 '규정'을 들이대면서 말이야. 정말 사람이 어디까지 어리석어질 수 있을지 모르겠구나. 어디까지 무책임해질 수 있을지 모르겠구나. 그리고 보면 트라이앵글 화재 사건 때 '절도 방지'를 위해 문을 걸어 잠가 146명을 죽였던 기업주 두 명은 무죄판결을 받았지.

더 나은 삶을 위해 싸웠던 열아홉 청춘

더 가슴 아픈 것 하나. 트라이앵글 공장 참사가 나기 2년 전, 1909년 뉴욕에서 여성 노동자 수만 명이 봉제공장 총파업에 참여했어. 무려 13주간 투쟁이 이어지고 봉제공장 400여 개 가운데 339개에서 노조 결성과 작업조건 개선이 이뤄졌어. 트라이앵글 공장은 완강하게 타협을 거부한 회사 중 하나였지. 회사 측의 이런 고집이 결국 146명의 노동자들을 살해했던 거야.

구의역에서 죽어간 열아홉 살 청년도 메트로 본사 앞에서 시위를 벌였다고 해. 그는 정식 직원으로 채용될 꿈에 부풀어 있었는데 정작 회사 측에서는 용역을 정식 채용하는 대신 서울 메트로 본사 퇴직자를 고용하겠다는 논의가 나왔고, 이에 항의해서 피켓을 들었던 거지. "갓 졸업한 공고생 자르는 게 청년 일자리 정책인가." 피켓에는 이렇게 쓰여 있었어. 더 나은 삶을 위해 용기 있게 나서서 싸울 줄 알았던 트라이앵글 노동자들과 한 세기 후 한국의 한 청년은 결국 비참하게 세상을 떠나고 말았단다.

트라이앵글 공장 화재는 미국 역사에서 하나의 전기가 됐어. 불행한 노동자들의 장례식에 시민 10만 명이 운집했다고 해. 고용주들이 노동자들의 위험에 책임을 지고 적절한 작업환경을 갖춰야 한다는 공감대도 인파를 따라 확산됐지. 트라이앵글 화재 현장을 지켜봤던 여성운동가이자 후일 최초의 미국 여성 각료가 되는 프랜시스 퍼킨스는 이렇게 말했지. "그날은 뉴딜New Deal(실업자 구제와 노동조합 활동 보장 등 미국 사회를 바꾼 거대한 개혁정책, 프랭클린 루스벨트 대통령이 주도했음)의 시작이었다."

트라이앵글의 슬픈 희생은 그렇게 역사를 바꾸었다. 그런데 과연 우리는? '뉴딜'을 시작할 수 있을까? 가슴 아픈 청년의 희생에서 교훈을 얻을 수 있을까? "둘째 아이는 절대로 책임감 있는 아이로 기르지 않겠다. 내 아들은 책임감이 강해서, 시키는 대로 하다가 죽었다"라고 절규하는 희생자의 어머니에게 무슨 위로를 건넬 수 있을까. 뉴딜은커녕 '뉴킬New Kill'이라도 막아야 할 텐데. 너희들이 조금이나마 행복한 삶을 살게 만들려면 어른들이 이렇게 살아서는 안 될 텐데.

총파업에 참여한 트라이앵글 노동자들.
타협을 거부한 회사는 결국 노동자들을 죽음으로 내몰았다.

24

평범한 사람들이 1987년 6월을 달구다

6월 항쟁의 물꼬를 튼 사람들은 걸출한 영웅이나 능력자가 아니었다.
박종철 고문치사 사건이 세상에 알려진 것은 평범한 의사와 법의학자,
교도관의 목숨 건 결단이 있었기에 가능했다.

"쇼크사? 웃기고 있네"

오늘날 대한민국의 헌정 체제인 제6공화국을 탄생시킨 건 1987년에 일
어난 6월 항쟁이었어. 아빠가 고등학교 3학년 때 일이야. 고달픈 고3이었
지만 거의 모든 국민이 떨쳐 일어나 전두환 정권의 멱살을 거머쥐고 '독
재 타도'를 외쳤던 그해 6월의 기억은 선명하구나. 부산 서면 거리에서
대학생 형들은 '새 나라의 어린이는 일찍 일어납니다' 동요를 이렇게 바

꿔 불렀지. "새 나라의 대통령은 대머리가 아닙니다." 완강히 버티던 전두환의 제5공화국 정권은 국민의 힘에 굴복했고 현행 헌법을 토대로 한 6공화국이 수립됐단다.

이 위대한 6월 항쟁의 물꼬를 터서 폭포를 이루게 한 의인이 몇 명 있었어. 오늘 아빠는 그 의인들 이야기를 해보려고 해. 우선 박종철이라는 부산 출신 대학생. 1987년 1월 16일자 《중앙일보》 사회면에는 〈경찰에서 조사받던 대학생 쇼크사死〉라는 2단짜리 작은 기사가 실렸어. 죽은 사람은 서울대학교 언어학과 3학년생 박종철이었지.

박종철의 친구들에 따르면 그는 더할 수 없을 만큼 착한 사람이었어. "따뜻한 점퍼를 입으면 …… 원래 소유자는 종철인데 학교 친구들이 보면 제가 입고 다니는 일이 더 많은 …… 친구들은 점퍼를 제 걸로 알지 종철이 것으로 알고 있지 않고 결국 제 것이 되는 그런 점퍼가 있었어요. 보통 사람이면 불만이 있을 수도 있을 텐데 종철이는 전혀 내색을 하지 않았어요."

그런 그에게 수배 중인 선배가 찾아왔고 박종철은 돈 1만원과 함께 누나가 짜준 목도리까지 건넸다고 해. 그 며칠 뒤 박종철은 이 선배를 추적하던 경찰들에게 연행돼. 박종철은 선배가 갈 만한 곳을 알고 있었으나 입을 다물었어. 경찰들은 이 어진 젊은이의 팔다리를 잡아채 물이 가득한 욕조로 끌고 갔단다. 얼마 후 기차게 착하고 순진했던 청년, 하지만 "우리 앞에는 외면할 수 없는 역사와 현실이 있습니다"라고 단호하게 부르짖을 수 있었던 청년 박종철은 죽고 말았어. 경찰은 박종철이 어떤 '쇼크'로 죽었다고 우겼단다. 박종철의 죽음을 특종 보도한 기자는 이 희한한 사인死因에 특별히 따옴표를 쳐놨어. '쇼크사'라고. 따옴표는 이렇게 말하고 있는 것 같았지. "쇼크사? 웃기고 있네."

"정의의 편에 서서 감정서를 작성하겠다"

그런데 이 '쇼크사'가 세상에 알려지는 데에는 한 평범한 의사의 결단이 필요했어. 물고문을 당하던 박종철이 의식을 잃자 경찰들은 인근의 중앙 대학교 부속병원 응급실 의사를 불렀어. 달려온 이는 나이 서른한 살의 의사 오연상. 그는 가운이 젖을 만큼 물이 흥건한 취조실을 보고 무슨 일이 벌어졌는지 직감했어. 그때 그의 심경이 어땠을까. 어제만 해도 쾌활하게 생활하던 한 젊은이를 간단히 죽여버린 살인마들 틈에 끼어 그들의 주목을 받는 판국이었어. 말 한마디 잘못했다가는 자신도 무슨 변을 당할지 모른다는 생각을 분명히 했을 거야. 실제 경찰은 다음 날 그의 진료실 문 앞을 교대로 지키며 외부인과의 접근을 차단하고 있었으니까. 그러던 중 화장실에서 오연상 의사는 기자를 만났고 사건의 진실을 내비쳐.

"청진기를 대보니 배에서는 꼬르륵 소리가 났고 폐에서는 수포음이 들렸습니다." 수포음이란 폐에 피나 기타 체액이 스며들어 나는 소리야. 사실은 물고문과 직접적 연관이 없어. 그러나 어떻게든 물고문이 있었음을 암시하고 싶었던 의사가 그렇게 용기를 냈던 거야. "이 말을 하지 않으면 평생을 죄책감에 시달리리라"고, 자신을 가다듬으면서.

박종철의 사인을 확실히 밝혀야 하는 곳은 국립과학수사연구소(국과수)였어. 치안본부장 이하 경찰의 고위 간부들이 국과수로 총출동했단다. 심장 쇼크사로 하자거나 질병으로 사망했다고 발표하자는 등 갖가지 사악한 시나리오들이 제시됐어. 심지어 치안본부장이 목욕이나 하라며 100만 원 현금 다발(88년 대학에 입학한 아빠의 등록금이 70만 원이었어)을 담당자에게 건네기도 했지. 이 절체절명의 순간, 박종철의 사인을 밝히는 임무를 맡은 이는 황적준이라는 법의학자였단다.

그 역시 고민을 거듭해. 눈 질끈 감고 '원래 폐에 병이 있었으며 사인은 그것임'이라고 써놓고 서명 한번 해버리면 상황이 정리될 수 있었어. 부검이 끝나면 곧바로 시신을 화장터로 옮기도록 만반의 태세가 갖춰져 있었으니, 다른 의사가 시신을 볼 틈도 없었지. 하지만 황적준 박사는 깊이 잠든 자기 아이들의 얼굴을 보면서 역사적 결단을 하게 돼. "정의의 편에 서서 감정서를 작성하겠다." 대한민국 역사는 이 결연한 의사의 증언으로 서서히 태풍권에 진입하기 시작했단다. 경찰이 물고문으로 한 대학생을 죽여버렸다는 사실이 만천하에 알려진 거야.

"1억 줄게, 입 다물어" 협박을 목격하자……

박종철의 슬픈 죽음이 용기 있는 의사들의 폭로를 통해 국민의 가슴을 울리는 종소리로 변해갈 즈음 그래도 정신을 못 차린 전두환 정부는 또 다른 음모를 꾸미고 있었어. 박종철의 죽음에 관계된 경찰관들이 더 있었는데도 불구하고 사건을 축소 조작해서 경찰관 두 명에게 뒤집어씌우려 했던 거야. 그런데 이런 상황을 낱낱이 지켜보던 한 교도관이 있었어. 서울 영등포구치소 보안계장 안유였어. "당시 경찰 수뇌부들이 구속된 경찰들을 찾아와 입 닥치고 있으면 1억 원을 주겠다고 회유하고 가족을 내세워 협박하는 모습을 직접 목격했다."

그의 눈앞에서 경찰들이 무슨 영화 속 조직폭력배들처럼 "1억 줄게, 입 다물어" 따위의 대사를 연출할 수 있었던 것도 그만큼 교도관들을 '우리 식구'로 믿었기 때문이었을 거야. 그런데 교도관은 너무도 억울하게 죽어간 대학생의 죽음 앞에서 그야말로 영웅적으로 경찰의 믿음을 배신해. 이 사실을 구치소에 갇혀 있던 재야인사에게 털어놓은 거야.

자신이 감시하는 수용자에게 자신이 속한 국가기관으로부터 얻은 비밀을 털어놓는 교도관을 상상해보자. 그 마음은 어땠을까? 만약 발각이라도 된다면 자신에게 어떤 일이 불어닥칠지 당연히 고민했을 거야. '교도소 침투 간첩단'의 일원으로 조작되어 대공분실에 끌려가 욕조에 머리 담근 채 버르적거리는 자신의 모습을 분명히 그려보았을 거야. '가족들에게 해가 미치면 어쩌냐' 하고 이맛살도 찌푸렸을 거야. 그러나 안유 보안계장은 용기를 냈단다. "이럴 수는 없어!"

1987년 6월을 있게 한 평범한 사람들의 소박한 용기

안유는 양심의 소리에 화답했고 스스로를 파멸시킬 수도 있는 비밀을 누설함으로써 역사의 물꼬를 텄어. 그가 토로한 비밀은 또 다른 양심의 전달자들을 통해 외부로 누출됐지. 1987년 5월 18일 천주교 정의구현사제단이 발표한 '고문 경찰 축소 조작' 실태는, 안유 계장이 전한 내용 그대로였어. 고문으로 한 젊은이를 죽여 놓고 사인 및 범인들까지 축소 조작하려 했던 전두환 정부의 징그러운 알몸이 5월의 햇살 아래 적나라하게 드러났어. 그로부터 20일 뒤 6월 항쟁의 태양은 휴전선 이남 9만8000㎢의 남한 땅 전역을 벌겋게 달구게 돼.

여기서 한번 돌이켜보자. 6월 항쟁이라는 한국 현대사의 거대한 산맥을 솟게 만든 힘은 어느 걸출한 영웅이나 출중한 능력자로부터 나온 게 아니었어. 오히려 전철 안에서 꾸벅꾸벅 졸고 앉은 아저씨일 수도 있고, 술 취해서 시끄럽게 노래 부르며 지나가는 대학생 오빠일 수도 있고, 병원에서 우리더러 "아~ 해보세요" 하며 플래시를 켜는 의사, 평범한 그들에게서 나왔지. 그들이 애면글면 고민하다가 주먹 쥐고 일어서서 내린 결단, 그들이 짜냈던 소박한 용기, "이럴 수는 없지 않아?" 하면서 내젓는 고개가 일으킨 바람이 모이고 쌓여 1987년 6월이 왔던 거란다. 아빠도 너도 그럴 수 있어. 그게 1987년 6월의 교훈 아닐까 싶구나.

1987년 1월 26일 명동성당에서 천주교 정의구현사제단 신부 100여 명이
박종철 추모미사를 봉헌했다. ⓒ 박종철 기념관

25

섬마을 교사, 그저 여자라는 이유만으로

성범죄는 피해자의 영혼과 가족의 평화를 부수는 끔찍한 범죄다.
그런데 피해자를 보호하기보다 그의 불운을 탓하거나 부주의를 지적하는
말도 안 되는 일들이 우리 역사에 있어왔다. 지금도 마찬가지다.

"네 딸이라고 생각해봐! 제발!"

네가 얼마 전에 영화 〈타임 투 킬〉(1996)을 봤다고 했지. 백인 남자들에게
잔인하게 성폭행당하고 살해된 소녀의 아버지가 가해자들에게 분노의
총탄을 퍼부어 법정에 서게 되고, 그를 도와 결국 무죄를 이끌어내는 변
호사의 이야기 말이야. 20년도 더 된 영화라 아빠도 가물가물하지만 변
호사가 배심원들에게 눈을 감으라고 한 다음 열변을 토하던 장면은 참 유

채화처럼 기억 속에 선명하구나.

"갑자기 트럭이 서고 두 남자가 그녀를 잡습니다. 근처로 그녀를 끌고 가서 묶습니다. 그녀의 옷을 찢어냅니다. 그리고 올라탑니다. 번갈아가 면서 강간합니다." 그리고 이 끔찍한 묘사의 마지막 기억나니? "그 아이 를 백인으로 생각해보십시오." 영화를 보는 사람들도 배심원에게 해줄 말이 있었을 거다. "네 딸이라고 생각해봐! 제발!"

성폭행은 한 사람의 영혼, 나아가 그 가족의 평화를 부숴버리는 끔찍한 범죄야. 그런데 참으로 기이하게도 우리 역사 속에는 성폭행을 당한 피해 자를 보호하기보다 그 피해자의 불운을 탓하고 부주의를 비난하며 심지 어 죄인으로 몰아 박해하는 희한한 풍경들이 도사리고 있단다. 병자호란 때 만주 병사들에게 끌려갔다가 겨우 돌아온 숱한 여인들을 두고 "오랑 캐들에게 몸을 더럽혔다"면서 손가락질하고 내쳐버렸던, 지질함 하나는 타의 추종을 불허했던 조선 남정네들은 하나의 사례일 뿐이야.

주변의 눈총과 비난은 끝내 자살로

조선 정조 임금 때 각종 살인·자살 사건을 조사한 기록인 《심리록》에서 정조는 한 사건을 두고 이렇게 한탄하고 있어. "양반과 상민을 구분할 것 없이 정숙한 여자가 포악한 자들에게 욕을 당하거나 나물을 캐다가 한번 끌려가기라도 하게 되면 갑자기 바람을 피운다고 손가락질을 받아 온갖 오명을 쓰게 된다. 강간을 당하고 안 당하고를 막론하고 바람을 피웠다는 모함은 자신(피해 여성)이 죽을 때까지 씻기 어려운 것이라서 방 안에서 목 을 매어 자결하기로 맹세하게 되니, 그 일은 어둠에 묻혀 밝혀지지 않고 그 심정은 잔인하고도 비장하다"(《네 죄를 고하여라》 중에서). 한 남자에게 유린당한 여성이 그 일 때문에 주변의 눈총과 비난을 받다가 끝내 감당하지 못하고 자살해버린 사건에 대한 정조의 평이야.

이런 일은 비일비재하게 일어났단다. 1779년 전라도 함평에서 한 여성은 자신을 겁탈하려는 남자의 어깨를 물어뜯어가며 저항하여 위기를 모면했음에도 주변의 수군거림과 손가락질을 견디지 못해 독을 먹고 자살했어. 《심리록》에 따르면, 그 여성의 "손과 발, 손톱, 발톱이 온통 붉고 검게 변했으며, 독성으로 인해 혀가 오그라들었다"고 해. 그 처참함이 어디 독 때문이기만 했겠니. 죽어가면서 얼마나 그 빌어먹을 세상을 원망했겠어. 멧돼지 같은 남자가 덤비는데 발버둥치고 물어뜯어 내쫓았더니 "뭔가 틈을 보였으니 그랬겠지, 흥" 하며 지나가는 사람들을 얼마나 죽이고 싶었겠어. 뭐 이런 나라가 있었나 싶지? 호랑이 담배 먹던 시절이니 그랬나 싶지? 그렇지도 않단다.

강간범의 '혀'만도 못한 여성의 인권

'대망의 88올림픽'이 열린 해의 어느 날 밤, 서른두 살의 주부가 으슥한 밤거리를 걷다가 뜻밖의 일을 당해. 갑자기 달려든 두 남자가 자신의 팔을 잡아 꼼짝 못하게 한 뒤 골목길로 끌고 간 뒤 쓰러뜨려 놓고 성추행을 시도한 거야. 갑자기 입 안에 뱀 같은 남자의 혀가 들이밀어지자 여자는 어금니를 악물고 그 혀를 깨물었다. 남자는 짐승 같은 비명을 지르며 나뒹굴어. 혀가 뜯겨 나간 거야. 당연히 너는 가해자의 인과응보라고 생각하겠지만, 사건은 묘하게 전개됐어.

혀를 잘린 가해자 가족들이 주부를 찾아 잘린 혀에 대한 배상금을 요구한 거야. 이에 분개한 여자는 두 남자를 성폭행 혐의로 고소했고. 그러자 남자들이 주부를 무고 혐의로 맞고소하면서 일이 법정으로 옮겨진 거지. 남자들의 주장은 이랬어. 술 마시고 귀가하던 도중 길바닥에 앉아 있던 주부가 매달리며 어떤 식당으로 데려다달라고 부탁했다. 그녀를 부축하여 골목길로 들어갔는데 그 과정에서 뺨이 맞닿게 되자 '술김에', '호기심으로' 주부에게 키스한 것뿐이다.

남자들은 강제추행치상죄로 기소돼. 남의 입 안에 집어넣었다가 잘려 나간 혀 자체가 강력한 증거였으니까. 그런데 가해자의 변호사는 유구하고도 효율적인 억지를 동원하지. "밤에 술에 취해 흐느적거리면서 다녔고 집안 문제로 불화를 일으키는 부도덕한 여성"으로 피해자를 몰아붙이면서, 그 여성의 '마수'에 걸린 '전도양양한' 청년들의 상처를 부각시킨 거야. 덩달아 '과잉 방어'로 주부를 기소한 검사는, 그 주부의 '폭행 피해 진술이 자꾸 바뀐다'며 몰아붙였어. 옆구리를 먼저 맞았는지 뺨을 먼저 맞았는지 등의 진술이 헷갈리고 있다는 거야.

1988년 9월 21일, 대한민국 법원은 주부에게 징역 5월에 집행유예 1년을 선고해. "정당방위라 인정될 수 없는 지나친 행위"라는 게 판사의 판단이었지. '상가가 밀집돼 있고 흉기를 소지하지 않았으니 피해자가 공포에 질려 혀를 깨물었다고 보기 어렵다'고 했어. 대체 정당한 방어란 무엇인가, 대관절 여성의 인권은 강간범의 혀만도 못하다는 것인가 하는 비난 여론이 물 끓듯 일어났어. 항소심 공판장 앞에서는 100여 명의 여성이 몰려들어 피해 여성의 무죄를 부르짖었단다. 아마 그분들도 영화 〈타임 투킬〉의 변호사처럼 판사에게 호소하고 싶었을 거야.

"눈을 감아보세요. 동창회에서 맥주를 마시고 귀가하는 당신의 아내를 누군가 골목길로 끌고 가서 발길로 차고 주먹으로 때린 다음 그 냄새나는 입을 갖다 대고 뱀 같은 혀를 들이밀어요. 당신의 아내는 어떻게 해야 하나 생각해보세요."

피해자를 더 괴롭게 만드는 인간들

마침내 1989년 1월 20일 역사적이라고 하기엔 초라한, 그러나 의미 있는 무죄판결이 내려져. 이 판결은 대법원에서도 확정돼. 판결문에는 이런 내용이 실려 있었지. "당시 술을 먹었다거나 식당을 경영한다거나 밤늦게 혼자 다녔다거나 하는 등의 사정이 정당방위의 성립을 저해하지 않음은 물론이다." 사실, 너무나 당연해서 언급하기조차 귀찮았을 이야기야. 여자가 술을 먹고 밤늦게 다닌다는 게 성폭행의 빌미가 되어서도 안 되거니와, 성폭행범에 대한 응징의 정당성을 저해하지 않는다는 판결은 그제야 대한민국의 판례로 자리 잡게 돼.

하지만 알다시피 그 후 30년이 지나도록 비슷한 유형의 음해는 여전히 생명력을 유지하고 있어. 2016년 5월 강남역 여성 살해 사건 때에도 어떤 남자들은 "여자가 왜 새벽까지 술을 먹고 있었냐"라고 잡소리를 늘어놓았단다. 학부모 세 명이 자신의 아이들이 다니는 학교 여교사에게 술을 먹인 뒤 성폭행했던 끔찍한 사건에 대해서도 "공무원이 웬 술을 그리……"라는 헛소리를 지껄이는 자들이 있었지.

그런 의미에서 "차라리 그자들에게 죽었으면 좋았을 것이다"라고 울부짖으면서도 법정 투쟁을 벌였던 그 주부, 그리고 자신이 가르치는 아이들의 부모들에게 성폭행을 당한 상황에서도 침착하게 경찰에 신고하고 증거를 잡아내 범인들의 멱살을 거머쥔 섬마을 교사는 정말이지 우리 사회 모두가 보내는 경의와 감사를 받아야 마땅해. 그들 덕분에 우리 사회가 조금이나마 개선되었고 어떻게 하면 악에 굴하지 않고 악한들을 내동댕

이칠 수 있는지를 보다 확실히 알 수 있었으니까.

그분들에게 감사한다. 더하여 아빠는 파렴치한 범인을 욕한답시고 "한 여자의 일생을 망쳐놓은 놈들"이라고 내뱉는 사람들에게 일갈하고 싶다. "정신 차려 이 양반들아. 망치긴 뭘 망쳐. 어디서 조선 시대 같은 소리를 하고 있어! 당신 같은 사람들이 피해자를 더 괴롭게 하는 거야."

성범죄 피해자가 오히려 '과잉 방어'로 재판받아야 했던 1988년의 사건은
1990년 〈단지 그대가 여자라는 이유만으로〉라는 영화로 만들어졌다.

26

후지무라 신이치, '과거와 현재의 대화'를 왜곡하는 사람들

흔히 "역사는 과거와 현재의 대화"라는 말을 한다.
그런데 현재의 필요에 의해 이 대화를 뒤틀거나 꾸미는 경우가 있다.
2016년 고구려 기행을 시작한 법륜 스님이 사실과 부합하지 않는
역사 이야기를 해서 논란이 되었다.

역사를 자신의 생각에 꿰어 맞춰서는 안 된다

아빠가 어느 언론사 면접시험을 볼 때 이야기를 들려줄까? 갑갑한 넥타이
죄어 매고 손은 무릎에 단정히 얹은 상태로 질문을 기다리는데 이유 없이
빙글빙글 웃던 면접관 아저씨가 아빠를 지목했어. "전공이 사학史學이구
먼?" "네, 그렇습니다." 그러자 면접관 아저씨가 이런 질문을 불쑥 내밀어.
"그래, 역사가 뭐야?" 옳다구나 득달같이 대답을 하려는데 면접관이 이렇

게 오금을 박았어. "에드워드 H.카의 정의 말고 다른 거."

아빠는 그만 말문이 턱 막히고 말았어. '역사란 무엇인가'라는 질문의 모범답안은 항상 에드워드 H. 카라는 영국 사학자의 "역사는 과거와 현재의 대화다"라는 명제였는데, 그걸 틀어버리니 아빠의 머릿속이 온통 하얗게 되어버린 거지. 당연히 아빠는 면접에서 떨어지고 말았지.

비록 아픈 추억이긴 하지만 아빠는 요즘도 "역사는 과거와 현재의 대화"라는 명제를 종종 되뇔 때가 있어. 대화란 어느 한쪽의 윽박지름에 의해 이루어지는 게 아니야. 여러 쪽 말의 조각조각을 통해 진실에 접근하는 커뮤니케이션이지. 편견과 선입견에 사로잡힌 일방적 발언은 결국 대화를 그르치고, 상대방의 진의를 왜곡시키는 법이다. 상대가 전하는 말을 자신의 논리로 여과해서 제 귀에 달가운 것만 골라 듣는 건 결코 올바른 대화법이라고 할 수 없어. 특히 '과거와 현재의 대화'에서라면 더욱 그렇겠지.

역사를 과거와 현재의 대화라고 할 때 현재가 과거, 즉 역사에 대해 말을 거는 방식을 사관史觀이라고 부를 수 있을 거야. 사관에 대해 한 사학자는 다음과 같은 말을 한 적이 있어. "사관史觀은 '미리 만들어놓은 이론'이 되어서는 안 된다. 역사적 사실의 광범한 종합으로서 사관은, 귀납적인 결론을 얻어야 할 것이다. 귀납적인 사실 입증이 없다면 사관이란 단순히 미리 짜놓은 각본에 따라 증거물을 찾아 헤매는 결과에 불과하다." 좀 풀어서 말하면, 역사를 자신의 생각에 맞춰 규정하고 그에 따라 역사를 꿰어 맞춰서는 안 된다는 뜻이야.

'신의 손' 후지무라 신이치가 말해주는 것들

언젠가 구석기 유물을 하도 많이 건져 올려 '신의 손'으로까지 불렸지만 그게 몽땅 조작이라는 사실이 드러나 망신을 당했던 일본 학자 후지무라 신이치 얘기를 해준 적 있지? 그의 엉터리 발굴이 진행되는 동안 몇몇 일본인은 환호했어. 그들에게 후지무라의 '발견'은 일본인의 역사가 수십만 년이나 된다는 증거였거든. 그들은 일본 '문명'이 이집트와 메소포타미아를 앞선다고 주장하며 의기양양하게 교과서에 싣기까지 했단다. 그들에게 일본의 역사는 그렇게 유구한 것이어야 했어. 일본인은 세계에서 가장 오래된 문명의 후예여야 했고. 그 일본인들은 이렇게 말하며 역사의 목을 졸랐던 거지. "일본 역사는 그래야만 해. 일본 역사는 이런 존재야!"

2016년 7월 신문에는 이런 기사가 났어. 세계 4대 문명 가운데 하나인 인더스 문명이 인도의 일부 주 역사 교과서에서 빠졌다는 거야. 그 대신 힌두교 여신의 이름을 딴 '사라스바티 문화'라는 게 실렸어. 이런 주들의 공통점은 '꼴통' 힌두교 정당이 정권을 잡은 지역이라는 거야. 그 정당이 보기에 인더스 문명은 힌두교가 인도에서 자리를 잡기 전의 문명이었거든. 이를 인정하기 싫어서 전 세계 교과서에 거의 공통으로 실려 있는 인더스 문명을 교과서에서 빼버린 거지.

'어떻게 이런 자들이 있지?'라고 혀를 끌끌 차겠지만, 사실 꼭 모자라는 사람들만 이런 일을 저지르는 건 아니야. 모두가 존경할 만한 학식과 덕망을 갖췄거나, 아프고 혼란스러운 이들을 위무하는 지혜로운 사람들도 역사에 '무례'를 범하곤 해. 며칠 전 아빠가 법륜 스님이라는 분의 강연록을 듣고 입을 딱 벌려야 했던 것처럼.

'배달나라'라는 6000년 전의 역사 기록?

법륜 스님이 어떤 분인지는 새삼 설명하지 않겠어. 검색 한 번이면 그분의 어록과 설법이 모니터에 넘쳐날 테니까. 그런데 이분이 2016년 6월 옛 고구려 기행에 나서셨어. 우리 역사상 최강국이었고 오늘날 한국의 영어 국명 'Korea'의 원조(중원고구려비를 보면 고구려인들은 스스로를 '고려'라 부르고 있어)라 할 고구려의 옛 땅을 돌아보는 건 좋은 일이지. 그런데 법륜 스님이 말씀하신 '역사' 중에는 역사가 아닌 게 너무 많았단다.

법륜 스님은 "중국에는 어떤 역사 기록에도 6000년 된 기록이 없습니다. 그런데 우리는 배달나라라고 하는 6000년 전의 역사 기록을 갖고 있습니다"라고 말씀하셨어. 유감스럽지만 사실이 아니야. 신화시대까지 거슬러 올라가자면 중국에는 6000년보다 더 오랜 시대 이야기가 남아 있어. 그러나 6000년 전 '배달나라' 기록으로 주장되는 문서들은 사료로서의 가치를 인정받지 못하고 있거든. 뭐, 여기까지는 그럴 수 있다고 치자. 그러나 법륜 스님은 과거 일본인이나 인도 힌두교 정당 같은 말씀으로 아빠를 아연실색하게 하셨어.

(황하 문명보다 훨씬 앞선) 요하 문명은 우리 '민족'이 이주해서 살게 된 첫 본거지라고 짐작해볼 수 있으며 …… 이름을 붙인다면 '배달 문명'이라고 할 수 있을 것이고, 이것은 세계에서 최고로 앞선 문명입니다.

오늘날의 이집트인은 피라미드 쌓던 그 이집트인의 직계 후손이 아니야. 지금의 이탈리아 로마인들은 과거 로마제국 사람들과는 거의 다른 종족이야. 혈통이란 장구한 세월과 역사 속에 섞이고 흩어지고 분화되기 마련이니까. 그런데 우리 '민족'만은 거의 6000~7000년 동안 길이 보전돼왔다는 주장을 하시니 입이 벌어질밖에.

'과거'와의 대화에는 올바른 대화법이 필요하다

고구려의 수도 국내성에서 고분벽화를 얘기하실 때는 완전히 사실과 다른 말씀을 태연하게 내놓으셨어. "(고구려에는) 5가 아시죠? 마가·구가·우가·저가·양가……." 알다시피 마가·구가·우가·저가는 부여에 있던 귀족 집단의 호칭이야. 고구려 고분벽화에서 하실 말씀은 아니지. 착각하실 수도 있다 싶어서 그냥 빙긋 웃던 아빠는 신라가 불교 국가인 가야와 합치기 위해 불교를 공인했고, 가야는 신라와 '합의 통합'을 이루었다는 말씀에 이르러 그만 표정이 얼어붙고 말았어.

가야가 불교 국가라는 근거로 법륜 스님은 김수로왕의 왕비가 '아유타'에서 왔고 불교를 전래했다는 《삼국유사》의 기록을 들어. 그러나 불교를 매개로 가야와 신라 양국이 통합했다는 사실을 뒷받침할 만한 기록은 아무것도 없어. 더욱이 가야는 네가 알다시피 통일된 한 나라가 아니라 '가야 연맹'이었어. 그중 하나인 금관가야의 마지막 왕이 신라에게 항복한 건 사실이지만 '통합'이라기보다는 '흡수'였고. 심지어 대가야의 경우, 전쟁을 치른 끝에 신라에 합쳐져.

아빠는 많은 사람들의 멘토로서 속 시원한 냉수처럼 그들의 속을 풀어주기도 하고 정다운 손길로 등을 두드려주시던 법륜 스님을 존경해. 그런데 자신의 영역이 아닌 분야에 굳이 들어오셔서 전혀 사실이 아닌 이야기들을 자신 있게 토로하시며 "이 상고사를 몰라서 우리가 열등감에 휩싸여 있다"라고 소리 높여 외치시는 모습은 도무지 이해할 수 없구나.

아빠는 우리 역사가 세계에서 가장 길지 않더라도, 요하 문명이 우리 것이 아니더라도 충분히 자긍심을 느낀단다. 왜 우리가 분명하지도 않은 역사에 자긍심을 느껴야 하고, 또 그러지 않으면 마치 '열등감에 휩싸인'

이들로 매도돼야 할까. 아빠는 고개를 갸웃하면서 이렇게 묻고 싶어진단다. "혹시 우리 역사는 당연히 이래야 한다고 과거에 윽박지르고 계신 건 아닌가요? 그러면서 과거와 '대화'하고 있다고 착각하고 계신 건 아닌가요?"

'신의 손'으로 불리던 후지무라 신이치의 일본 구석기 유물 발굴은 모두 조작이었다.
조작 현장을 생생하게 보여준 《마이니치신문》 기사.

27

"영국은 영원한 적도 영원한 친구도 없다"

1840년 아편전쟁을 일으켰을 때, 1885년 거문도를 무단 점령했을 때,
영국은 자신들의 이익을 위해 기꺼이 불명예를 감수했다.
'EU 탈퇴'에 투표할 때도 영국인들은
'영원한 벗은 영국의 이익'이라고 생각했을 것이다.

통상을 요구한 최초의 이양선 로드 암허스트호

영국 배 로드 암허스트호가 충청도 홍성 근처 해안에 닻을 내리고 조정에
통상을 요구한 게 1832년이었어. 조선 중기 이후 심심찮게 조선 연해에
나타났던 이양선異樣船, 즉 '모양이 다른 배' 가운데 최초로 통상을 요구해
온 배였지. 로드 암허스트호는 수십 일 동안 조선에 머무르면서 조선인들
과 접촉했어. 배에 한자를 쓸 줄 아는 사람이 탑승해 있어서 주민들과 필

담을 나누기도 했지. 조선 사람들은 어렴풋이 들어봤던 '영길리英吉利'(잉글랜드)라는 나라에 대해 좀 더 자세히 알게 돼(최초로 '영길리'라는 이름이 조선 사람들에게 알려진 건 이수광의 《지봉유설》을 통해서였을 거야). 공충도 감사(충청도 감사)는 로드 암허스트호와 접촉한 홍주목사 및 수군 지휘관의 보고를 바탕으로 상세한 장계를 조정에 올렸지. 지금 읽어보면 슬며시 웃음이 나오기도 하는 내용이야.

> 국명은 영길리국英吉利國 또는 대영국大英國이라고 부르고, 난돈蘭墩(런던)과 흔도사단忻都斯坦(인도의 힌두스탄)이란 곳에 사는데, 영길리국(잉글랜드) 애란국愛蘭國(아일랜드) 사객란국斯客蘭國(스코틀랜드)이 합쳐져 한 나라를 이루었기 때문에 대영국이라 칭하고, 국왕의 성은 위씨威氏(윌리엄 4세)라 하며…….

어떠니? 임금에게 영국이라는 나라를 설명하려는 목적으로, 로드 암허스트호 선원들 앞에 앉아 눈을 빛내며 귀를 쫑긋 세우고 그들의 영어 발음을 이두식으로 표기하기 위해 끙끙대는 조선 관리들 모습이 상상되지 않아? 하지만 로드 암허스트호의 마스트에서 휘날리던 유니언잭(영국 깃발)은 결코 평화와 친교의 상징만은 아니었단다. 로드 암허스트호가 조선을 방문한 8년 뒤 유니언잭은 지극히 불명예스러운, 하지만 역사적인 전쟁터에서 기세 좋게 휘날리게 되니까. 바로 '아편전쟁'에서.

아편전쟁, 영국을 불명예에 빠뜨릴 전쟁

청나라의 막대한 경제력 앞에 만성적인 무역적자를 기록하던 영국 상인들은 기발한 수출 상품 하나를 개발해내. 바로 아편이었어. 중독성이 강한 데다 거듭할수록 점점 더 많은 양을 흡입해야 하는 지독한 성질의 아편은 삽시간에 청나라 전역을 휩쓸었단다. 청나라가 재놓고 있던 은銀이 대량으로 영국인들의 호주머니에 흘러들어갔지. 황족들까지 아편에 코를 벌름거리고 가난한 사람들은 아편을 위해 가족까지 팔아먹는 아수라장이 펼쳐졌어. 청나라 황제는 임칙서라는 관리를 아편의 유입 창구인 광둥으로 파견해. 임칙서가 단호하게 아편을 압수하고 관련자들을 추방하자, 영국 정부는 이를 '청나라의 도발'이라며 전쟁을 선포하게 돼.

웰링턴 공작, 그러니까 워털루 전투에서 나폴레옹을 격파했던 영국 귀족의 말을 들어볼까. "50년 공직 생활에서 영국 국기가 청나라 광둥에서처럼 모욕당하는 일은 본 적이 없습니다." 웰링턴 공작에게 마약상들 머리 위에 휘날리는 유니언잭이 그렇게 명예롭더냐고 묻고 싶구나. 그러나 영국 사람들 가운데에도 젊은 하원의원 글래드스턴 같은 진짜 신사들이 있었어. "그 기원과 원인을 고려해볼 때, 이 전쟁만큼 부정한 전쟁, 이 전쟁만큼 영국을 불명예의 늪에 빠뜨릴 전쟁을 나는 이제껏 보지 못했습니다."

하지만 당시 파머스턴 외무장관(이 사람도 이후의 총리로 2차 아편전쟁을 지휘하게 되지)은 다음과 같은 유명한 좌우명을 지닌 사람이었어. "우리에겐 영원한 적도, 영원한 친구도 없다. 다만 영원한 국가 이익이 있을 뿐이다." 영국은 이익을 위해 불명예를 감수하며 청나라를 공격했고 영국의 월등한 군사력 앞에서 '잠자는 사자'로 불리던 아시아의 강대국 청나라는 '잠자는 돼지'로 전락하고 말았어.

러시아 남하를 막기 위해 거문도 무단 점령

19세기 중반 이후 영국의 최대 적수는 러시아였어. 1853년 유럽 흑해의 크림 반도에서 영국은 러시아와 충돌했고, 러시아가 아프가니스탄을 거쳐 남하하여 영국의 중요한 식민지 인도를 위협할까 노심초사했지. 한편 러시아는 아편전쟁 때 중재에 나선 대가로 냉큼 오늘날의 연해주를 집어삼켰어. 부동항不凍港, 즉 얼지 않는 항구를 향한 러시아의 오래된 야욕을 본격화한 거지. 영국은 이런 러시아가 동북아시아에서도 자국의 이권을 침해할까봐 눈에 불을 켰어. 어떤 이들은 중앙아시아에서 북서태평양에 이르는 영국과 러시아의 충돌을 '그레이트 게임'이라고 부르기도 해. 이게 바로 '거문도 사건'의 역사적 배경이야. 너도 국사 시간에, 영국 해군이 우리 남해의 거문도를 점령한 거문도 사건에 대해서는 배웠을 거다. 그러나 영국이 왜 그랬는지는 정확히 모를 거야.

1885년 3월, 러시아군은 영국이 앞세운 아프가니스탄 군대를 전멸시키면서 이 나라로 들어가. 왕년의 젊은 '아편전쟁 반대파' 의원에서 총리의 자리에 오른 글래드스턴은 주먹을 쥐고 부르짖어. "우리 제국의 일부인 인도와 이웃한 아프가니스탄의 주권을 놓고, 우리의 권위와 신념을 지키기 위해 러시아와 전쟁을 불사할 것이다." 1885년 4월 9일의 연설이었어. 영국 함대는 이로부터 불과 엿새 뒤에 냉큼 거문도에 상륙해. 목표는 러시아 태평양 함대의 항로에 뾰족한 못을 박아 넣는 것이었지.

슬프게도 조선 정부는 영국의 거문도 점령 소식을 청나라로부터 듣게 돼. 당시 조선은 영국과 이미 외교관계를 맺고 있었어. 그러나 영국은 청나라와 일본에 점령을 통보하면서도 조선엔 일언반구도 없었단다. 더 슬픈 이야기는, 조선 정부가 거문도가 어디 있는 섬인지 몰라서 한참 동안이나 헤맸다는 거야.

영국은 강적을 상대하는 경우엔 항상 동맹 파트너를 만들어. 19세기 말 당시 영국이 동맹국으로 선택한 나라는 일본이었어. 역시 '그레이트 게임'의 일부였지. 영일동맹은 영국의 '영원한 벗'인 '국가 이익'을 지키는 성벽 중 하나였단다. 영국의 국가 이익에 부합하지 않는 '대한제국의 외교권' 따위는 무시했지. 영국 신사들에게 '오로지 영원한 건 국가 이익'뿐이었거든.

을사늑약이 체결된 뒤 외교권이 상실된 나라의 불우한 외교관으로서 영국 신사들에게 일본의 횡포를 고발하던 대한제국 외교관 이한응을 두고 영국 외무상은 다음과 같은 명령을 내려. "대한제국 대리공사에게 영국의 극동정책은 영일동맹에 근거하며 또 다른 '양해'는 있을 수 없음을 납득시킬 것." 이 냉엄한 현실에 좌절한 이한응은 자결을 택하고 말지.

'영원한 우리나라의 이익'을 제대로 찾고 있는가

2016년 7월, 영국인들은 또 한 번의 역사적 결정을 내려. 너도 귀에 못이 박히게 들었을 '브렉시트'야. 영국인 과반수가 유럽연합EU으로부터 이탈하는 쪽에 투표한 거지. 이 결정이 역사적으로 어떻게 수용되고 어떤 경로로 진화할 것인지, 아빠는 당시에도 잘 몰랐고 지금도 잘 모르겠구나. 하지만 영국인들이 어느 쪽이든 "영원한 건 영국의 이익"이라고 생각하면서 한 표를 던졌을 거라 생각해. 물론 그 결정이 멍청했다 하더라도 말이지.

당시 브렉시트 관련 뉴스를 심각하게 지켜보다가 우리나라 뉴스로 넘어오니, 재벌그룹 형제가 피 터지게 싸우는 가운데 어떤 정부 출연(즉 정부가 돈을 대는) 기관 기관장이 '천황폐하 만세'를 우렁차게 봉창하고도 유야무야 넘어갔던 기억이 나는구나. 변호사 생활 몇 년 만에 오피스텔 100채를 사들인 전직 검사이자 재테크의 1인자 및 그와 쌍벽을 이루는 주식 대박 검사장의 이야기도 휘황찬란했었고 말이다.

영국이 '그레이트 게임'을 벌이며 거문도를 점령하던 1885년, 오늘날의 서울 명륜동에는 《삼국지》에 나오는 관우를 모시는 '북묘'라는 사당이 만들어졌어. 북묘를 세운 이는, 자신이 관우의 딸이라고 우겼던 무당 진령군. 당시 차별의 대상이던 무속인이 자그마치 군君 칭호를 받은 이유는, 그녀가 민비의 철석같은 신임을 얻고 있었기 때문이야.

영국 함대가 국토를 점령하고 눌러앉으려던 때 세자의 건강을 빈답시고 금강산 1만2000개 봉우리마다 재물을 쌓아놓고 굿을 한 무당은 역시 나랏돈으로 자기 '아버지' 사당을 짓고 있었단다. 뭐, 그걸 생각하면 오늘의 우리는 조금 나아졌다고 할 수 있을까. 우리는 "영원한 친구도 적도 없는" 세상에서 우리의 영원한 벗인 '이익'을 제대로 찾아가고 있는 것일까.

을사늑약의 부당함을 주장하다 영일동맹의 벽에 부딪치자 자결한 이한응 열사.
ⓒ 독립기념관 제공

28

'김일성 외삼촌'이면 독립운동도 인정 못 해?

후손들의 이념 싸움 때문에 공적을 인정받지 못한 독립운동가들이 많다.
사회주의 계열 운동가들 일부가 겨우 서훈을 받았다.
하지만 보훈처는 독립운동의 근거가 명확한 김일성
외삼촌의 서훈을 취소하기로 결정했다.

독립운동, 오늘의 우리를 있게 한 그것

2016년 7월 기말고사 기간이었나, '무슨 사건이 이리도 많으며 웬 단체들
이 이리도 복잡하냐'며 네가 내지르던 비명 기억나니? 시험 범위가 독립
운동사 영역이라 그랬겠지만 네 비명을 듣고 아빠도 참 안타까웠다. 사실
그 이름들에는 정말 많은 사람의 피눈물과 땀방울과 살덩이가 맺히고 흐
르고 매달려 있거든. 하지만 네게는 고달픈 암기의 대상일 뿐이라

니……. 하긴 어쩌다 성명이나 단체 이름에서 글자 하나라도 틀리면 감점의 수렁에 빠져버릴 테니, 네게는 독립운동사가 함정처럼 여겨졌던 게 당연할지도 모르겠다.

그러나 꼭 기억하기 바란다. 달걀로 바위치기보다 더 가망 없는 싸움에 수많은 사람들이 떨쳐나섰다는 것을. 그들이 이름 없고 빛나지도 않으면서 굶어 죽고 얼어 죽고 맞아 죽어가면서 포기하지 않은 덕분에 오늘의 우리가 있다는 것을!

지금 이런 이야기를 하고 있다만, 사실 아빠에게도 역사 시험은 무척 괴로운 일이야. 하지만 아빠는 오늘날 네가 배우는 교과서보다는 훨씬 단순하고 '간편한' 국사 교과서로 공부했단다. 아빠가 배운 국정교과서에는 독립운동의 반쪽이 송두리째 뜯겨 나가 있었거든.

사회주의 계열 독립운동가들, 풍화되고 없어져

20세기 최대의 사건을 들어보라고 하면, 사람과 나라에 따라 천 갈래 만 갈래의 답이 나오겠지만, 아빠는 1917년에 일어난 러시아혁명이라고 말할 거야. 인류 최초의 사회주의 혁명. 그렇게 긴장하지 않아도 좋다. 사회주의 혁명을 긍정한다기보다, 그 사건이 1917년부터 1991년까지 소비에트연방(소련)이라는 거대한 실험으로 이어져 20세기 전체에 빛과 그림자를 드리웠다는 의미니까.

러시아혁명을 이끈 이들은 무산계급의 사회주의 혁명뿐 아니라 식민지 피압박 민족의 해방을 외치며 그들에 대한 지원을 아끼지 않았기에 공산주의자뿐 아니라 각 나라의 민족주의자들에게도 '꿈과 희망을 주는' 존재였지.

간간이 철저한 공산주의자도 있었겠지만 대개의 사회주의 계열 독립운동가들은 빼앗긴 나라를 되찾는 수단으로 그 이념을 수용했어. 그래서 사회주의자인 동시에 강렬한 민족주의자이기도 했지. 임시정부 국무총리를 지낸 이동휘(그는 공산당 활동을 했어)에 대해 레닌이 평한 말은 그 단면을 여실히 보여주고 있어. "이동휘 동지는 조선 독립에 대한 뜨거운 열정을 가지고 있지만 그를 실행할 방도는 갖고 있지 않소." 즉 조선 독립에 대한 열망은 대단하지만 사회주의 혁명이론 같은 건 별로 지니고 있지 않았다는 뜻이야.

3·1항쟁 이후 조선에서, 만주에서, 연해주에서, 중국에서 벌어진 조선인 사회주의자들의 투쟁은 독립운동사의 거대한 봉우리로 솟기에 충분했다. 그러나 그들이 목메어 찾던 나라가 결국 남북으로 갈라지고 서로 수백만 명씩 죽고 죽이며 철천지원수가 되는 비극 속에서, 사회주의 계열의 독립운동가들이 쌓아올렸던 웅장한 봉우리는 깎이고 풍화되고 갈아엎어져 아무 일도 없었던 듯 평지가 되고 말았단다.

잊힌 이름들, 권오설, 윤세주, 이주하, 장재성……

아빠도 교과서에서 6·10만세운동은 배웠단다. 그러나 그 주모자로 체포됐다가 고문 후유증으로 숨져간 권오설 같은 이의 이름은 알지 못했어. 그는 조선공산당의 맹장이었거든. 중국 공산당을 도와 일본군과 맞서 싸우다가 혁혁한 공을 세우고 죽어간 윤세주 같은 사람 역시 아빠가 읽었던 교과서에는 그림자도 비칠 수 없었지. 원산 총파업은 외웠지만, 그 주동자였던 전설적인 노동운동가 이주하의 이름 역시 알지 못했어. 이주하는 한국전쟁 발발 당시 서대문형무소에 수감돼 있다가, 후퇴하는 남한 당국의 손에 즉결 처형되고 말았으니까.

광주학생항일운동을 돌이켜보자. 조선 학생 박준채가 사촌 여동생을 희롱하는 일본 학생에게 정의의 주먹을 날린 게 이 운동의 시작이라고 배웠지? 그런데 조선 전역에서 수시로 발생하던 조선인 학생들과 일본인 학생들의 '패싸움'이 어떻게 3·1운동만큼이나 식민통치체제의 간담을 서늘하게 만든 광주학생항일운동으로 승화될 수 있었을까?

몇몇 지도자가 광주 학생들에게 '진정한 적은 멋모르고 까부는 일본 학생 나부랭이가 아니라 일본 제국주의'라고 각인시키며 광주 학생들의 분노를 묶어 세웠기 때문이었어. 장재성이라는 이도 그중 하나였지. 하지만 광주학생항일운동의 영웅 장재성도 기약 없는 역사의 어둠 속에 파묻히고 말아. 해방 이후 공산주의자로 몰려 투옥됐다가 경찰 손에 죽임을 당했으니까.

이런 상황이었으니, 만주 지역에서 항일무장투쟁 동력이 거의 상실되어가던 1937년 대담하게 국내로 쳐들어와 국경 마을 보천보를 점령했던, 그래서 당시 《동아일보》가 호외를 내 이 사실을 알릴 만큼 온 조선을 흥분시켰던 당시 나이 스물다섯의 '장군' 김일성 이야기를 꺼낸다는 건 한국에서 정상적으로 살아가기를 포기한다는 뜻이었다. 심지어 영화 〈암살〉의 주인공이자 독립운동의 영웅인 김원봉, 중도 좌파라 해야 마땅할 여운형의 이름조차 대한민국에서는 오랫동안 금기였어.

'국민 정서상' 김일성에게 협조한 이들, 하다못해 그 비슷한 부류들까지도 용납할 수 없다는 서슬은 그렇게 우리 자신의 역사를 스스로 반토막 내왔단다. '반공을 국시로 삼았던' 독재 정권들이 물러가고 민주화 시대에 접어들었을 때에야, 못난 후손들의 이념 싸움 때문에 독립운동가들의 공적을 부인할 수 없다는 문제의식이 일었고, 이동휘 등 사회주의 계열

운동가들 일부에 대한 서훈이 겨우 이루어졌어.

그런데 2016년 7월, 한 야당 의원이 국회에서 보훈처장에게 "어떻게 김일성의 외삼촌에게 서훈을 할 수 있느냐"라고 따지는 일이 벌어졌어. 김일성의 외삼촌은 독립운동의 근거가 명확한 사람이야. 해방을 보지 못하고 돌아가셨지. 대한민국 헌법이 금하고 있는 연좌제가 아니더라도, 김일성의 외삼촌은 광복 이후 김일성의 행위에 대해 책임을 질 수 없는 사람이었다는 의미란다.

'빨갱이 관련 없음' 입증해야 하는 후손들

그 야당 의원의 속내는, 서훈 과정의 부실함을 지적하면서 그때까지 내내 지극히 수구적인 행각을 되풀이해온 보훈처장을 공격하려는 것이었는지도 모르겠다. 그러나 그 의원은 우리 역사를 반토막내왔던 녹슨 칼날인 연좌제나 좌익에 대한 '국민 정서'라는 케케묵은 흉기를 다시 들이민 셈이 됐어. 보훈처는 당장 김일성 외삼촌의 서훈을 취소하겠다고 나섰지. 그 여파로 수십 년 동안 탄원하고 호소해서 바로잡았던 일부 사회주의 계열 독립운동가들의 서훈마저 위태로워질지 모르게 됐고 말이야. 제 발등을 찍어도 분수가 있고 제 머리털에 불을 붙여도 정도가 있지, 나름 진보 정당 활동을 했다는 야당 의원의 일탈은 너무나 뼈아프고 괘씸한 일이었어.

그 의원이 '나는 잘못한 거 없다'고 버티는 모습에 붉으락푸르락하는 와중에 아빠는 한 선배로부터 이런 이야기를 들었단다. "우리 조부님은 '이' '득'자 '환'자 쓰시는 어른인데 미국 교포 사회에서 독립운동을 주도하신 분이야. 우리 조부님 활약을 증언하는 사람이 한두 명이 아니고 기록도 엄연히 남아 있어. 그런데 보훈처는 해방 이후 행적이 불분명하고 언제 돌아가셨는지 모르니 그 행적을 우리 가족더러 입증하라고 하더라고."

보훈처의 이야기는, 혹시 해방공간에서 북한을 도왔을지 모르니 그렇지 않다는 걸 가족이 입증하라는 거야. 독립운동가들의 면면을 쳐다보기가 안쓰러울 정도로 참담한 심정이었던 기억이 나는구나. 가족도 버리고 일신의 안위도 버리고 자신의 모든 것을 짜내서 조국 독립을 위해 헌신한 것도 모자라 자신의 조카가 무슨 짓을 할지에 대해서도 책임을 져야 한다는 것을 행여나 알았다면, 자신의 후손들이 명백히 남아 있는 아버지(또는 할아버지)의 공을 인정받으려면 사립탐정이라도 고용해서 '빨갱이와 죽을 때까지 관련 없었음'을 입증해야 한다는 것을 짐작했다면, 그래도 그들은 과연 그놈의 나라를 되찾고 싶었을까?

김원봉·여운형(왼쪽부터) 등 걸출한 독립운동가들조차
오랫동안 그 공적을 인정받지 못해왔다. ⓒ 몽양여운형선생 기념사업회

29

조선판 사드 논란 '모문룡 사건'

1621년 별안간 압록강을 건너온 명나라 장수
모문룡을 보호하던 조선은 결국 정묘호란과 병자호란을 감당해야 했다.
앞장서서 사드를 우리 땅에 배치하려는 정부는 이런 역사를
곰곰이 돌아볼 필요가 있다.

골칫거리 모문룡의 등장

17세기 초반, 명나라의 통치 아래 잠잠해 보였던 만주 지역에는 심상치 않은 바람이 불기 시작해. 무능하기로 유명한 황제들이 연속해서 등장하고 임진왜란 등 전쟁 비용을 감당하느라 200년을 이어온 명나라 왕조는 속 빈 강정이 되었지. 그 틈을 타서 압록강과 두만강 북쪽의 만주족들이 힘을 키웠어. 만주족의 지도자인 누르하치는 나라를 세워 명나라 영토였

던 요동을 비롯해 만주 지역을 석권해. 1621년 요동의 중심지인 심양이 함락되고, 그곳에 주둔하던 명나라 군대는 이리저리 흩어져버렸어. 그 가운데 모문룡毛文龍이라는 장군이 있었지.

모문룡은 패잔병들을 이끌고 압록강을 건너 조선으로 들어와. 조선으로서는 난감한 상황이었어. 2년 전인 1619년, 당시 임금이던 광해군은 명나라의 요구에 못 이겨 지원군을 파견했지만, 도원수 강홍립에게 "형세를 보아 판단하라"는 밀명을 내린 바 있었거든. 난데없이 굴러든 모문룡이라는 불청객이 당혹스럽기 그지없었을 거야. 날로 강성해지던 만주족의 나라 후금後金은 모문룡에게 신경을 곤두세웠고, 그를 잡기 위해 조선 땅에 군대를 보내기도 했어. 골치가 아파진 광해군은 평안감사 박엽에게 지시를 내려. "그 무리들 데리고 어디 섬에라도 들어가라고 하라." 그래서 모문룡이 들어간 곳이 가도假島라는 섬이었어. 모문룡은 이 섬을 요새 삼아 눌러앉게 돼.

후금으로서는 모문룡이 눈엣가시일 수밖에 없었어. 가뜩이나 배 타는 재주가 없는 만주족들인데 모문룡 무리는 섬에 틀어박혀 요동을 노려보다가 여차하면 말썽을 부려댔으니, 그야말로 손톱 밑 가시였지. 피난처를 제공한 조선에 대해서도 눈을 흘길 수밖에 없었고.

등거리외교 펼치던 광해군의 퇴장

광해군은, 명나라의 제의('함께 후금을 치자')에 따르자는 신하들에게 맞서 명철한 현실감각을 보여주고 있었단다. "군대를 크게 일으키든 적게 일으키든 후금의 원망을 돋우고 화를 불러들이기는 마찬가지다. …… 지금 산해관 밖의 지역이 이미 오랑캐(후금)의 손아귀에 들어갔으니, 비록 백만의 정예병을 일으키더라도 어떻게 할 수 없을 것이다.”

그러나 이런 임금 바로 옆에서는, 사관史官이 다음과 같이 붓을 놀리고 있었어. “장군 모문룡이 얼마 안 되는 군사를 가지고 적에게 대항하고 병력과 군량을 요청하는 것도, 적들이 서쪽으로 침범하려는 계책을 늦추고 우리나라를 걱정하는 마음에서 나온 것이다. …… 어떻게 임금이 ‘힘을 헤아린 뒤에 나아가고, 승리할 수 있게 된 뒤에 싸워야지, 경거망동해서 적들의 원망을 돋워 화를 불러들여서는 안 된다’고 말할 수 있단 말인가.” 이 사관은, 모문룡이 조선을 지키기 위해 후금과 맞서고 있으니 그를 도와서 후금을 쳐야 한다고 믿고 있었던 거야.

이렇게 명과 후금 사이에서 등거리외교를 펼치던 광해군은 결국 쫓겨나고 만다. 반정에 성공한 인조는 왕위에 오른 뒤 모문룡에게 보내는 사신에게 이렇게 말해. “문답할 때 말을 잘하여, 모문룡에게 마음을 같이하여 협력하겠다는 뜻을 자세히 일러줘야 한다.” 다음은 사신의 답변. “이전에야 (광해군이) 매사에 반대해서 (모문룡이) 화를 냈지만 요즘에야 하고 싶은 걸 다 허락한다는데 무슨 문제가 있겠습니까.”

모문룡의 시건방은 하늘을 찌르고

바야흐로 모문룡의 시건방은 하늘을 찔러. 모문룡은 조선 조정에 이런저런 지원을 요구하고 들어주지 않으면 행패도 서슴지 않았어. 후금도, 모문룡의 뒤치다꺼리를 하고 있는 조선을 곱게 볼 수 없었겠지. 조선 조정은 후금에 다음과 같이 말하면서 ‘눈 가리고 아웅’ 작전을 시도할 수밖에 없었단다. “중국 장수가 우리나라 국경에 와서 주둔하는 것이나 요동 백성이 국경을 넘어와 중국 장수에게 귀순하는 것은 모두 우리나라가 시킨 것이 아니니 꼬투리 잡지 마시오."

그러나 만약 네가 후금의 왕이라면 어떻게 생각했겠니. 모문룡이 조선 땅에 근거지를 마련해서 군대를 기르고 무역도 하는 등 하고픈 대로 살아가는 게 명백히 드러난 상황이잖아. 그런데도 정작 조선 측은 '우리가 시킨 게 아니에요. 트집 잡지 마세요'라며 손을 내젓고 있고.

후금 조정에서는 "조선 놈들은 우리를 장님으로 아나? 아니면 바보로 아나?" 이러면서 가래침을 찍 뱉지 않았을까. 국제 정세의 변화보다 '임진왜란 때 우리를 도와준 의리'에 기울어버린 조선은 후금의 주먹을 거머쥐게 만들기에 충분했다.

정묘호란의 명분이 된 모문룡

마침내 1627년 정묘호란이 터진다. 후금은 정묘호란의 명분으로 네 가지를 제시하는데 그중 두 개가 모문룡과 관련된 거였어. "(조선은) 모문룡을 숨기고 도와주는 일을 아직까지 시정하지 않고 있다. 그래서 그대 나라에 글을 보내 모문룡을 묶어 와서 우리 두 나라가 서로 화친하자고 했으나 그대가 또 하지 않았다. 다음으로 모문룡을 그대 나라에 데려다 두고서 우리의 도망한 백성들을 불러들이고 우리 변경을 공격했다."

모문룡은 '요동을 수복하겠다'고 큰소리를 치고 있었지만, 사실은 '소리만 요란한 빈 수레'일 뿐이었어. 가도에 틀어박혀 조선과 명나라 양쪽에게 사기 치고 '삥 뜯던' 양태를 보면 불한당과 다름없었지. 후금도 그 사실을 알고 있었어. 그러나 압록강에서 멀지 않은 서해의 섬 가도에 명나라 사람들 수만 명이 득시글거리는 건 참을 수 없었던 거야.

그런데 후금이 쳐들어왔다는 소식을 들은 인조의 반응이 무엇이었는지 아니? "우리나라를 공격하는 것인가? 아니면 모문룡을 잡으러 온 것인가?" 조선도 모문룡에 대한 후금의 경계심을 익히 알고 있었다는 의미야. 하지만 조선은 모문룡에게 간 쓸개 다 내놓고 질질 끌려다니며 곤욕을 치르다가, 이로 인해 더 힘센 후금에게 짓밟히는 처지가 되어버리고 말았던 거지.

입으로만 요동 수복을 부르짖는 모문룡에게 전략적 거점과 막대한 물적 지원을 제공하면서 "그가 우리나라를 위해 애쓰고 있다"라고 야무지게 착각했던 조선은 결국, 정묘호란과 병자호란이라는 외침을 연이어 감당해야 했단다.

마치 모문룡의 뒤치다꺼리를 했던 것처럼

아빠는 2016년부터 지금까지 온 나라를 들끓게 하고 있는 '사드THAAD' 문제를 보면서, 400여 년 전인 1621년 별안간 압록강을 건너온 명나라 장수 모문룡을 떠올린단다. 혹시 오해하지 마라. 아빠는 명나라를 미국에 비교할 생각이 없고, 청나라가 오늘날의 중국이라고도 생각하지 않아. 사드가 곧 가도라는 말을 하려는 것도 아니다. 오늘날 미국과 중국 가운데 어느 쪽이 더 흥성할지 모르는 것처럼, 조선 사람들도 명나라와 후금 가운데 어느 쪽이 승리할지 헷갈렸을 거야. 또 사드가 모문룡이 조선에 민폐만 끼치다 자멸했던 전철을 밟으란 법도 없고, 의외로 훌륭한 방어 수단이 될 수도 있겠지. 단 모문룡 같은 이에게 '임진왜란 때 우리를 도와주신 은혜'를 들먹이고, 없는 살림 쥐어짜 바치면서도 "그는 우리를 위해 싸우고 있다"라고 '정신승리'에 젖었던 당시의 조선 사람들이 어떤 횡액을 겪었는지는 기억해야 해. 그것이 우리에게 어떤 영향을 줄지에 대한 신중하고도 정확한 검토를 게을리 하면 안 돼. 우리 땅을 방어하기에 앞서 미국 영토로 향하는 북한 미사일을 원천 봉쇄하고 중국을 견제하겠다는 미국 방위 전략의 일환이라는 지적에도 귀를 기울여야 하고, 너무하다 싶을 정도로 보복을 펼치고 있는 중국이 왜 그러는지, 또 그에 대해서는 어떻게 대응해야 할 것인지에 대한 고민도 기민해야 하겠지. 막연하게 "여러분을 겨냥한 게 아니에요"라며 어설픈 제스처를 취하던 17세기 조선을 따르면 안 되겠지.

이미 중국은 정묘호란 당시 후금처럼 우리를 압박하고 있어. 온갖 '치사한' 방법으로 경제 보복을 진행 중인 건 너도 알고 있을 거야. 우리가 또 하나의 가도椵島, 즉 모문룡이 웅거했던 가도를 우리 손으로 다시 만들고 있는 것인지, 아니면 그를 전략적 자산으로 삼아 전쟁을 막고 국제적 타협을 이끄는 지렛대로 삼을 수 있을지의 문제는 수시로 돌아봐야 할 필요가 있을 것 같구나. 과연 지금 우리는 지혜로운가?

조선 인조 때 정묘호란이 터졌다. 위는 인조가 안장된 파주 장릉.
ⓒ 문화재청 제공

30

"민중은 개돼지"라던 나 아무개 씨를 위한(?) 상소문

고려 말 신하 우탁은 지부상소持斧上疏의 원조였다.
목숨을 걸고 왕에게 끓어 엎드려 말할 일이 민주공화국에서는 없어야 하지만,
최근 벌어지는 일들을 보면 상소가 다시 필요한 때가 된 것 같다.

지부상소의 원조 우탁

혹시 국어 시간에 이런 시 배운 적 있니? "한 손에 가시 쥐고 또 한 손에
막대 들고/ 늙는 길 가시로 막고 백발은 막대로 치려 했더니/ 백발이 제
먼저 알고 지름길로 오더라."

고려 말 우탁이라는 사람의 시조야. 그런데 이 양반은 유머러스한 시조
와는 달리 도끼를 어깨에 걸고 궁궐 앞에 엎드려 "내 말을 듣든지 아니면

이 도끼로 내 목을 치든지!"를 부르짖었던 지부상소持斧上疏의 원조였다. 고려 제26대 국왕이었던 충선왕은 충렬왕과 몽골 공주 사이에서 태어난 혼혈이었어. 아버지의 후처를 자식이 차지할 수 있었던 북방 민족의 풍습 때문인지, 그는 아버지 충렬왕의 후궁에게 눈독을 들였고 끝내 자신의 후궁으로 들어앉히고자 해. 백발을 몽둥이로 막느라 바빴던 우탁은 이런 임금의 비행에 도끼를 들고 궁으로 향했어.

전하께서는 부왕이 총애하는 후궁을 숙비에 봉했는데, 이는 삼강오륜에도 맞지 않을뿐더러 종사에 전례가 없는 패륜이옵니다. …… '신하는 간언을 할 때 목숨을 건다'고 했는데, 오늘 소신에게 터럭만큼의 잘못이 있다면 신의 목을 치시옵소서.

웬만한 왕국이라면, 신하가 이 정도까지 말한다는 건 죽을 각오가 되어 있다는 증거야. 안 할 말로 대놓고 임금에게 '호래자식'이라고 욕한 거잖아. 하지만 우탁은 살아서 물러나와 벼슬을 버리고 초야에 묻혀. 이렇게 절대군주에게 자신의 할 말을 또박또박 하면서 몰아붙였던 것이 우리 역사상 소중한 상소의 전통이야. 물론 폭군을 만나거나 임금의 비위를 심하게 거스른 경우 허무하게 목숨을 잃는 일도 드물지 않았지. 하지만 민주공화국에서 상소 제도는 박물관으로 보내야 할 역사적 유물일 뿐이야. 만인지상萬人之上의 왕이 아니라 만인에게 봉사하는 대통령이 다스리는 나라에서, '꿇어 엎드려서' 말할 일이 뭐가 있겠냐 뜻이지.

그런데 2016년 7월 국가 기간방송사라는 KBS에서 사드에 비판적인 견해를 밝힌 논설위원과 정부의 언론 개입에 반대했던 기자가 한직으로 발령 나거나 제주도(제주총국)로 쫓겨났다는 이야기를 들으면서 아빠는 생각을 바꾸기로 했다. '이제는 상소가 다시 필요한 때가 됐구나. 다시금 권력자에게 반대하려면 비상한 용기와 특출한 배짱이 필요한 시대가 왔구나'라고 말이지. 그런 뜻에서 아빠는 오늘 우리 '여왕 전하'께 감히 상소문을 올려보고자 해. 제목은 〈請羅某之免責疏(청나모지면책소)〉, 우리말로 바꾸면 '나 아무개 씨의 책임을 면하여주시기를 청하는 소'. 기억나니? "민중은 개돼지로 취급하면 된다"고 호기 부리던 교육부 고위 관료 말이야.

나 아무개 씨의 책임을 면하여주시기를 청하는 소

신臣 아무개는 분연히 무릎 꿇고 아뢰나이다. 옛날 삼봉 정도전은 경복궁 근정전을 이름 지으며 '아침에는 정사를 듣고, 낮에는 어진 이를 찾아보고, 저녁에는 법령을 닦고, 밤에는 몸을 편안하게 하는 것'이 임금의 도리라 했사오니 열심히 일할 뿐 아니라 편안히 쉬는 것도 왕으로서 응당 해야 할 일일 것이옵니다. 하오나 전하는 편히 쉬어야 할 때 굳이 해외를 분주히 다니시는 통에 건강을 해치고 나랏돈을 없애시니 이 중년의 신하 눈물이 앞을 가리고 소매를 적실 뿐이옵니다. 항차 백성들이 '다음은 남극에 가시려나 보다'라고 쑥덕거리고 있으니 이 어찌 황공한 일이 아니오리까.

오늘 소신이 둔한 몸을 이끌고 전하 앞에 엎드린 뜻은 얼마 전 백성들에게 개·돼지라 일컫고 '신분제를 공고히 하자' 했다가 그만 파면 위기에 몰린 나 아무개 교육부 기획관의 죄를 사하여주실 것을 청하고자 함이옵니다. 그의 언행이 너무나 괘씸하고 어이없는 것은 사실이오나 그 혼자 벌을 받기엔 너무나 억울해 보이는 점이 있어 삼가 전하께 아뢰는 것이옵니다.

우선 그는 그른 말을 했을지언정 사실과 다른 말은 하지 않았사옵니다. 신분의 공고화를 말했으나 소리쳐 밝힌 가벼운 죄 있을 뿐이지 세상이 초저녁에 그렇게 변했음을 어찌 부인하겠나이까. 심지어 대학 교수라는 자가 "아인슈타인도, 스티븐 호킹도 다 한 표다. 백치 아다다, 벙어리 삼룡이도 다 한 표다. 이게 정상이냐"라고 물으면, 또 다른 교수가 "민주주의가 지배하는 사회는 천민이 지배하는 세상이고, 천민이 주인 된 세상이 민주주의다. 그래서 역으로, 민주주의가 지탱되려면 귀족이 그 척추를 이루어야 한다"라고, 이 나라 재벌들의 돈을 받아 운영되어왔다는 자유경제원 토론회에서 떠드는 세상이옵니다. 오히려 이들에 비하면 나 아무개의 죄가 가볍지 않사옵니까. 저 토론이란 것을 들으며 박수를 쳤을 개기름 흐르는 자들은 그들의 '노빌리티nobility'(귀족적 고귀함)를 어루만지며 미소 짓지 않았겠사옵니까.

아파트 한 채 겨우 가졌던 검사가 몇 년 사이 오피스텔 100채에 수백억 재산을 쌓고 탈세를 밥 먹듯 하다가 구속되었으되, 법정에 출두할 땐 법원 관리들이 우산을 펴서 그 얼굴을 가려주는 것이 당연한 세상이온데 어찌 나 아무개를 탓하겠나이까. 초년 검사 시절 단 4000원 이득을 본 암표상을 "죄질이 나쁘다"고 구속시킨 사람이 검사장에 올라, 공짜로 받은 주식으로 떼돈을 벌고 기업 수사 중단을 미끼로 처남에게 100억 원대 일거리를 안겨주는 참람한 행각을 벌였다는 의심을 사고 있는데도, 거짓말을 할 대로 지껄이고, 증거 없앨 시간을 있는 대로 준 뒤에야 겨우 수갑을 그 손에 채우는 나라이온데 어찌 나 아무개만을 벌할 수 있겠습니까. 아아~. 나 아무개[羅某]가 그 노모의 품에 안겨 울부짖는 음성이 귀를 찌릅니다. '어머니 왜 나만 가지고 이럽니까!'

어찌 전하의 생각과 다르다 하오리까

또 하나 아뢰옵건대 나 아무개는 전하의 성지聖旨에 따랐을 뿐이옵니다. 제 자식 잃고 말 한번 들어달라고 울부짖는 세월호 가족들 앞을 눈길도 주지 않고 걸어가시던 전하의 모습이 생생하옵니다. 그들이 전하에게 들개보다 나은 점이 무엇이었겠사옵니까. 전하의 명을 받잡는 포졸들은, 비무장의 농민을 물대포로 쏘아 넘어뜨리고 나동그라진 위로 또 물을 뿌리고 앰뷸런스까지 따라가면서 쏘아댔는데, 그 잔인함이 어찌 인간에 대한 것이겠습니까. 멀쩡히 살아가던 한 가장을 식물인간으로 만들고도, 아니 결국 죽음에 이르게 하고도 사과 한번 하지 않는 마음이 어찌 사람을 향한 것이겠습니까.

아아~ 나 공[羅公]이여! 전하의 깊은 충신이여! 정녕 '민중은 개돼지와 같다'는 나 공의 말은 전하를 향한 단심丹心이요, 충절의 표상이었던 것입니다.

전하께서 사드 배치를 발표하실 때의 옥음玉音을 기억하옵나이다. 아무런 양해도 검증도 없이 불쑥 성주를 최적지로 찍으시며 '국가 안위를 위해 지역을 할애해준 주민들에게 보답해야 된다고 본다'라고 하셨던바, 그 말씀이 정말 보답의 언사인지 무시의 표현인지는 알 길이 없었나이다. 또한 연일 불만을 터뜨리며 '국가 안위를 위해 할애해주지 않는' 주민들을 무엇으로 보고 계실지는 더더욱 모르겠나이다.

아니, 모르고 싶나이다. 알고도 모르고 싶나이다. 대화를 하겠다고 내려간 영의정 대감이 '탈출'을 감행하던 중, 대화를 요구하는 차가 가로막자 경찰이 나서 아이들이 타고 있는 차 유리창을 깨고 차로 들이받으면서 빠져나갔다 하니 이로 미루어 가까스로 짐작을 할 뿐이옵니다. 항차 나

아무개의 백성 대하는 생각이 어찌 전하의 그것과 다르다 하오리까.

다시 한 번 아뢰옵건대 나 아무개의 충정을 헤아리시어 파면을 막으시고 전하의 인재로 무겁게 쓰시옵소서. 전하의 마음을 알고 입안의 혀처럼 움직일 충신을 어찌 개·돼지들이 짖는다고 자르시겠습니까. 아아~ 나 아무개는 정녕 유승민 공처럼 배신의 정치를 할 이도 아니요, 김무성 공처럼 옥새 소동을 벌일 위인도 아니며, 선왕처럼 "나도 못했지만 나보다 더 못한다"라고 등 뒤를 찌르는 부류도 아닌, 전하의 충신임을 굽어 살펴 주시옵소서.

지부상소의 원조 역동 우탁 선생의 옛 집터를 기념하기 위해 세운 역동유허비.
ⓒ 문화재청 제공

31

"사드 말고 대책이 있냐"라고 묻는 너에게

장수왕은 북위와 송나라 사이에서 균형 외교를 했다.
서희는 요나라가 송을 견제하는 상황을 활용해 국익을 극대화했다.
그들은 한반도에 사드가 배치되는 것에 대해 어떻게 생각할까?
가상 대담을 엮어보았다.

가상 좌담회, 장수왕과 서희

우리 조상들은 항상 중국 대륙의 정세에 신경을 곤두세워야 했단다. 그 유
명한 《삼국지연의》의 첫 구절이 "무릇 천하대세는 나누어진 지 오래되면
반드시 합쳐지고, 합쳐진 지 오래면 반드시 나누어진다"라는 건 너도 알
거야. 이처럼 중국 대륙에서 어느 나라 또는 민족이 갑자기 흥성하여 패권
을 차지하고 호령할지, 또 어떻게 갈리고 어느 쪽이 우리와 맞닿는지의 문

제는 작게는 이익의 대소를, 크게는 나라의 존망을 결정하기도 했어.

　오늘은 한 치 앞도 보기 힘든 국제 정세 속에서 살길을 찾아야 했던 조상님들 중 탁월했던 두 분을 모시고 가상 좌담회를 열어볼까 해. 고구려의 전성기를 이끌었던 장수왕(394~491, 재위 412~491)과 외교 담판으로 거란군을 철수시켰던 고려의 서희(942~998)가 그 주인공이야. 주제는 '우리는 이렇게 외교를 펼쳤다'. 사회는 아빠가 보도록 하지.

균형 외교 위해 말 800필 송나라에 보낸 장수왕

사회 인사는 생략하도록 하겠습니다. 먼저 고구려의 장수왕께 여쭙니다. 오랫동안 왕위에 계셨는데 어떤 식으로 외교를 펼치셨습니까.

장수왕 내가 즉위하던 무렵은 국제 정세가 급변하던 시기였소. 중국이 5호16국 시대의 혼란기를 극복하고 대충 북쪽의 북위와 남의 송나라로 정리되던 때였지. 일종의 양강체제兩强體制가 모습을 드러내기 시작한 거요. 아버지 광개토왕은 대륙의 혼란을 틈타 동서남북으로 거침없이 뻗어 나가셨지만 나는 그럴 수만은 없었소. 나는 북위와 송 사이에서 균형을 잡는 일에 전력을 기울였지. 국경을 맞댄 북위와 교류가 잦았지만 결코 남쪽 왕조 송에게도 소홀하지 않았다오. 그 한 예로 439년 송나라가 말 800필을 요구해왔을 때 나는 바다를 건너가면서까지 말들을 보내줬소.

　말 800필이 무슨 의미인지 아시오? 유목민족인 선비족이 세운 북위는 기병이 주력이었지만 한족이 중심인 송은 그렇지 못했거든. 그들에게 말[馬]을 준다는 건 요즘으로 말하면 탱크 800대나 미사일 800기를 보낸 것과 같다고 보면 될 거요. 말 800필이 가면 그 말을 돌보는 사람은 또 얼마나 가야 하고, 그 말들이 먹을 건초는 얼마였겠소. 국력을 기울인 수송 작전이었지. 말만 보낸 게 아니라 우리 고구려가 쓰던 기병 전술까지 수출했다고 보면 될 거요. 그런데 이 439년은, 북위가 화북을 통일한 해이기도 했소. 나는 북위에도 사신을 파견했지. 심지어 11월, 12월 한 달이 멀다 하고 연거푸 보내서 친한 체를 했다오.

서희 장수왕께서는 북위와 송의 욕심과 약점을 동시에 이용하신 겁니다. 북위는 송나라와 맞서기 위해 고구려와 무탈하게 지내야 했지요. 한편 송나라는 북위를 견제하기 위해 고구려를 끌어들여야 했습니다. 요즘 청춘남녀들의 연애 격언 중에 "잡힌 고기에게는 미끼를 주지 않는다"라는 말이 있다지요? 장수왕의 비결은 바로 '잡힌 고기'가 되지 않는 것이었다고 보시면 됩니다. 강대국이 낚시꾼이라면 요리조리 피해 다니면서 낚싯바늘을 피해 미끼만 잘라 먹는 얄미운 물고기였다는 거죠.

장수왕 좀 무엄하시군, 서희 공. 나를 물고기에 비유하다니. 북위의 요구를 거부하고 북연의 왕 풍홍을 받아들였으며, 풍홍이 송나라를 끌어들여 우습게 놀자 그를 가차 없이 죽여버리기도 했거늘……. 어흠! 미끼 잘라 먹는 물고기라니.

서희 비유가 불쾌했다면 용서하소서. 그러나 대왕께서는 외교의 기본을 또 하나 보여주신 겁니다. 강대국의 욕심을 타고 넘어 도리어 약점을 찌를 수 있는 외교의 핵심은 곧 주체적인 자기 역량입니다. 스스로 지킬 힘과 방책이 없는 나라라면 밖으로 다른 나라와도 사귈 수 없을 겁니다. 싫어도 미끼를 물어야 굶주림을 면하는 물고기가 될 뿐인 것이지요. 거란의 1차 침입 때 이야기를 해도 될까요?

거란의 속내를 알고 담판한 서희

장수왕 그때도 대륙 남쪽의 송나라(장수왕 때의 송나라와는 다른)와 북쪽의 거란, 즉 요나라와 다툼이 치열했지요?

서희 그렇습니다. 요나라와 송나라는 오늘날 북경 지역인 연운 16주를 두고 다투었지요. 요나라는 송과 본격적인 전쟁을 벌이기 전에 배후의 위협이 될 수 있는 고려를 꺾어두려고 했습니다. 그래서 허장성세가 심했지요. "80만 대군을 몰고 왔다"라고 했어요. 그런데 80만 대군이라면 왜 구태여 항복하라고 큰소리를 칩니까. 허세였죠. 물론 만약 안융진 전투(발해 출신 장군 대도수가 이끈 고려군이 거란군을 막아냈던 전투)마저도 고려군이 패했다면 그 허세는 실세가 됐을지도 모릅니다. 그런데 소손녕은 그 작은 성을 빼앗지도 못하면서 계속 폼만 잡았죠. 이거 '뻥이다' 싶었습니다.

장수왕 그때 서경(평양) 이북을 거란에 떼어주자는 사람도 많았지요?

서희 그랬습니다. 그러나 지렁이만 줘도 만족할 물고기에게 좋은 떡밥을 미끼로 쓸 필요는 없는 거지요. 실제로 거란은 고려 땅에 대한 욕심은 없었습니다. 저와 회담 중에 소손녕이 다음과 같은 말을 하는 바람에 춤을 출 뻔했습니다. "우리와 국경을 맞대고 있으면서 바다 건너 송나라와 친하게 지내는 까닭은 무엇이오?" 결국 이 말이 바로 거란의 속내이자 욕심이었지요. 후손들이 만든 영화 〈범죄의 재구성〉(2004)의 명대사이던가요. "상대방이 뭘 원하는지 알면 게임 끝이다." 쾌재를 부르며 제가 소손녕에게 이렇게 말했습니다. "여진 때문에 길이 막혀서 압록강 건너기가 바다 건너기보다 힘든데 어떡합니까. 우리가 여진족 몰아내고 옛 땅을 찾아 요새를 만들고 길을 열면 (요나라와) 친하지 않으려고 해봤자 안 친할 수 없지 않을까요?" 소손녕은 길게 생각하는 친구가 아니더군요. 자기네 왕으로부터 잽싸게 허락을 얻은 뒤 제게 낙타 10마리, 말 100필, 양 1000마리에 비단까지 얹어 선물을 주고 철군해갔지요.

장수왕 하하하~. 그래서 고려는 요나라에게 뭘 해줬나요?

서희 송나라와 단교하고 요나라 연호를 사용하기로 했답니다. 압록강변 280리를 우리 땅으로 공인받고 성 쌓고 길 닦는 대가로 말입니다. 하지만 요나라에는 그게 중요했던 겁니다. 얼마나 바보짓을 한 건지는 수만 목숨을 바치고 나서야 알게 되지만요.

양강 구도의 틈새를 이용하는 방법

사회 두 분 말씀 잘 들었습니다. 한번 정리해볼까요. 두 분이 살던 시대와 오늘날이 물론 같을 수는 없지만 양강 구도의 틈새를 경험하신 분들로서 후손들의 외교에 도움말을 주신다면요?

장수왕 우선 섣불리 한편에 서는 어리석음을 범하지 않아야겠지요. 결단할 때는 분명히 있겠지만 드물 것이고, 섣불리 결단하여 한쪽의 적이 되는 일은 금기 중의 금기요. 그리고 어떤 최악의 상황에서도 빼낼 수 있는 패는 소매 속에 감춰둬야 하오. 고구려에 상륙하여 내 부하들을 살상한 송나라 장수를 내가 죽여버리지 않은 이유지요. 왕가 사이의 혼인으로 양국(고구려와 북위)의 결속을 다지자는 북위의 요구를 애써 거절한 까닭이기도 합니다. 또한 중심을 잘 잡아야 하지요. '판단은 강대국이 하고 우리는 수용할 뿐'이라는 자들에게는 외교고 국방이고 아무 의미가 없을 것입니다.

서희 상대방이 원하는 것이 무엇인지를 정확히 파악해야 합니다. 80만 대군이라 떠벌리면서 협상하자고 으르렁댄 소손녕에게 속내가 있었던 것처럼 툭하면 미사일을 쏘아대는 이들에게도 원하는 바가 있을 것이고, 그들을 감싸는 이들도 마찬가지인 게지요. 그렇다면 우리의 이익을 최대한 확보하면서 그들의 이익을 어느 정도(또는 최소한으로) 배려해주는 것이 외교이고 협상입니다. 그 고민 없이 "적이 쳐들어왔다. 싸우자!"라고만 부르짖거나 "80만 대군이란다. 항복하자"라고 외치는 건 얼핏 보기에는 대조적이지만 사실은 둘 다 동일한 바보짓일 뿐이지요. 그러고 보니 후손 중에 누군가 이렇게 묻는 게 들리더군요. "사드 외에 무슨 대책이 있단 말이냐?" 나는 이렇게 대답하고 싶소. 미국이라는 나라의 1992년 대통령 선거 구호를 조금 비튼 말이오. "바보야, 문제는 외교야It's the diplomacy, stupid!."

성종 12년(973)에 거란이 침입하여 압록강을 건너오자 거란의 장수 소손녕과 담판했던 서희 장군의 묘. 서희 장군은 고려가 고구려의 후계자임을 내세워 거란군을 물러가게 했다. ⓒ 문화재청 제공

32

역사 속 '미러링'이 건네는 고민거리

미국의 노예 해방론자 존 브라운은 노예 옹호론자들을
'미러링' 방식으로 테러했다. 링컨 대통령은 그를
'오도된 광신도'라 비난했지만 데이비드 소로는 옹호했다.
이와 마찬가지로 '메갈리안'의 미러링에 대한 평가도 엇갈린다.

존 브라운, 북군의 우상

기독교인들이 어떤 이유로 시위에 나서거나 누군가와 맞서 싸울 때 많이
등장하는 찬송가가 있어. 찬송가 388장 〈마귀들과 싸울지라 죄악 벗은
형제여〉라는 노래야. '영광 영광 할렐루야'로 시작되는 후렴구를 들려주
면 너도 '아 그 노래!' 하면서 고개를 끄덕일 만큼 유명한 노래지.

원래는 19세기 미국에서 의용 소방대의 노래로 만들어졌다고 해. 이후

미국의 남북전쟁 때 북군의 군가로 널리 불리게 되지. 이 노래의 제목은 좀 특이했어. 〈존 브라운의 시신屍身(body)〉이었으니까. 노래 가사는 군가답게 단순해. "존 브라운의 시신은 무덤에 잠들고"를 세 차례 반복한 뒤 후렴구가 나온다. "글로리(영광) 글로리 할렐루야 …… 그의 영혼은 전진하고 있다His soul is marching on."

북군 병사들은 이 노래를 열렬히 부르며 행진했어. 그럼 이 흔하디흔한 이름 존 브라운은 누구일까? 왜 그는 북군의 우상이 되었던 걸까?

"인간이 인간에게 저럴 수는 없다!"

존 브라운의 아버지는 독실한 청교도이자 열렬한 노예 해방론자였다고 해. 아버지의 공장은 흑인들을 도와 탈출시키는 비밀 조직의 아지트로 즐겨 쓰였어. 존 브라운 자신도 감수성이 예민하던 시절의 어느 날 짐승처럼 학대받는 흑인을 보고 큰 충격을 받았어. "인간이 인간에게 저럴 수는 없다!"

당시 미국은 노예 문제로 거의 정신적인 분단 상태에 있었단다. 노예 옹호론자들과 노예 폐지론자들은 새로운 주州가 연방에 가입할 때마다 그 주를 노예 허용 주로 가입을 허락할지, 노예 폐지 주로 할지를 놓고 피 튀기는 싸움을 벌였어. 유명한 건 역시 '피의 캔자스'(1854~1861)라 불리는 유혈 사태일 거야. 새로이 연방에 가입하는 캔자스 주를 놓고 노예 옹호론자들과 폐지론자들은 그야말로 벼랑 끝 대치에 들어갔어. 양측은 모두 대량의 이주민들을 투입해서 캔자스 주를 장악하려 들었고 그 와중에 치른 선거는 부정으로 얼룩졌으며 이어서 피바람이 불게 돼.

일단의 노예제도 옹호론자들이 1856년 5월 로렌스 시를 습격해 노예 폐지론자들을 살해해. 이는 그때껏 잠자고 있던 호랑이의 수염을 뽑은 격이었어. 문제의 존 브라운, 열렬한 노예 해방론자이던 존 브라운이 행동에 나선 거야. 존 브라운은 그의 네 아들을 포함한 지지자들을 모아 노예제 옹호론자들을 습격해. 피해자의 집을 찾아간 브라운은 문을 열어준 여주인에게는 정중하게 고개를 숙이며 남자들을 데려가겠다고 얘기했지만 그 뒤 여주인은 남편과 아들의 죽음을 눈앞에서 지켜봐야 했지. 그런 식으로 다섯 명이 죽어나갔어.

노예의 처지를 대변한 박애주의자

이 사건을 미국 역사에서는 '포타와토미 학살'이라고 불러. 이 사건 이후 '피의 캔자스'는 더욱 피비린내를 풍기며 사람들의 목숨을 잡아먹었어. 하지만 존 브라운은 여기서 그치지 않아. 자신의 행동이 하느님의 뜻에 부응하는 것이라 믿었던 그는 남부의 심장부 버지니아의 산악 지역 일부를 점령하고 탈주 노예들의 공화국을 수립하는 꿈을 꾸게 돼. 존 브라운은 자신의 아들들과 지지자, 해방 노예 등을 모아서 연방군 무기고를 점령한단다.

연방군 무기고 점령은 연방정부에 대한 정면 도전이었어. 후일 남군의 총사령관이 되는 로버트 리가 이끄는 연방군은 당장 존 브라운 일행을 공격해. 교전 와중에 존 브라운의 아들이 총을 맞는데, 고통을 호소하는 아들에게 브라운은 "남자답게 죽어라" 하고 호통을 쳤다고 해. 저항은 장렬했지만 오래가지 못했어. 체포된 후 사형을 선고받지만 그는 재판정에서도 전혀 기죽지 않고 자신의 정당성을 설파해. "노예를 살리기 위해, 힘으로써 노예 소유자에게 간섭하는 것은 인간의 권리다!"

탈옥할 기회까지 뿌리치고 "순교자가 되겠다"며 열정적으로 털어놓은 그의 마지막 연설은 노예제 폐지론자에게는 깊은 감동을, 노예제 옹호론자에게는 참을 수 없는 혐오감을 가져다줬어. 당시는 물론이고 오늘날까지도 존 브라운에 대한 평가는 엇갈린단다. 에이브러햄 링컨은 '존 브라운은 오도된 광신도'라고 말했다고 해. 그러나 "정의를 위해 나와 내 자식들의 피가 고통 받는 노예들의 피와 섞여야 한다면 기꺼이 그러할 것이다"라고 기염을 토하던 존 브라운의 모습을 마냥 미치광이로 몰기에는 어딘가 좀 꺼림칙한 구석이 있어. 이 꺼림칙함은 미국의 위대한 시인이자 수필가 헨리 데이비드 소로의 말에서 그 이유를 찾을 수 있을 것 같구나. "노예 해방을 위해 브라운과 같은 방법을 쓰는 사람이 나와도 나는 반대하지 않을 것이다. 나는 자유냐 죽음이냐의 선택을 요구하지 않는 박애주의자보다는 브라운과 같이 노예의 처지를 대변하는 박애주의자를 택할 것이다."

존 브라운의 악행, 어떻게 봐야 하나

아빠가 존 브라운이라는 19세기 미국 사람을 불현듯 떠올린 건 2016년 8월 몇 주간 치열하게 전개됐던 '메갈리안' 논쟁 때문이야. 여성에게 지극히 폭력적인 사회를 비판한다는 뜻에서 일부 여성들은 '미러링'이라는 형태로 매우 도발적인 언어를 사용해 남자들과 남성 중심 사회를 공격했고, 공교롭게도 여러 사태가 맞물리면서 그야말로 격렬한, 심지어 살벌하기까지 한 논쟁이 벌어졌단다.

존 브라운의 행동 역시 노예제 존치론자들이 흑인에게 저질렀던 범죄의 미러링으로 볼 수도 있을 것 같구나(메갈리안이 존 브라운과 같다는 뜻이 아니야. 단지 '미러링'의 차원에서일 뿐). 네가 〈엉클 톰스 캐빈〉에서 봤듯 흑인에 대한 노예주들의 만행은 극에 달해 있었고 노예제도 자체의 비인간성은 수많은 사람들의 생명과 영혼을 옥죄고 있었으니까. 존 브라운은 그 악행을 그대로 '미러링'해서 노예 옹호론자들에게 경종을 울리고 싶었는지도 모르겠다.

아빠는 개인적으로 존 브라운의 행동에 비판적이고, '광신도'라는 링컨의 평가에 동의하는 편이야. 무엇보다 그 행동이 노예 해방에 도움이 되었는가의 문제에서도 회의적이고, 노예제도 반대건 평등한 세상이건 가장 기본이 되는 건 인간에 대한 존중, 즉 휴머니즘일 텐데 가족이 보는 앞에서 사람을 도살한 그의 행동을 도저히 용납할 수 없으니까. 하지만 존 브라운의 미러링(?)만을 비난하는 것이 과연 타당할까 하는 생각도 드는구나. "노예 해방이고 뭐고 다 떠나서 존 브라운은 미친 놈이고 나쁜 놈이야"라고 말하기는 쉬우나 노예제도라는 거대한 사회적 굴레이자 이데올로기를, 지금의 우리든 당시의 미국인이든 과연 '떠나서' 판단할 수 있을까?

'그 모든 것을 떠나서' 메갈리안을 욕할 수 있을까?

아빠는 '메갈리안'들을 호의적으로 보지 않아. 상대의 추함을 비추는 '미러링'은 곧 창문을 사이에 두고 서로 모방하며 괴물이 돼가는 '윈도잉'으로 전락하기 십상이라고 생각해. 그러나 존 브라운처럼 직접 행동에 나서 범죄를 저지르지 않는 한, 그에 공감하거나 의견이 비슷하다 해서 범죄 집단의 일원으로 매도되던 상황에는 찬성하지 않아. 하물며 그들이 미러링의 형태로 비추는 그들보다 훨씬 강력한 남성 중심 사회의 추악함 앞에서, 그리고 너를 포함한 여성들이 세상 속에서 느껴야 하는 여전한 공포 앞에서, '그 모든 것을 떠나서' 메갈리안은 문제 있는 집단이라고 손가락질하기에는 뒤통수가 조금 따갑구나.

네 오빠가 새벽 몇 시에 들어오든 제때 연락만 하면 베개를 높이 하고 자지만, 네가 도서관에서 나올 때는 밤 10시든 11시든 그 앞에 가서 기다리는 아빠로서는 "여자를 약 먹여서" 어떻게 한다는 남자들의 키득거림과 "씹치남들 납치해서 뭘 어떻게" 한다는 메갈리안의 악담은 결코 같은 무게일 수 없으니까. 후자는 불쾌한 소음이지만 전자는 불안한 현실이니까.

한 손에는 성경,
다른 한 손에는 총을 든 모습의 존 브라운(가운데).

33
이화학당의 배꽃은 홀로 피지 않는다

이화학당의 네 번째 학생 박에스더(김점동)는 총명했다.
마부였던 남편과 결혼한 그녀는 미국으로 유학 가서 의사가 되어 돌아왔다.
그리고 여성 환자들을 위해 의술을 펼쳤다.

"나는 의사가 되겠다"

아빠가 어렸을 땐 연말이 되면 학교에서 '크리스마스실'이라는 것을 사라
고 했단다. 거의 의무적으로 사야 하는 데다, 우표처럼 생겼으나 우표로
쓸 수는 없어서 불만스럽기도 했지. 다만 그 의도만은 좋은 일이었어. '결
핵 퇴치 기금'을 모으는 것이었거든.

이 크리스마스실을 발행하고 판매해서 결핵 퇴치 기금을 마련하는 운

동을 이 땅에 도입한 건 셔우드 홀이라는 의사였어. 조선에 온 선교사의 아들로 서울에서 태어난 그는 의사가 된 후 평생을 이 나라 결핵 환자들을 위해 봉사하겠다고 다짐해. 그리고 이 같은 다짐의 배경에는 어느 조선인 부부의 숭고한 삶이 자리 잡고 있었어.

바야흐로 나라의 문을 열어젖히고 밀려오던 근대의 파도를 온몸으로 받아내던 조선 말 이후에는, '최초'라는 수식어를 붙일 수 있는 사람이 허다하게 양산돼. 최초의 유학생, 최초의 신식 학교 입학자, 최초로 신식 결혼식을 올린 사람 등. 그 와중에 등장하는 최초의 여의사 이름도 알아두자. 박에스더. 결혼 전 이름은 김점동.

그녀는 1876년 서울에서 태어났어. 아버지 김홍택은 선교사 아펜젤러 등 감리교 선교사들에게 고용돼 일했고 덕분에 서양 문물의 세례를 빨리 받은 사람이었지. 어느 날, 이화학당이라는 여성 교육기관이 설립됐다는 말을 들은 그는, 총기 있는 셋째 딸을 입학시키기로 마음먹어. 대단한 결심이었지. 서양 선교사들이 아이 눈알을 빼서 삶아먹는다는 흉흉한 소문이 돌던 시절이었거든. 이런 소문 때문에 설립자 스크랜턴은 병자나 버려진 아이들을 겨우 데려와 공부시키던 상황이었어.

이화학당에서 김점동은 타고난 총기를 발휘해. 세례명을 에스더로 받은 그녀는 특히 영어에 발군의 실력을 드러내지. 그 덕분에 이화학당 설립자 스크랜턴이 남녀유별의 조선 사회에서 제대로 치료를 받지 못하는 여성들을 위해 설립한 병원 '보구여관'의 통역으로 활약하게 되었어. 그러던 어느 날 서양 의사들이 한 언청이(입술갈림증) 소녀를 훌륭히 고쳐내는 걸 보고는 무엇에 홀린 듯 인생의 행로를 결정해버려. "나는 의사가 되겠다." 그때 김점동의 나이 15세였지.

하지만 그녀가 의사의 길에 매진하기에는 장애물이 너무 많았단다. 먼저 나이. 여자 나이 '이팔청춘' 16세면 당시에는 결혼 적령기였어. 그 나이를 넘어서면 본인이나 부모에게 뭔가 문제가 있기 때문이라고 소문나던 시대였지. 결국 김점동의 어머니는 선교사들에게 폭탄선언을 해. "여러분이 에스더의 신랑감을 찾아주지 않으면, 하나님을 믿지 않는 남자라고 해도 결혼을 시킬 수밖에 없어요!" 그러자 김점동과 함께 일하던 여의사 로제타의 남편 윌리엄 홀이 한 사람을 소개해. "박유산이라는 조선 청년이 있습니다."

박유산은 원래 윌리엄 홀의 마부로 고용된 사람이었어. 당연히 서울에서 행세깨나 하던 김점동의 집안에선 눈꼬리가 올라가. 김점동의 집에서 보기에 박유산은 아버지가 훈장이었다고는 하지만 결국 집 나온 떠돌이에 선교사 마부 일을 하던 마뜩잖은 사윗감이었거든. 하지만 김점동은 단호했어. "그의 지체가 높고 낮음이 무슨 소용이 있겠느냐고 어머님께 말씀드리겠습니다. 저는 부유하거나 가난하거나 지체가 높고 낮음을 개의치 않습니다."

두 사람은 1893년 5월 결혼해. 김점동은 17세, 박유산은 26세였지. 그런데 둘의 결혼에 큰 공을 세운 윌리엄 홀이 병사하는 바람에 아내 로제타 셔우드 홀은 미국으로 돌아가기로 해. 김점동 부부는 소원이던 공부를 하기 위해 로제타 일행과 동행하게 됐어. 남편 박유산은 농장과 식당에서 막노동을 하며 아내를 뒷바라지했지.

그렇게 4년이 흘러 김점동은 졸업을 눈앞에 두게 됐다. 그러나 고된 노동에 지친 박유산은 그만 폐결핵에 걸리고 아내가 졸업시험을 치르기 3

주 전에 숨을 거두고 말아. 박유산의 묘비명에는 이런 성경 구절이 새겨져 있다. "내가 나그네였을 때 나를 영접했고(마태복음 25장 35절)." 내 생각에 이 구절은 부인 박에스더(그녀는 세례명 에스더와 남편의 성을 써서 박에스더라고 불리게 돼)가 고른 게 틀림없다. 결혼을 할 수도, 안 할 수도 없었던 꿈 많은 17세 조선 처녀의 암울함이 떠올랐겠지. 그 정처 없고 오갈 데 없는 나그네의 손을 잡아준 남편이 얼마나 고맙고 또 미안했을까.

그녀는 의사가 되자마자 조선으로 달려간단다. 그리고 남편에게 해주지 못한 보답을 조선의 여성들에게 베풀어. 병원에 앉아 환자들을 봤을 뿐 아니라 여성 환자가 있는 곳이라면 두메산골까지 나귀를 타고 찾아가. 여성 환자들이 돌팔이 의사 한번 보지 못하고 죽어가던 시대에 말이야.

하지만 10년간 과로와 혹사를 거듭하던 그녀의 육체에도 남편을 죽인 폐결핵이 찾아들어. 결국 박에스더는 34세라는 한창 나이에 서둘러 남편 뒤를 따르고 말아. 한국 최초의 여자 의사 박에스더와 남편은 그렇게 모두 폐결핵의 희생자가 됐지만, 그 부부의 삶을 지켜봤던 셔우드 홀(로제타와 윌리엄의 아들)은 이모처럼 여기던 박에스더의 죽음 앞에서 다음과 같은 맹세를 하게 되지. "반드시 결핵 전문의가 되어 조선의 결핵 환자들을 돕겠어요."

이화학당의 네 번째 학생 김점동을 기억하기를 바라며

한국 최초의 여성 교육기관은 1886년 설립된 이화학당이다. 오늘날 이화여중·고등학교, 그리고 이화여자대학교로 이어지는 130년 역사는 우리나라 근대 여성사, 여성운동사, 인물사와 상당 부분 겹친다고 해도 무방할 정도야.

2016년 8월, 이화여자대학교는 거대한 풍파를 겪었어. 직장인을 대상으로 한 단과대학 설립을 두고 이를 강행하려는 학교와 저지하려는 학생들 간에 격렬한 충돌이 일어난 거야. 아빠는 대학이 학위를 사고파는 시장으로 전락하면 안 된다고 생각한다. 충분한 준비 과정과 내부 합의 없이 직장인 대상 단과대학을 설립하겠다는 학교 측 방침에 문제가 많다고 생각하는 편이야. 그런데 반대하는 목소리 사이에 이화여대의 '학벌'을 강조하는 소리가 미세하나마 새어나오는 것엔 무척 당황스러웠어. 아울러 '대학이 벌이는 학위 장사'에 반대한다면 이에 공감하는 사람들 간의 연대와 확장이 필요할 텐데 '순수 이화여대'만 강조하는 것도 의아했지.

어찌됐든 당시 이화여자대학교의 풍파를 보며 아빠는 이화여대 학생들이 그들의 130년 역사 속에서 교훈을 얻으며 자신들의 뜻을 이루기 바랐었다. 신분의 높낮이를 구분하지 않고 자신의 반려를 구하는 파격을 택했고, 또 남편의 희생적인 연대를 통해 뜻을 이루었으나 자신도 조선의 불쌍한 환자들을 위해 몸을 바쳤던 김점동 같은 선배들이 존재했기에 이화는 이어질 수 있었고, 또 130년 동안 피어날 수 있었을 테니까.

하나 더. 김점동은 이화의 네 번째 학생이었어. 세 번째 학생은 스크랜턴 여사가 버려진 콜레라 환자들 틈에서 거둬온 소녀였단다. 이 아이를 데리고 오는 것을 도왔던 조선인 인부들은 스크랜턴 여사가 내미는 품삯을 받지 않았다고 해. "우리가 버린 아이를 이렇게 도와주시는데 저희가 어찌 그 삯을 받겠습니까."

이화, 즉 배꽃은 결코 홀로 피어난 것이 아니었단다.

한국 최초의 여의사 박에스더(김점동).

34
헌법의 의미를 끄집어내고 윤을 낸 김제동

방송인 김제동 씨가 사드 배치에 반대하는 성주군민들을 찾아가
대한민국 헌법 조항들을 일깨웠다.
그러나 새누리당 국회의원은 편견을 가진 사람이
지상파 방송을 진행하는 것은 적절하지 않다며 그를 비난했다.

자유의 나라 미국의 '빨갱이 사냥'

미국이라고 하면 곧바로 '자유의 여신상'을 떠올리는 경우가 많을 거야.
미국인들 역시 자국을 대표하는 용어로 '자유'를 꼽곤 하지. 그러나 이런
미국에서 지극히 폭력적이고 비인간적으로 자유를 질식시키는 일이 빈발
하기도 했다는 것 역시 알아두기 바란다.

대표적 불상사로는 '매카시즘'이 있어. 1950년 2월 9일 조지프 매카시

당시 상원의원이 "국무부 안에 공산주의자가 205명이나 있다"고 선언하면서 시작된 일련의 '공산주의자 색출' 소동을 가리키는 용어야. 그런데 매카시 상원의원이 국무부 안의 공산주의자 암약을 폭로하며 미국 사회에 매카시즘의 헬게이트를 본격적으로 열어젖히기 전부터 '빨갱이 사냥'의 조짐은 여러 군데서 나타나고 있었단다. 그중 하나는 미국의 상징인 할리우드였어.

1947년 10월, 할리우드를 무대로 여러 직종에 종사하던 43명에게 '비미非美활동조사위원회House Un-America Committee'의 출두 요구서가 날아들어. 이 43명은 미국 공산당에 가입한 적이 있거나 그렇다고 알려진 사람들이었지. 이 중 10명은 끝까지 조사위원회에서 증언하기를 거부하는데 '할리우드 텐ten'이란 명칭으로 역사에 기록돼.

이들에게 던져진 질문은 간단명료했어. "당신은 공산당원을 현재 알고 있거나 과거에 알고 지냈는가?" 공산당원을 모른다고 하면 위증이라고 윽박질렀을 거야. 알고 있거나 알고 지낸 적이 있다고 하면 그 사람을 신고하라고 강요했겠지. 할리우드 텐은 이에 처절하게 저항했어. 어떤 이는 조사위원회에서 질문에 대답하는 대신 미국 수정헌법 제1조를 유장하게 읊었단다. "의회는 종교의 자유, 표현의 자유, 언론의 자유, 집회의 자유, 청원의 자유를 제한하는 법률을 만들 수 없다." 그런데 영화사 사장들은 미국 헌법 같은 것엔 조금도 관심을 가지지 않았던 듯해. 일치단결해서 할리우드 텐을 해고하고 다시는 일거리를 주지 않겠다고 맹세했거든.

서슬 푸른 빨갱이 사냥이 진행되던 할리우드에서 정면으로 맞선 사람들의 명단은 다음과 같다. 〈카사블랑카〉(1942)로 영화사에 길이 남을 명배우 험프리 보가트, 그의 아내이자 역시 전설적 배우인 로렌 배콜, 그레고리

펙(《로마의 휴일》의 그 잘생긴 남자 배우), 윌리엄 와일러 감독(너도 봤던 영화 〈벤허〉의 감독), 존 휴스턴 감독……. 이들은 미국 수정헌법 제1조를 위한 위원회를 만들어 매카시즘 반대 운동에 나서. 존 휴스턴 감독은 이렇게 부르짖었단다. "적들보다 더 나쁜 것은 아무나 적으로 만드는 마녀사냥꾼들이다."

미국 영화계 인사들의 거침없는 정치적 의사 표현

조지프 매카시가 미국 보수층으로부터도 비난받으며 몰락하여 알코올 중독으로 사망한 뒤, 즉 매카시즘의 광풍이 사라진 뒤에도 미국 영화계의 유명 인사들은 거침없이 자신의 정치적 의사를 밝히는 전통을 이어왔어. 2016년 함께 봤던 영화 〈대부〉의 말론 브란도는 인종차별 반대의 깃발을 높이 들었으며, 인디언 차별을 이유로 배우들의 최고 영예인 아카데미상을 거부하기도 했단다. 제인 폰다라는 배우는 미국과 전쟁 중이던 북베트남을 방문해서 미국의 전쟁범죄를 비난했어.

수전 서랜던(네게 꼭 보여주고 싶은 영화 〈델마와 루이스〉의 주연)은 저 유명한 9·11테러 이후 미국 정부가 별 근거도 없이 이라크를 공격했을 때 이에 반대하는 단식 투쟁을 벌였고. 서랜던은 '빈 라덴의 애인'이라는 모욕과 '전 가족을 죽여버리겠다'는 협박에도 뜻을 굽히지 않았단다. 이라크 전쟁의 진실을 외면하는 언론인들에게 "부끄러움을 알라Shame on you!"고 일갈하는가 하면, 당시 미국의 부시 대통령에게 "악마이면서 병아리"라는 매우 험한 욕설을 날리기도 했어.

아빠는 이런 풍경이 미국의 힘이라고 생각해. 미국은 사실 말도 안 되는 매카시즘에 휩싸여 숱한 희생양을 낳고, 더 말이 되지 않는 인종차별

이 만연하며, 있지도 않은 대량살상무기를 핑계로 전쟁을 일으킨 나라야. 그러나 최소한 이런 작태에 반대하는 표현의 자유를 보장하는 수정헌법 제1조를 지닌 나라, 영화배우든 작가든 감독이든 자신의 정치적 성향을 드러내고 심지어 자국 대통령을 악마, 병아리, 고릴라라고 놀리더라도 무사한 나라야. 그만큼 튼튼한 국가라는 의미란다.

김제동판 헌법학 개론

한국 연예인들의 사회적·정치적 참여의 규모는 미국에 비해 결코 뒤지지 않을 거야. 다방면의 연예인들이 숱하게 국회의원 배지를 달았으니까. 하지만 아빠는 그들이 무슨 생각을 지녔고, 그 생각을 어떻게 표현했으며, 자신들의 이상을 실현하기 위해 무엇을 했는지 등에 대해서는 기억나는 것이 많지 않다. 그런데 2016년 8월, 방송인 김제동 씨가 경북 성주에서 열린 사드 반대 집회에서 보여준 '김제동판 헌법학 개론'이 아빠의 편견을 죽비처럼 내리치고 말았구나.

> 헌법 제1장 1조를 보면 이렇게 되어 있습니다. 대한민국은 민주공화국이다. 공화국의 뜻이 뭘까요. 함께 쌀을 나누어 먹는 나라다. 사람들이 편안하게 쌀을 나누어 먹지 못하고, 밥을 나누어 먹지 못하고, 아스팔트 위에 앉아 있도록 만들어놓는다면 헌법 제1조 1항 위반입니다.

이 연설을 들으며 아빠는 미국 수정헌법 제1조보다 100배쯤 더 아름다운 우리 헌법 1조의 존재를 새삼 깨달았다(공화국의 의미가 '쌀을 함께 나누어 먹는 나라'라는 해석은 교과서적인 정답은 아니라 해도 의미 있는 해석이라고 생각해). 심지어 김제동이 〈카사블랑카〉의 험프리 보가트에 버금가고, 그레고리 펙보다 더 훤칠한 미남으로 보이지 뭐냐. 그가 했던 말 좀 들어봐.

제1조 2항 대한민국의 모든 권력은 국민으로부터 나온다. 권력이라는 단어는 헌법에 딱 한 번, 1조 2항에만 나옵니다. …… 권력은 오로지 국민에게만 있고, 나머지는 모두 권한, 국민이 가진 권한을 위임받은 사람들입니다. …… '대한민국은 한반도와 그 부속 도서를 영토로 한다.' 즉 국민은 한반도와 그 부속 도서에서 일어나는 일, 다시 말해서 대한민국에서 일어나는 모든 일에 대해서 말할 권리를 가진다. 그러므로 성주의 문제에 관해서 외부인이라는 것은 있을 수 없다. 왜냐하면, 대한민국의 문제이기 때문입니다.

우리 헌법의 의미를 끄집어내고 윤을 낸 '시민'

미국 할리우드 배우들은 기껏해야 그들이 지닌 수정헌법 제1조를 암송했을 뿐이지만 김제동 씨는 우리 헌법의 의미를 끄집어내고 그 빛나는 언변으로 반들반들 윤을 내어 우리 눈을 부시게 했단다. 이 얼마나 멋지고 자랑스러운 민주공화국의 시민이란 말이냐.

그런데 이 헌법학 개론 명강의를 두고 대한민국 국회의원 한 명은 1950년대 할리우드의 꼴통 영화사 사장들이나 할 소리를 내뱉었어. "이토록 지독한 편견을 가진 사람이 공중파(지상파) 방송의 진행자를 맡는 건 적절하지 않을 것 같습니다." 아빠는 오히려 대한민국 헌법의 의미에 대해 이토록 지독한 편견을 가진 사람이 국회의원을 하는 게 적절하지 않다고 생각했어. 대한민국 국회의원이라면 최소한 한 시민의 주장에 대해 정중한

반론을 펴고 그 오류를 지적하는 민주적 소양 정도는 갖춰야 해. 대한민국 국회의원이나 되는 사람이 그 당연한 절차를 포기하고, 자신의 마음에 들지 않는다는 이유로 남의 밥줄 끊을 궁리나 하고 있잖아?

하기야 어디든 갖다 붙이기만 하면 그 대상을 온통 시뻘겋게 물들이는 '종북이즘'이 판치는 대한민국을 생각하면 저 국회의원의 행태를 이해 못할 바는 아니야. 하지만 매카시즘의 시대로부터 한 갑자甲子 이상의 세월이 흐른 오늘날에는 뭔가 달라져야 하지 않을까. 억지로라도 바뀌어야 하지 않을까. 아빠의 간절하지만 덧없는 희망이다.

험프리 보가트(맨 앞줄 오른쪽) 등 영화인들이
할리우드 텐 지지 시위를 하고 있는 모습.

35

여자 국가대표 선수들, 고생했어요

1976년 몬트리올 올림픽에서 한국 여자 배구팀이
구기종목 사상 첫 메달을 땄다. 당시 한국팀의 평균 신장은
170센티미터에 불과했다. 이후 여자 농구팀은 은메달을 목에 걸었고
여자 핸드볼팀은 금메달을 두 번이나 땄다.

"참가에 의의가 있다" 대 "지면 죽는다"

2016년 8월 막을 내린 리우데자네이루 올림픽을 돌아본다. 근대 올림픽
이 1896년에 출범했으니, 120년째 되는 올림픽이었지. 20세기의 그 파괴
적인 전쟁과 냉전, 이에 얽힌 온갖 사건·사고를 거치면서도 '평화의 제
전'이 유지되어온 건 실로 다행스러운 일이야. 근대 올림픽의 창시자 쿠
베르탱은 올림픽 정신의 정수라 할 명언을 남겼어. "올림픽의 진정한 뜻

은 이기는 것이 아니라, 모두가 참여해서 평화와 진리를 사랑하는 마음을 나누는 데 있다.”

감동적이지만 참 지키기 힘든 말이야. 죽이고 살리는 전쟁을 치른 나라의 젊은이들끼리 맞붙는 자리에서 “참가에 의의가 있다”고 외쳤다가는 봉변만 당하게 될 거다. 축구 한일전처럼 ‘저놈들에게만은 질 수 없다’며 싸우는 경기 또한 한국과 일본 사이에서만 벌어지는 일은 아니야.

리우 올림픽을 보면서 아빠는 배구 선수 김연경의 팬이 됐다. 원래 김연경 선수가 세계 최고의 배구 선수라는 건 알고 있었다만, 지고 있건 이기고 있건 스파이크를 성공시키면 그 큰 입을 시원스럽게 벌려 환호하는 모습이 얼마나 보기 좋던지……. 또 192센티미터 키의 그녀를 비롯해서 다들 아빠보다 머리 하나 정도는 더 큰 선수들의 모습을 지켜보자니 까마득한 옛날 생각도 스멀거리며 피어오르더구나.

한국이 올림픽에서 최초의 금메달을 딴 건 1976년 몬트리올 대회에서였다. 한국의 ‘철천지원수’이자 ‘지면 죽는다’ 수준의 경쟁자였던 북한은 4년 전의 뮌헨 올림픽(1972)에서 첫 출전으로 단번에 금메달을 움켜쥔 바 있었지. 더욱이 몬트리올에서도 일찌감치 금메달을 확보해. 그러나 한국은, 몬트리올 올림픽까지 여덟 번이나 출전했지만 ‘노 골드’ 상태였어.

발을 동동 구르던 한국은 몬트리올 올림픽 폐막 하루 전 열린 레슬링 경기에서 양정모 선수가 금메달을 따면서 그제야 어깨를 편다. 아빠가 초등학교 1학년 때 일인데 이 금메달 소식은 정말 대한민국을 들었다 놓았던 사건이었어. 박정희 당시 대통령이 소원을 묻자 양정모 선수는 “운동하면서 공부도 할 수 있는 학교”라고 대답했지. 곧바로 박정희 대통령은 그런 학교를 설립하라고 지시했고, 그해가 저물기 전 학교 하나가 뚝딱 만들어져서 개교했어. 오늘날의 한국체육대학교야.

이 양정모의 쾌거에 맞먹는 대접을 받은 선수들도 있었다. 동메달을 딴 여자 배구 선수들이었지. 한국 구기종목 사상 최초의 메달이었어. 당시 여자 배구팀의 평균 신장은 170센티미터. 다른 나라 선수들에 비해 10센티미터는 작았지. 더군다나 한국의 레프트 주 공격수(김연경 선수의 바로 그 자리)를 맡았던 조혜정 선수의 키는 164센티미터였어.

어린 나이였지만 아빠는, 아나운서가 '키는 작지만'을 연발하는 가운데 손바닥만 한 흑백텔레비전 안에서 죽을힘을 다해 점프하고 때리고 받아내던 여자 배구 선수들의 눈물겨운 분투를 아직도 생생히 기억하고 있단다.

당시 한국의 레프트 공격수 조혜정은 준결승전을 앞두고 심한 무릎 부상 때문에 더 이상 출전할 수 없는 상황이었어. 조혜정 선수는 하릴없이 얼음찜질을 하다가 열심히 훈련 중인 후배 백명선 선수에게 무심코 물었다고 해. "너는 메달 따서 연금 나오면 뭘 할 거니?" 그때 백명선 선수의 답이 조혜정 선수의 가슴을 턱 막히게 했어. "언니, 저 동생이 여섯 명인데 학비를 제가 대야 해요." 이 말을 들은 조혜정은 의사의 만류에도 준결승전 출전을 자청했어. 무릎이고 뭐고 간에, 저런 후배의 사정 앞에서 무심하다면 대한민국 '언니'가 아니었겠지.

조혜정 선수는 준결승전에서 악전고투했지만 무릎을 절룩이며 교체되고 말았고, 한국 팀은 패배했어. 남은 건 헝가리와의 동메달 결정전. 당시는 세트당 15점제였는데, 1세트를 내주고 2세트도 9대2까지 몰려서 동메달도 날아가나 싶었다. 그런데 홀연 뛰어올라 기적 같은 맹타를 휘두르는 선수가 있었어. 백명선이었지. 동생 여섯 명을 짊어진 어깨에서 터져 나오는 강스파이크는 그 세트를 뒤집어버렸고 사기가 오른 한국 팀은 세트 스코어 3대 1로 동메달을 땄어.

마흔네 살 골키퍼 오영란의 투혼

리우 올림픽에서 아빠가 열렬히 응원했던 여자 선수가 또 한 명 더 있었다. 여자 핸드볼 대표팀의 오영란 선수. 1972년생. 당시 나이 마흔네 살이었어. 네 고모 나이랑 같아. 아빠는 한국 팀 경기 실황 중계를 보고 나서야 오영란 선수가 골문을 지키는 걸 알았어. "도대체 언제 적 오영란이냐." 아빠는 이마에 손을 짚었다. 1996년 애틀랜타 올림픽에 처음 출전했고, 2004년 아테네 올림픽에서, 너도 잘 아는 영화 '우생순'(《우리 생애 최고의 순간》)의 드라마를 만든 골키퍼가 오영란이다! 2008년 베이징 올림픽에도 출전했지.

아빠는 베이징 올림픽에서 한국 핸드볼 대표팀이 벌인 마지막 경기를 기억하고 있단다. 당시 한국 팀은 3−4위전에서 동메달을 거의 확보했어. 그런데 감독이 작전타임을 부르지. 의아해하는 선수들 앞에서 감독은 작전 지시가 아닌 선수 교체 명령을 내려. "성옥이, 영란이, 정호, 정희, 순영이 나가라." 그들은 모두 30대 중반 선수들이었어. 베이징 올림픽이 '마지막 올림픽'으로 남을 것이 거의 확실했던 노장들이었지. 이어지는 감독의 말도 충격적이었다. "너희들(후배들)이 이해해. 이건 선배들 마지막 경기야."

치열한 경기 끝에 거의 탈진 상태로 벤치에 앉아 있던 오성옥 이하 30대 중반의 선수들이 코트로 뛰어 들어가던 그 뒷모습을, 아빠는 코끝이 찡해지는 감동으로 기억한다. '저 무대를 위해 얼마나 많은 땀과 눈물을 흘리고 꾸중과 호통과 때로는 욕설까지 들어가며 바닥에 나동그라져야 했을까 생각하니, 아빠가 그들과 함께 코트를 뛰며 어깨를 두드리는 망상까지 일더구나. 어떻게든 "고생했어요. 정말 고생했어요"라고 말해주고 싶었거든.

일부 저질 남성 지도자들, 깡그리 도려내야

그동안 한국 여성들은 각종 구기종목 대회에서 남성들을 월등히 능가하는 성적을 올려왔어. 여자 배구는 동메달, 여자 농구는 은메달, 핸드볼은 금메달을 두 번씩이나 목에 걸었거든. 남자 축구는 수십 년 만에 동메달 하나 땄는데 말이지. 하지만 요즘 아빠는 앞으로 메달 안 따도 좋고, 어디 가서 1등 안 해도 좋으니 꼭 해결되면 하고 바라는 문제가 생겼어. 일부 저질스러운 남성 지도자들이 합숙훈련 등 격리된 장소에서 팀 여자 선수들을 성적으로 폭행하거나 괴롭히는 사건을 일으켜왔다는 뉴스 때문이야.

태극마크 달고 온몸이 부서져라 뛰면서 우리를 환호하게 했던 여자 선수들, 그들과 함께 웃고 울었던 훌륭한 지도자들의 명예를 위해서라도, 각 협회는 이 음습하고 암울한 범죄의 늪을 밑바닥까지 파헤쳐 짐승보다 못한 파렴치한들을 깡그리 도려내고 처벌해야 할 거야. 합숙훈련 같은 과거의 유물도 제발 좀 이제 걷어치웠으면 좋겠어. 감독에게 누군가 끌려나가는 일을 막기 위해 서로 팔을 묶고 잤다는 여자 선수들의 증언을 들으며, 아빠는 전혀 다른 감정으로 눈시울이 뜨거워졌단다. 어떻게 개만도 못한 그런 인간들이 사람을 지도한답시고 발발거리며 돌아다닐 수 있었을까.

여기서 하나 더 생기는 의문. 1976년 몬트리올의 영웅 조혜정과 백명선, 1984년 로스앤젤레스 올림픽 여자 농구 은메달의 주역이며 한국 여자 농구의 전설인 박찬숙, 여자 핸드볼의 숱한 금메달리스트들이 지도자로 명성을 날렸다는 얘기는 왜 들어본 적이 없을까? 도대체 그들은 어디로 갔을까?

1976년 몬트리올 올림픽에서 동메달을 딴 여자 배구팀 선수들.
앞줄 오른쪽에서 두 번째가 조혜정 선수. ⓒ 대한체육회 제공

36

서영춘, 배삼룡, 구봉서 ······
그 코미디언들은 왜 넘어지기만 했을까

서영춘, 배삼룡, 구봉서 등 원로 코미디언들은 모두
슬랩스틱 코미디의 달인이었다. 슬랩스틱도 훌륭한 장르이긴 하지만
당시 코미디언들은 이것밖에는 할 수 없었다.
권력에 대한 풍자 따위는 상상도 할 수 없었기 때문이다.

'웃음'에 달라붙어 있던 편견들

움베르토 에코라는 사람이 쓴 《장미의 이름》이라는 유명한 소설이 있어.
이 소설은 중세의 웅장한 수도원에서 벌어지는 수도사 연쇄 살인 사건과
그 해결 과정을 주된 뼈대로 삼고 있어. 그런데 이 연쇄 살인 사건의 범인
은 수도원의 원로 수도사였지. 그는 웃음을 악마로 보고 "웃음은 예술이
며 식자識者들의 마음이 열리는 세상의 문"이라고 말하는 아리스토텔레

스의 책 페이지에 독을 발라놓고 그 책을 읽는 수도사들을 죽였던 거야 (침을 발라 페이지를 넘겨야 했던 옛날 책의 특성을 이용해서). 그는 부르짖지. "웃음은 신의 권능을 부정하는 악마의 선물이야!"

이 늙은 수도사만큼은 아니겠지만 한국 사람들은 기묘할 정도로 웃음을 경시하고 멸시해왔어. 아빠는 자라면서 "이빨 보이지 마라" 하는 핀잔을 자주 들었다. '실실 웃고 다니지 말라'는 거였지. 농담을 즐겨 하는 사람들은 실없다는 평에 시달려야 했고 웃음이 많은 여자는 바람기가 많다는 편견이 난무했단다.

요즘은 좀 달라진 것 같지만 그래도 한국 사람들은, 아니 말을 바꿔서 한국 사회는 지나치게 엄숙하고 쓸데없이 진지하며 현저하게 재미없다는 게 아빠의 개인적인 생각이야. 혹독한 식민지와 지옥 같은 전쟁, 그리고 진절머리 나는 가난과 독재로 점철된 우리 현대사를 들여다보면 그나마 웃음의 샘이 말라붙지 않은 게 다행이다 싶기도 하지만.

웃음을 위해 노력한 사람들

그런데 한국 사람들의 힘겨운 등줄기를 식혀주던 소슬바람 같은, 삐거덕거리며 마모돼가던 삶의 마디에 듬뿍 뿌려지던 윤활유 같은 웃음을 만들기 위해 노력한 사람들이 있었어. 코미디언들이었지. 네게는 개그맨이라는 표현이 익숙하겠지만.

2016년 8월 27일, 원로 코미디언 중 한 분인 구봉서 씨가 세상을 떠나셨어. 1926년생으로 향년 90세. 이분의 부음을 들으면서 아빠는 한 세대가 이렇게 떠나는구나 싶어 하염없이 먼 하늘을 바라봤단다. 고인은 물론이고 아빠가 어린 시절 그분과 함께 텔레비전 브라운관을 누비고 국민들의 배꼽을 빠지게 만들었던 코미디언들의 별 무리가 드리워졌기 때문이야.

우선 아빠는 어려서 서영춘이라는 코미디언을 참 좋아했어. 아마 너도 학교에서 공부 게을리하는 학생들에게 선생님이 "공부 좀 해! 배워서 남 주나?" 하고 호통치는 걸 들은 적이 있을 거야. 서영춘 씨는 바로 이 "배워서 남 주나?" 유행어를 남긴 분이야. 이분은 한국 최초의 래퍼이기도 했어. 이분이 요령부득 같지만 기막힌 운율과 음색이 살아 있는 랩을 읊으면 많은 사람들이 뒤로 넘어가며 웃어댔단다. "차이코프시키 동생 두리스 위스키 작곡 시장조 도로또 4분에 4박자/ 잔즈그 즈그즈그 즈그즈그 잔~ …… 산에 가야 범을 잡구 물에 가야 고길 잡구 인천 앞바다에 사이다가 떴어도 곱뿌(컵) 없이는 못 마십니다……."

이분은 미국의 찰리 채플린을 닮았다는 말도 많이 들었어. 턱 가운데에 콧수염 하나 박으면 언뜻 비슷하게 보이는데다가 채플린이 영화 속에서 즐겨 보여주던 슬랩스틱 코미디, 그러니까 바보처럼 맞고 넘어지고 하면서 사람들의 웃음보를 폭발시키는 분야에서 독보적인 존재였거든. 그건 단순히 그분이 바보 흉내를 잘 내기 때문이 아니었어.

서영춘 씨는 공연이나 녹화 전 가장 먼저 무대를 점검하는 사람이었어. 관객 처지에서 내가 어떻게 넘어지면 더 우스꽝스러워 보이는지, 어느 쪽으로 넘어져야 하는지, 어느 정도 비틀거리다가 자빠져야 더 극적으로 보이는지를 면밀히 연구하기 위해서였지. 찰리 채플린의 슬랩스틱 코미디가 음악과 춤으로 단련된 그의 철저한 계산에 따른 것이듯, 서영춘 씨의 연기도 치밀한 연구의 결과였던 거야.

"코미디에는 도둑놈만 나와야 되나?"

재미있는 사실이 하나 있어. 서영춘 씨뿐 아니라 '비실비실 배삼룡'의 바보 흉내 연기로 유명한 배삼룡, 그리고 2016년 8월 고인이 된 구봉서 씨까지 모두 '한국의 채플린'이라는 찬사를 공유하고 있다는 것. 그들 모두가 슬랩스틱 코미디의 달인이었다는 얘기야. 그런데 여기에는 슬픈 사연이 감춰져 있다. 슬랩스틱 코미디는 훌륭한 코미디 장르이지만 코미디언들이 웃음을 짜내기 위해 슬랩스틱'만' 해야 했다면 이야기가 달라지지. 구봉서 씨가 언젠가 이렇게 토로한 적이 있어. "우리는 너무나 제약이 많아요. 신랄한 풍자란 상상할 수도 없지요. 정치에 대한 풍자 따위는 상상할 수도 없고 알아서 잘라버리지요." 정치뿐만이 아니었어. 의사든 변호사든 교수든 기업가든 한국에서 내로라하는 직업을 가진 사람들은 자신이 코미디의 대상이 되는 걸 못 견뎌 했고 거센 항의로 가로막았지.

결국 코미디의 소재가 될 수 있는 건 바보나 거지였는데 또 거지를 부각시키면 정부 부처에서 전화가 걸려왔어. "거 왜 선진 조국에 걸맞지 않게 거지를 등장시키는 거야?" 구봉서 씨는 이렇게 고민해야 했대. "코미디에는 도둑놈만 나와야 되나?"

'얼굴만 봐도 웃기던' 구봉서 씨가 비장해진 이유

〈웃으면 복이 와요〉라는 프로그램이 있었어. 위에서 말한 서영춘, 구봉서, 배삼룡 씨 등이 총출동했던 한국 코미디의 전설이지. 그런데 《장미의 이름》의 원로 수도사가 '웃음'을 병적으로 증오한 것처럼 〈웃으면 복이 와요〉를 기이하게 혐오한 사람들이 있었어. 정부 관리들이었지. "억지웃

음을 강요하는 유치한 언동, 애드리브에 의한 저속한 대화, 아동교육상
악영향을 줄 수 있는 작희적作戱的 언행"을 피하라는 경고에 이어 1977년
모든 코미디 프로그램을 폐지하라는 명령이 떨어졌단다. 어느 명이라고
거역하겠니. 때는 바야흐로 정부에 반항했다가는 죽을 수도 있는 유신 시
대였거든.

이때 구봉서 씨가 어떤 자리에서 박정희 대통령을 만나게 돼. 여기서
그는 동료 코미디언들의 여망을 등에 업고 호소했단다. "택시 하나가 사
람을 치여 죽였다고 택시를 다 없앨 수 있습니까." 온 국민이 그 얼굴만
봐도 웃음을 터뜨리던 코미디언 구봉서의 그때 얼굴은 얼마나 비장했을
까. 얼마나 절절했을까. 그 간절함이 통했는지 '1개 방송사 1코미디 프로
그램'으로 규제가 완화되어 코미디 프로그램은 명맥을 이어갈 수 있었다
고 해.

"내가 없으면 누가 웃겨주니?"

웃음을 경계하던 사회, 웃음의 가장 큰 원천일 풍자가 조선 시대 탈춤 패
만큼도 허용되지 않았던 대한민국에서 코미디언들은 어떻게든 국민에게
웃음을 주려 발버둥 쳤고 그들의 몸짓 하나하나에 한국 사람들은 폭소를
터뜨리며 고된 일상을 잊었단다. 돌아보면 그분들은 천상 웃음을 위해 태
어난 사람들이었던 것 같아.

서영춘 씨는 환갑도 안 된 나이에 병으로 돌아가셨는데 하루는 후배가
문병을 왔어. 서영춘 씨가 후배에게 어떻게 지내냐고 하니 후배는 "아이
고 죽지 못해 삽니다" 하면서 한국 사람들이 흔히 내뱉는 넋두리를 했는
데 서영춘 씨는 이렇게 일갈했다고 해. "이놈아 나는 살지 못해 죽는다."

듣는 사람들은 파하하 하고 웃음을 터뜨릴 말장난이었지만 조금만 곱씹어보면 죽음을 앞둔 코미디언의 서글픔이 가슴을 적셔오지 않니. 바로 이런 게 구봉서 씨가 얘기한 코미디의 진수였을 거야.

"웃음이 깔려 있는데 그걸 딱 제치면 슬픔이 나오는 것, 그게 코미디예요." 그렇게 하고 싶은 코미디를 마음껏 하지 못했던, 그러나 너무도 고마운 웃음을 주었던 코미디언 1세대는 이제 추억을 넘어 역사의 장에 거의 들어갔어. 구봉서 씨는 돌아가시면서 자신이 꽃미남 시절 출연했던 명화 〈돌아오지 않는 해병〉(1963)의 명대사를 읊었을지도 모른다. "내가 재미있게 말하면 너희들은 웃었지. 슬플 때에도 말이야. 내가 죽으면 너희들은 슬프겠지. 내가 없으면 누가 웃겨주니?" 다시 한 번 고인의 명복을 빈다.

1970년대 개봉한 영화 〈형님 먼저 아우 먼저〉 포스터의
구봉서, 배삼룡, 서영춘 씨(왼쪽부터).
한국영상자료원 제공

37

이임보와 왕진이 전하는 망국신의 그림자

중국 옛 학자 유향은 '사악한 신하'를 여섯 가지로 구분했다.
복지부동한 구신, 아첨하는 유신, 질투하는 간신, 이간질하는 참신,
당파 짓는 적신, 그리고 이 모든 것을 갖춘 망국신이다.
우리나라에도 이런 육사가 있을까?

여섯 가지 '사악한 신하'

중국 전한前漢 시대 학자인 유향劉向(기원전 77~6)은 다방면에 박식한 학자로, 각 분야의 서적을 모아 정리하는 분야에서 출중한 사람이었어. 육사六邪라는 항목에는 '사악한 신하'의 유형을 6가지로 정리해놓기도 했지.

먼저 녹봉만 기다리며 '자리 지키기'나 하는 신하를 구신具臣이라 불렀다. 공무원 정원이나 채우고 월급이나 타먹는 사람들이라고 할 수 있지.

특별히 나쁜 짓을 하지 않더라도 자신에게 주어진 딱 고만큼의 일 외에는 전혀 손대지 않는 복지부동, 즉 땅에 엎드려 움직이지 않는 사람들은 의외로 많단다. 그들의 수가 많으면 많을수록 나라는 병들고 굼떠지겠지.

두 번째는 유신諛臣이다. 임금에게 '당신의 말과 행동은 모두 옳고, 언제나 참 잘하고 있다'고 추어주면서 비위를 맞추는 사람들이라는 뜻이야. 하나 예를 들어줄까? 송나라 문제가 낚시를 하는데 고기가 영 잡히지 않았어. 문제가 '에이, 오늘 운이 없구나' 시무룩해 있으니 왕경이라는 신하가 이렇게 말해. "낚시하는 이가 너무나 마음이 맑고 청렴하여 미끼 따위를 탐하는 물고기가 물지 않는 것입니다." 아부도 이만하면 가히 예술의 경지가 느껴지지 않니?

다음으로 유향은 겉으로 어진 것 같지만 사실은 다른 사람을 시기 질투하기 일쑤고, 원칙적인 절차와 상벌의 기준을 무너뜨리는 이들을 간신姦臣이라고 불렀다. 명석하고 언변도 뛰어나지만 사람들 사이를 이간질하고 해쳐서 나라를 어지럽히는 이들에게는 참신讒臣이라는 표현을 사용했어. 아빠가, 간신과 참신의 성격을 골고루 갖춘 사람으로 들고 싶은 사람은 당나라 현종 때의 이임보李林甫야.

간신과 참신의 성격을 고루 갖춘 이임보

당나라 현종은 한때 '개원開元(당 현종의 연호)의 다스림'으로 불리던 태평성세를 연 유능한 임금이었단다. 그러나 장구령이라는 꼬장꼬장하고 강직한 재상에게 넌더리가 나 말 잘하고 수완 좋아 보이는 이임보를 재상으로 발탁하면서 발길이 꼬이게 된다.

이임보는 공개된 장소에서는 부드러운 말로 사람들의 환심을 사곤 했지만, 사실은 마음에 들지 않는 자들을 어떻게든 곤경에 빠뜨려 해치는 무서운 인간이었지. 일도 열심히 했어. 그가 밤늦도록 서재에 앉아 뭔가를 궁리하고 있으면 사람들은 수군거렸지. "내일은 또 누가 저 손에 죽게 될까?" 입으로는 달콤한 말을 늘어놓으면서 시커먼 속엔 상대의 목줄을 노리는 칼을 숨기고 있었던 이임보 때문에 한자성어 하나가 만들어진다. 구밀복검口蜜腹劍. '입에는 꿀, 뱃속에는 칼.'

이임보가 가장 신경을 쓴 대목은 바로 언로를 통제하는 일이었어. 이임보는 황제에게 올라가는 모든 상소를 차단해서 정보를 독점하지. 누군가 목숨 걸고 상소를 올리면 그 상소가 황제에게 닿기 전에 벌써 '요망한 소리를 한다'는 죄를 뒤집어씌워 죽여버리기도 했어. 상대방의 약점을 귀신같이 파헤쳐 되레 그를 공격하는 능력에서도 발군이었고.

이 간신이 재상을 해먹는 동안 총명했던 황제는 "10년 동안 천하에 큰 변고가 없었다. 나는 높은 곳에서 무위無爲의 정치를 행하며(즉 놀고먹으며) 이임보에게 모든 것을 맡기고 싶은데 어떻겠나?"라고 물을 정도로 갑갑한 아둔패기로 전락하고 말았지.

적신이자 망국신이었던 왕진

마지막으로 유향은 나머지 간신의 두 유형으로 권세를 갖고 당파를 지어 자기 세력을 더욱 쌓아 위세를 높이려는 적신賊臣, 지금까지 이야기한 사악함을 골고루 갖춰 임금을 잘못된 길로 이끌고 이런 임금의 잘못을 제 나라는 물론 외국에까지 퍼지게 해서 나라를 망치는 망국신亡國臣을 들어. 이 두 가지 유형을 모두 갖춘 인물로는 명나라 시대의 환관인 왕진이 떠오르는구나.

왕진은 어릴 때 제위에 오른 황제 영종의 스승이었지만 그 지위를 최악으로 악용했어. 영종의 무조건적 신뢰를 바탕으로, 우리나라로 치면 국정원쯤 될 정보기관 동창東廠을 동원해서 반대파들의 죄악을 조작하는 방법으로 무자비한 숙청을 벌였지. 심지어 자신에게 예의를 갖추지 않았다는 이유만으로 사람을 죽이고 욕보이는 일을 밥 먹듯이 했으니 알 만하지? 몽골의 오이라트 부가 쳐들어오자 왕진은 황제에게 50만 대군을 이끌고 직접 전쟁터로 나가라고 권했어. 왕진을 스승으로 모시던 영종은 두말없이 그를 따랐지. 그 결과는 어땠을까? 명나라 군대가 몽골군의 포위 공격으로 전멸하고, 황제 영종은 몽골군에게 사로잡혔단다. 중국 역사상 유명한 '토목보土木堡의 변'이었지. 그나마 왕진은 죗값을 치렀어. 분노한 한 무장이 왕진의 머리를 박살내 죽였으니까 말이야.

온갖 '사악한 신하'들이 횡행하니……

오늘날 우리나라에는 유향이 분류한 육사六邪가 존재할까? 글쎄, 네게 '단언컨대 없다'고 말하고 싶지만, 그러려니 입이 좀 근질거리는구나. 복지부동하는 구신具臣 같은 이들이야 어느 나라에든 있는 법이니 그렇다고 치자. 하지만 그리 과한 것도 없는 국회의장의 연설을 두고 "국회의장이 대통령 외교안보 일정에 재를 뿌리려는 일은 상상조차 할 수 없는 반국가적 처사"라며 펄펄 뛰던 당시의 여당 새누리당 대변인을 떠올리니, 아부쟁이 유신諛臣을 떠올리지 않을 수 없다. 국가 의전 서열 2위인 국회의장 경호관의 멱살을 잡으며 충성을 과시하던 새누리당 의원 역시 '유신'으로 분류해야 할 것 같고.

날이면 날마다 고향에 내려가 코가 땅에 닿도록 절하며 다닌 덕분에, '미안해서 찍어주는' 표로 국회의원도 되고 여당이던 새누리당 대표까지 이른 분이 과거 음습하게 KBS 보도국장에게 전화를 걸어 "아이고 세상에 (대통령이) KBS를 봤네"라면서 '협조'를 구하던 행태를 떠올리면 어찌 참신讒臣을 연상하지 않을 수 있겠니.

'간신'과 관련해서는, 2014년에 발생한 황당한 사건 하나가 생각난다. 대통령이 자신의 집무실로 장관을 불러 "아무개 국장, 과장이 나쁜 사람들이다"라며 사실상 경질을 지시했다는 폭로가 있었어. 국장이나 과장이라면 대통령으로부터는 까마득히 먼 까마득한 일선 공무원이야. 대통령이 이런 공무원들의 이름을 수첩에 적어와서 직접 거론했다는 걸 보면, '다른 사람을 시기 질투하기 일쑤고 원칙적인 절차와 상벌의 기준을 무너뜨리는' 간신들이 주변에 득실거리는 것이 아닌가 의심스러울밖에.

'육사 따위 없다'고 말하고 싶지만 ……

정부 공식 직제인 감찰관이 권력 핵심부 인사에 대한 수사를 의뢰한 상황에서 수사 의뢰된 사람의 문제를 들추기는커녕, 감찰 내용을 누설했다며 국기를 흔들었네 어쩌네 소란 피우던 이들의 꼬락서니 앞에서, 아빠는 '우리나라에 적신賊臣 따위 없어'라고 말할 자신이 없어지더구나. 마지막으로 망국신亡國臣들은 대개 나라를 망치는 군주들과 요즘 말로 '케미'를 이룰 때 그 존재감이 배가된다. 제 권력을 유지하고 반대파를 숙청하는 데에만 도가 텄을 뿐 믿을 수 없을 만큼 무능했던 왕진이 영종을 등에 업고 나라를 말아먹었듯이.

더욱이 수상한 땅 거래부터 아들의 군 복무 의혹까지 온갖 의혹이 불거져도 굳건한 세력가, 음주운전에 뺑소니 의혹까지 거머쥔 경찰청장, 1년에 수억 원의 생활비를 쓰는 처지에 '무소유'의 자유로움을 찬미하는 기이한 전직 장관까지 도무지 이해가 안 되는 인사가 서슴없이 행해지고 사람들의 반대에도 불구하고 덜렁 감투까지 쓰고 자리에 앉는 모습을 보면 '망국신'의 그림자들이 어른거리는 착각에 휩싸이지 않을 도리가 없구나.

아빠는 우리나라에는 '육사六邪' 따위는 없노라, 그런 나라가 아니노라 말해주고 싶었어. 자칫 잘못을 저지르더라도 그를 바로잡을 수 있는 시스템이 온전하게 가동되고, 과거 왕국에서나 볼 수 있던 어두운 통치자와 그 등에 올라타고 세상을 뜯어먹던 간신배들의 세상으로부터는 완전히 졸업했다고 얘기해주고 싶었어.

하지만 네가 알듯, 그리고 아빠가 보았듯 불행히도 대한민국은 그런 나라였다. 아직 곳곳에 육사가 도사리고 있는 그런 나라였다. 다행히도 거의 모든 국민이 일어서서 대한민국은 그런 나라가 아님을 입증하면서 새로운 희망의 물꼬를 텄지만 "이게 나라냐?"라고 한탄하던 사람들의 마음은 아직도 메말라 있지. 새로운 대통령의 시대에는 육사六邪 따위는 감히 범접하지 못할 만큼 맑고 깨끗한 물줄기가 솟아나기 바란다. 온 나라를 적시고 땅을 기름지게 하길 바란다.

중국 전한 시대 학자 유향.

38

황우석 연구소를 고등학생에 추천하는
공공기관이 있다. 아직도

가짜 거북선 총통을 만든 대한민국 해군 대령,
침팬지와 인간의 두개골을 갖다 붙인 영국 과학자,
줄기세포 사기극을 벌인 황우석 박사의 공통점은 자신의 욕망에
'나라와 민족의 영광'이라는 명분을 덧칠했다는 것이다.

가짜 거북선 총통 만든 대한민국 해군 대령

사기는 다른 사람들의 탐욕을 이용해 뒤통수를 때리고 재물을 가로채는
범죄야. 그런데 다른 사람들을 속이기 전에 자신부터 철저히 속이는 별종
사기꾼도 있어. 이런 사기꾼들은 자신의 욕망에 다른 색깔을 덧칠하곤 하
지. 나라와 민족의 영광이라는 금빛 찬란한 물감을 사용해서 말이야.

1992년 8월, 한국 해군 충무공 유적발굴단은 삼도수군통제영(이순신이

초대 통제사였다) 자리인 한산도 앞바다에서 별황자총통(조선 후기에 사용된 대형 총통) 하나를 건져 올려. 이 총통에는 거북선을 뜻하는 단어가 새겨져 있었어. 온 나라가 환호했지. 거북선에서 사용된 무기가 최초로 발견된 것이었으니까. 이 총통은 초스피드로 국보로 지정돼. 발굴단장 황아무개 대령은 당당히 훈장을 받았지. 해군은 이 총통을 모델로 새로운 총통을 만들어 시범 사격까지 하며 감격에 젖었어. 그런데 4년 뒤 황망한 일이 벌어져. 그 총통이 가짜라는 소문이 돌더니, 수사에 착수한 검찰이 어처구니없는 진상을 밝혀내고 만 거야. 황 발굴단장이 옛 총통 하나에 글자를 새겨 바다에 던진 뒤 다시 건져내서 환호하는 '쇼'를 연출했다는 거였지. 너희들 용어로 더욱 '웃픈' 일은, 문화재연구소(유물의 진품 여부를 감별하고 판정하는 기관)가 발굴 직후 해당 화포의 금속 성분 분석을 통해 충무공 당시의 유물이 아니라는 사실을 눈치 챘는데도 "출토지가 명확하고 발굴 기관이 국가여서" 진품으로 판정했다는 거였고.

'나라가 하는 일이니 애매하게 시비 걸었다가는 본전도 못 찾는다'는 문화재관리국(현 문화재청)의 보신 욕구, 그리고 '어떻게든 나라와 국민이 흡족해할 발견으로 훈장과 별을 달아보겠다'는 해군 대령의 욕망이 함께 빚어 만든, 어디 가서 말도 못할 창피한 해프닝이었지.

침팬지와 인간의 두개골을 갖다 붙인 영국 과학자

이런 일이 한국에서만 벌어진 건 아니야. 1912년 영국의 변호사이자 아마추어 고생물학자인 찰스 도슨은 잉글랜드 이스트서식스 주의 필트다운이라는 곳에서 옛 인류의 두개골을 발견했다고 밝혀. 고생물학자인 아서 스미스 우드워드는 분석 작업을 마친 뒤, 이 두개골을 '원숭이와 인간의 특징을 골고루 지닌 미싱 링크Missing Link(원숭이와 인간 사이의 진화를 이어주는 연결 고리)'라고 판정했어. 결국 그 두개골에는 필트다운인人이라는 이름이 엄숙하게 부여됐단다. 호모 필트다우네시스Homo Piltdownensis라는 근사한 학명도 붙었어.

하지만 앞뒤가 안 맞는 구석도 많았어. 필트다운인이 발견된 지역 부근에서 나온 동물들의 뼈가 아프리카에서 출토되는 동물 뼈들과 성분(과 함량) 측면에서 너무 비슷했거든. 한편 해당 두개골의 턱뼈와 송곳니가 침팬지의 그것이라는 주장도 있었지. 심지어 두개골의 이빨에 줄로 간 흔적이 보인다는 폭로까지 나왔어. 그럼에도 불구하고 필트다운인은 '대발견'의 지위를 한동안 유지했단다.

필트다운인이 침팬지와 인간의 두개골을 정교하게 갖다 붙인 가짜로 밝혀진 건 무려 40여 년이 지난 1950년대 초었어. 한 세대가 넘도록 '필트다운인'을 교육받아온 영국인들은 느닷없이 드러난 사기극에 크게 당황했어. 일부 하원 의원들이 '필트다운인을 가짜로 선언한 대영박물관에 대해 불신임안을 내자'며 팔소매를 걷어붙일 정도였지. 그러나 이후 제시된 과학적 증거들 앞에선 모두 꿀 먹은 벙어리가 되고 말았어.

신중하기로 소문난 영국인들이 이런 엉성한 사기극에 집단적으로 홀딱 넘어간 까닭은 무엇일까? 아마 '대영제국에서 진화론의 핵심이 되는 화석이 나왔다'는, 그릇된 자기현시욕이 큰 영향을 미쳤을 거야. 인도네시아의 자바나 중국의 베이징 같은 곳에서도 출토되는 원인猿人 화석이, 당시 자타 공인 세계 패권국가인 대영제국에서 나오지 않는다는 것이 말이 되느냐는 얘기지. 이런 가운데 발견된 필트다운인은 영국인들에게 '최초의 잉글랜드인'(영국 학자들이 실제로 이렇게 불렀다)과의 감격적인 만남이었을 거야. 이런 정서에 반하는 모든 주장은 깡그리 무시되어버렸고, "어딜 감히 영국인의 조상을!"

그 결과, 영국인들은 역사상 최대 사기극의 피해자로 전락하고 말았지. 지금도 누가 그 사기극을 연출했는지는 아무도 모른단다. 찰스 도슨이든 우드워드든 모두 사실이 밝혀지기 전에 세상을 떠났기 때문이야.

줄기세포 사기극을 벌인 황우석 박사

영국인들만큼 오랜 기간은 아니었지만 대한민국 사람들도 비슷한 이유로 과학적 사기극에 휘말린 적이 있었지. 바로 황우석 박사 사태였어.

세계적 과학 전문 주간지 《사이언스》는 2004년, 한국의 황우석 교수 연구팀이 세계 최초로 사람 난자를 이용한 체세포 복제와 배아 줄기세포 형성에 성공했다고 밝혀. 황우석 교수는 국민적 영웅이 되었지. 난치병 치료의 새 장을 열었다는 환호가 대한민국을 뒤흔들었단다. 황우석 교수 스스로도 장애인들에게 '당신을 일으켜 세워주겠다'고 단언하는 등 엄청난 쇼맨십을 시현하며 대한민국의 최고 스타 반열에 올랐어. 대한민국 국민 대다수는 열광하며 압도적으로 황우석 교수를 지지했어. 황우석 교수가 "과학자에게 애국심은 필수"라며 애국심을 유난히 강조하기도 했고.

이런 황우석 박사에게 '감히' 의혹을 제기한 시사 고발 프로그램 PD는 생명의 위협을 받을 정도였단다. 그러나 결국 용기 있는 사람들의 폭로와 추적을 통해 황우석의 연구는 "인위적 실수"(아빠는 이 말처럼 한국어를 모독하는 표현도 드물다고 생각하는데)로 점철된 허위로 드러나고 말았어. 논문은 취소되고 황우석 교수는 파면됐어.

찰스 도슨이나 우드워드 생전에 필트다운인의 실체가 밝혀졌다면 그들은 어떤 연구도 재개할 수 없었을 거야. 적어도 조작에 가담하거나 묵인

한 사람들은 과학자로서의 자질을 스스로 반납한 것이나 마찬가지니까. 그들이 다시 무슨 위대한 발견을 했다고 떠들어도, 신뢰를 회복하기는 힘들었을 거란 말이지. 적어도 영국인들은 '필트다운인이 가짜'라는 과학적 증거들 앞에서 이른바 '대영제국의 자존심'을 억제할 정도의 합리성은 갖추고 있었던 것으로 보이니까. 그런데 우리는 어떨까?

구로구청과 남부교육지원청의 '어게인 황우석'?

2016년 10월, 서울 구로구청과 남부교육지원청이 함께 일선 학교에 보낸 공문 하나를 읽고 넋을 잃을 뻔했던 게 아직도 생생하구나. '수암생명공학연구원'이라는 곳에서 고등학생 인턴십을 권하는 공문이었지. "인류 희망을 위한 세계 최고의 생명공학 연구기관으로 기술력을 인정받고 있는 연구원에서 생명공학 분야의 특화된 스펙 활동으로 대입 경쟁력을 강화"하자는 내용인데, 수암생명공학연구원의 책임연구원이 황우석 박사였거든. '인위적 실수'를 저질렀다던 그분 말이다.

　너도 알다시피 아빠는 자연과학에 문외한이다. 황우석의 연구가 얼마나 부풀려졌는지 그리고 어느 범위까지 성과로 인정 가능한지 등에 대해서는 정교하게 판단할 수 없어. 그러나 대한민국 행정기관과 교육기관이 수암생명공학연구원을 홍보하는 데 사용한 "세계 최고의 생명공학 연구기관", "대입 경쟁력을 강화" 따위 문구에는 도저히 동의할 수가 없더구나. 도대체 누가 '세계 최고'를 인정했으며, 자신의 실험을 조작한 과학자의 연구소에서 어떤 대입 경쟁력을 기대할 수 있을까. '세계 최초의 성공' 신화에 사로잡혀온 나라가 난리굿을 치른 것이 불과 12년 전인데 어떻게 이런 공문이 나돌 수 있었던 것인지, 아빠는 도무지 알 길이 없고 알고 싶지도 않다.

1938년 우드워드는 필트다운인 발견 기념비 앞에서 이렇게 연설했지. "찰스 도슨은 우리의 초기 선구자가 이곳을 지나갔고 우리 역시 이들의 뒤를 이어 진화해왔다는 점을 기억하게 해주었습니다." 새빨간 거짓말 또는 아무것도 모르는 바보의 감탄사였지. 똑같은 일을 대한민국의 행정 기관 구로구청과 교육기관 남부교육지원청이 저질렀다는 생각을 하니 마음이 매우 혼란스러웠단다. 그들은 어느 쪽일까. 새빨간 거짓말일까, 아니면 바보일까.

찰스 도슨이 벌인 필트다운인 사기극은
40년이 지나서야 밝혀졌다.

39

백남기 씨는 왜 그런 삶을 살았을까?

고 백남기 씨는 중앙대 재학 중 유신정권에 맞서 싸우다
두 번이나 학교에서 쫓겨났다. 1980년 복교한 뒤 후배들 수천 명을 이끌고
서울역 집회에 참여하기도 했다. 전두환 정권 때 제적되고
농민의 길을 택했다.

어디에나 있었던 밀정

기억나니? 제법 화제를 뿌렸던 영화 〈밀정〉(2016) 말이야. 이 영화에 등장
하는 여러 밀정이나 영화 〈암살〉(2015)에서 이정재 아저씨가 연기했던 염
석진 역을 떠올려보면 그들이 어떤 사람이었는지 짐작할 수 있겠지? 일
제강점기 내내 밀정은 항상 넘쳐났고 또 불가사의할 만큼 어디에나 있었
단다. 김구 곁에도, 김원봉 주위에도 말이야. 독립운동가들이 비밀 회합

을 열면 며칠 뒤 그 전말을 담은 보고서가 일본 관헌 책상에 사뿐히 놓이는 지경이었다니 밀정들의 위력을 알 만하지 않니.

수많은 사람들이 밀정의 삶을 택했어. 1950년대 한국군 특무대장을 지내며 '빨갱이 사냥'의 최선봉에 섰던 김창룡이라는 사람이 있어. 그는 멀쩡한 사람도 공산주의자로 몰아 죽이는 재주가 있었고, 그 때문에 원성을 사서 다름 아닌 국군 장교의 총에 맞아 죽은 사람이야. 그런데 그는 전직 일본의 밀정이었어. 일본 관동군에서 특별히 훈련받은 정보원이었지. 그의 활약상 하나를 들려줄까. 김창룡은 중국 공산당 비밀 조직이 운영하는 만주의 식당에 종업원으로 들어가서 영하 30°C가 넘는 날씨에도 얼음을 깨고 설거지를 하는 등 열성적으로 일해 주인의 신뢰를 얻었어. 그런 다음, 틈을 봐서 주인 이하 공산당원들을 일망타진하는 공을 세웠지. 무슨 영화 이야기 같지 않니?

김창룡과 배정자, 밀정의 길을 걷다

구한말 유명했던 여자 밀정 중에 배정자라는 사람도 있어. 이 여자는 이토 히로부미를 아버지라 불렀고 경술국치 때 만세를 부를 정도로 일본에 충성을 바친, 아니 그냥 일본인이었어. 그녀 역시 일본의 밀정이 되어 만주로 파견됐고 일본군에 맞서던 마적들의 포로가 됐다가 마적 두목을 꼬드겨 그에게서 정보를 빼내는 탁월한 수완을 발휘했어. 만주 일대에 친일 단체를 결성해서 조선인들의 동태를 살핀 악질 밀정이었지.

아빠는 그들을 이해해. 그들의 행동을 옹호하는 게 아니야. 그저 그들이 왜 그런 길로 가게 됐는지는 알겠다는 뜻이야. 배정자의 아버지는 그녀가 어렸을 때 반역자로 몰려 죽었고 어머니와 배정자는 노비가 돼 끌려갔어. 그 충격으로 어머니는 눈이 멀었다고 하니 얼마나 고통스러운 어린 시절을 보냈을지는 짐작이 간다. 그러다가 만나게 된 일본인들은 소녀 배 정자에게 따뜻한, 그러면서 속 들여다보이는 친절을 베풀었지. 어쨌든 생각해보렴. 부모의 원수에다가 자기를 노비로 처박았던 나라와 자신을 거둬주고 베풀어주고 교육해준 나라. 어느 쪽에 더 마음이 갈까?

김창룡도 마찬가지야. 가난한 시골 농사꾼으로 생을 마치기에는 머리 가 비상하고 성실한 청년이었어. 태어나기도 전에 망해버린 옛 나라 따위 에 신경 쓰느니 보란 듯이 출세해서 잘 먹고 잘 살고 싶었고, 구차하고 가 난한 조선보다는 세계 강대국의 하나로 휘황하고 번듯했던 일본 쪽에 붙 고 싶었던 건 인지상정이었는지도 몰라.

독립운동에 떨쳐나선 밑바닥 인생들, 왜 그랬을까

그런데 아빠에게는 생각할수록 알 수 없고 궁리할수록 이해할 수 없는 수 수께끼가 있단다. 김창룡이나 배정자 같이 바닥 인생들이고, 망한 나라 로부터 받은 은혜라고는 쥐뿔만큼도 없으며, 그 일을 하다가 잘못되면 일 신이 망가지는 건 물론 처자식들까지 굶어 죽어야 하는 위험을 감수해야 했고, 누가 그 일을 한다고 칭송하는 것도 아니며, 해방된다고 큰 은전을 입을 것도 아닌 사람들이 '독립운동에 떨쳐나선' 이유야.

매국노 이완용에게 칼을 휘두른 이재명은 수백 년간 격심한 차별을 받 았던 평안도 출신에다가 하와이까지 가서 막노동을 했던 바닥 인생이었 고, 영화 〈밀정〉에 등장한 사격의 귀재 김장옥의 실제 모델인 김상옥은 코흘리개 때부터 대장간에서 일을 해야 했을 만큼 가난했어. '말하는 꽃' 정도로 천대받던 기생들 일부는 3·1운동 당시 앞장서서 만세를 불렀단다. 일본 경찰 보고서에 "조선 청년들이 술 먹으러 오면 '지금 여러분이 술 먹을 때입니까? 꾸짖어 내쫓았다"라고 기록돼 있을 만큼 그들은 열렬했어. 도대체 그들은 왜 그랬을까? 배정자나 김창룡에게는 이유나 있지, 그분들은 무슨 이유로 스스로를 독립운동에 던진 것일까?

아빠는 끝내 그 이유를 발견하지 못했지만 하나 분명한 건 있단다. 그건 바로 우리가 오늘 우리말을 사용하고 한글을 써서 역사를 전할 수 있는 건 그분들이 싸움을 멈추지 않았기 때문이라는 사실이지. 일본의 일부인 오키나와가 한때 전통의 독립국 류큐였던 것처럼, 세계 역사에는 강대국에 점령된 뒤 흔적도 없이 사라지거나 강대국의 충성스러운 변방이 된 나라와 사람들이 숱하게 많아. 원자폭탄 수십 개가 터지고 일본이 열 번 졌더라도, 독립을 위해 몸을 던진 이들이 없었다면 한국은 독립할 수 없었어. 생각해보렴. 일본 통치를 양순하게 받아들인 일본의 일부를 미국인들, 영국인들이 왜 독립시켜주겠니.

백남기, 정의를 위해 가시밭길을 걷다

기억하렴. 역사는 지독한 빚쟁이란다. 시간의 길고 짧음이 있을 뿐이지 빌려준 것(빚)은 반드시 받아내고야 마는 채권자야. '그럴 이유가 없던' 독립운동가들의 고단한 삶과 죽음이 오늘날 우리의 삶과 일상을 그려냈듯, 오늘날에도 제 몸의 편안함을 버리고 험난한 가시밭길, 또는 누구도 거들떠보지 않는 황무지를 걸으며 자신이 정의롭다고 생각하는 가치를 위해 싸우는 이들이 우리 후손들의 미래를 결정하게 된다는 뜻이야. 그런 분 중의 하나라 할 분이 2016년 9월 25일 돌아가셨다. 백남기라는 농민이야.

이분은 중앙대 68학번이셨어. 그는 오늘날의 북한 체제만큼이나 혹독

했던 유신정권에 맞서 싸우다가 두 번씩이나 학교에서 쫓겨나 오갈 데 없는 처지가 돼 넝마주이도 하고 포도밭에서 머슴살이도 했다고 해. 그냥 다 잊고 열심히 돈이나 벌고 한세상 살았으면 좋았으련만 그는 1980년 복교한 뒤 후배들 수천 명을 이끌고 흑석동 중앙대 캠퍼스를 떠나 한강다리를 건너 서울역으로 진격했던 전설의 주인공이었어. 이 사건은 "의혈(중앙대 학생들이 스스로를 일컫는 수식어)이 한강다리를 건너면 역사가 바뀐다"라는 자부심의 원천이 된단다. 전두환 정권 때 감옥살이를 하고 학교에서도 쫓겨난 그는 농민의 길을 택해.

"살아남은 자가 무슨 공을 따지겠느냐"

그러나 그는 평범한 농민이 아니었어. 광주민주화운동 보상금을 받을 수 있었는데도 "죽은 사람들도 있는데 살아남은 자가 무슨 공을 따지겠느냐"라며 포기했단다. 후배 운동권들이 무얼 하면 출세하고 어찌하면 국회의원이 될까 '짱구를 굴리는' 동안, 그는 우리 밀 살리기 운동에 앞장서고, 전국가톨릭농민회 부회장으로일하면서 농민들과 함께 울고 웃고 싸웠단다.

2015년 11월, 그는 박근혜 대통령이 공약한 '쌀값 수매가를 가마당 17만 원에서 21만 원으로 올리겠다'는 약속을 지키라고 요구하며 민중대회 참가했어. 그 현장에서 물대포를 맞아 쓰러졌다가 317일 만인 2016년 9월 25일 세상을 떠나셨어.

그분은 왜 그런 삶을 사셨을까. 적당히 농사짓고, 눈치 봐서 보상받고, 농협 돈 대출받아 대충 요령껏 떼먹고, 개발 정보 있으면 땅 몇 마지기 사뒀다가 졸부가 되는 사람도 숱하게 많았던 시대에, 왜 그분은 고생만 하다가 가셨을까. 그분의 영정 앞에서 또 한 번 '왜?'라는 질문을 아빠는 여러 번 되뇌었단다. 하지만 역시 답은 없었어. 그저 이렇게 중얼거릴밖에. "감사합니다. 선생님이 그렇게 살아주셨기에 오늘 우리가 이 정도나마 살고 있습니다."

그 얼마 뒤 아빠는 혼잣말을 하다가 울컥해서 목에 힘을 주고 말았단다. "그런데 우리가 바보처럼 살아서 선생님을 이렇게 돌아가시게 했습니다. 선생님을 죽여 놓고도 사과 한마디 없고, 도리어 자기들이 죽였다는 증거가 없지 않으냐며 선생님 몸에 칼을 댈 궁리만 했던 일제강점기 일본 놈 같은 정부를 만들었습니다. 죄송합니다. 죄송합니다."

백남기 씨가 주민들과 함께 춤을 추며 징을 치고 있는 모습(오른쪽에서 두 번째).
ⓒ 민중총궐기

40

백남기 씨 사인 논란으로 본 '전문가'의 민낯

1954년 자유당의 '사사오입' 개헌 때는 수학자 최윤식 교수가,
1905년 러시아 전함 포템킨 호에서는 군의관 스미르노프가 전문가의
양심을 버렸다. 2016년 백남기 농민의 사인을 두고도
전문가의 민낯이 드러났다.

대한민국 제3대 국회의 개헌안 부결

1954년 6월 9일, 대한민국 제3대 국회가 열렸어. 이때 당선된 국회의원
가운데에는 역사적 인물이 많았단다. 이를테면 너도 잘 아는 '장군의 아
들'이자 종로통 깡패 출신 김두한이 당선되어 카메라 플래시를 받았고,
후일 한국 정치의 거목이 되지만 당시로서는 나이 서른도 채 안 된 '애송
이' 의원 김영삼도 국회에 입성했어. 이들을 포함한 국회의원 203명은 기

운차게 의정 활동을 시작했지. 그러나 이 국회는 치욕적인 사건으로 역사에 남게 돼.

제3대 국회가 직면한 과제는 개헌 문제였어. 당시 헌법은 대통령의 중임을 제한하고 있었는데 이승만 대통령을 등에 업은 자유당은 어떻게 해서든 이 헌법을 뜯어고치려 했고 야당 의원들은 무슨 수를 써서든 막아야 했던 거야. 몇 달 뒤 마침내 개헌안이 표결에 부쳐지게 돼. 개헌안의 핵심은 '초대 대통령에 한하여 3선 금지 조항 삭제'였지.

자유당은 자당의 의석과 기타 무소속 등을 끌어모아 의석의 3분의 2(136표)를 채웠다고 자신했는데 그만 딱 1표의 오차가 나버렸어. 재적 의원 203명, 재석 의원 202명 가운데 찬성은 135표, 반대 60표, 기권 7표. 딱 1표 차이로 부결된 거야.

최윤식 교수, 사사오입을 이론적으로 뒷받침하다

그런데 당일 자유당 간부회의에서 기상천외한 주장이 튀어나왔어. 계산기를 두들겨보렴. 203명의 3분의 2는 135.33333명이야. 그래서 3분의 2 이상이란 136표 이상 찬성이 필요한데 갑자기 사사오입, 즉 5 이상은 반올림하고 그 미만은 내린다는 공식을 도입한단다. 135.33333은 135가 되며 135명의 국회의원이 찬성한 개헌안은 통과된다는 기상천외한 주장이 나온 거야.

다음 날 "사사오입이 맞습니다. 정족수 계산에 착오를 일으켜 부결을 선포한 것이고 135는 203의 3분의 2가 된다는 것을 알게 되었으므로 전일 부결 선포를 취소합니다"라고 최순주 국회부의장이 선언한 순간, 국회는 난장판이 돼버렸어. 야당 의원들이야 말할 것도 없고 자유당 의원들도 일부 반발했어. 자유당 출신 손권배 의원은 이렇게 외치며 자유당을 탈당했어. "정신병자가 아니고서는 할 수 없는 일이다."

이 '정신병자' 같은 짓을 이론적으로 뒷받침한 장본인이 누구였는지 아니? 놀랍게도 당시 대한수학회 회장 최윤식 서울대 교수였어. 우리나라에 최초로 체계적인 수학을 도입한 분으로 국내 최초의 수학박사 타이틀을 자랑하는 석학이기도 해. 하지만 그와는 별도로, 그 수학적 해석은 엄청난 정치적 오물이 되어 출범 10년도 안 된 대한민국 정치를 쓰레기더미에 메다꽂아 버리고 말았어.

이분이 자발적으로 이 일을 한 것인지, 아니면 어느 교활한 정치인이 아이디어를 내고 그걸 마지못해 뒷받침했을 뿐인지 아빠는 알지 못해. 하지만 어느 쪽이든 최윤식 교수는 이 사사오입 개헌 사태의 중대한 원인 제공자이며 학자로서의 명예와 자부심을 대한민국 정치와 함께 쓰레기장에 투척해버렸다는 사실로부터 자유롭지 못해.

스미르노프, 전함 포템킨 반란에 불을 붙이다

1905년 영토는 거대했으나 속은 비어 있던 대제국 러시아는 내우외환에 시달렸어. '황색 난쟁이'라 멸시하던 일본과의 전쟁에서 밀렸고 안으로는 사회 개혁을 외치는 러시아 민중의 항의와 봉기가 끊이지 않았으니까. 그 중 유명한 사건이 바로 '전함 포템킨 반란 사건'이야. 러시아 흑해 함대 소속 최신 전함 포템킨호의 수병들이 선상 반란을 일으켜 배를 장악한 후 혁명의 기치를 올린 거야. 그들은 총파업이 진행 중이던 오데사로 배를 몰았고 시민들의 열렬한 환영을 받아. 하지만 정부군의 반격이 시작되고 수많은 시민이 희생당해. 이 전함 포템킨의 이야기를 세르게이 에이젠슈

타인이 영화로 만든 것이 불멸의 흑백영화 〈전함 포템킨〉(1925)이야.

전함 포템킨의 반란은 치밀한 계획하에 벌어진 일이 아니었어. 발단은 반란 전날 보급된 고기 때문이었단다. 보급 당일 날이 어두워 제대로 확인하지 못했던 고기는 이튿날 썩은 냄새와 드글거리는 구더기로 병사들을 경악시켰어. "구더기가 우글우글한 고기가 보급품으로 왔다"는 소문은 삽시간에 선내를 뒤덮었지. 병사들의 동요를 감지한 함장 골리코프는 군의관 스미르노프에게 고기에 대한 검사를 명령해. 그런데 이 의사 스미르노프의 대답은 병사들에게는 분통 터지는 것이었어. "괜찮습니다. 식초로 구더기를 씻어낸 뒤에 먹으면 아무런 해가 없습니다."

병사들은 이 고기로 끓인 수프 먹기를 거부했어. 이에 분개한 장교들이 명령 불복종으로 몇 명을 총살하겠다고 위협하면서 포템킨 호의 병사들은 폭발하고 말았단다. 여러 장교들이 죽었지만 가장 처참하게 살해된 건 당연히 스미르노프였어. 썩은 고기가 입에 물린 채 사살돼 바다에 버려졌으니까.

당시 어느 나라든 해군의 경우는 특히 보급품에 문제가 많았어. 항해를 하다 보면 보급품이 떨어지기 일쑤고 상한 고기를 억지로 먹어야 하는 일도 드물지 않았단다. 즉 "식초로 구더기를 씻어내고 먹는" 일이 불가능한 건 아니었어. 하지만 스미르노프는 문제의 고기가 오랜 항해 도중 썩은 게 아니라 전날 보급된 물품이었음을 모른 척했고, 자신이 불량 판정을 내릴 경우 돌아올 상관들의 노여움과 자신의 불이익을 기민하게 파악했지. 고기만큼이나 썩어 있던 제정러시아 해군의 부패상 때문에 고통 받던 병사들의 분노와 괴로움은 간단히 무시했고 말이야. 그게 그가 죽어야 했던 이유였단다.

"내 사망진단서는 그에게 받지 않겠다"

백남기 농민의 사인死因을 두고 엄청난 파장이 일었던 건 너도 알 거야. 물대포를 머리에 맞아 의식불명이 된 사람이 죽음에 이르게 된 원인이 '심폐 정지'라는 말에 어이가 없었지만 솔직히 아빠는 '전문적 견지'에서 보면 그럴 수 있는 건가 싶었어. 그러나 서울대학교 의과대학 학생들이 사망진단서에 외인사外因死가 분명한데도 사망의 종류를 병사病死라 쓰라고 배우지 않았다고 항의하고, 현직 의사들이 화답하면서 백남기 농민의 주치의라는 전문가의 민낯이 만천하에 드러나고 말았단다.

심지어 이 사망진단서를 토의하기 위한 서울대병원·서울대 의대 합동 특별조사위원회(특위)에서조차 이 주치의는 "가족들이 치료를 거절해서 죽었으니 병사"라는, 최윤식의 사사오입설보다도, 썩은 고기를 먹어도 해가 되지 않는다는 스미르노프의 주장보다도 근거가 빈약한 고집을 굽히지 않았다고 해. 동료 의사로부터 "내 사망진단서는 그에게 받지 않겠다"라는 타박까지 들으면서, 멀쩡했던 사람이 죽은 이유를 가해자 아닌 가족에게 돌리는 억지를 동원하면서까지 그가 지키고자 했던 것이 무엇인지 아빠는 잘 모르겠다.

분명한 건 사사오입은 최윤식이 수학자로서의 긍지를 담아 밝힌 주장이 아니었고, "구더기 걷어내고 먹으면 된다"던 스미르노프의 말은 전문가로서의 양심을 지킨 행위가 절대로 아니었으며, 오늘날 백남기 농민의 죽음 앞에 던져진 병사라는 선고 역시 전문가의 양심과 명예 따위와는 천만 배 거리가 멀었다는 점이야.

그래도 당시 서울대학교 의과대학 학생들의 성명서 중 한 구절이 암담함에 빠진 아빠의 끓는 속을 한 줄기 가을바람처럼 식혀줬단다. "전문가란 오류를 범하지 않는 사람이 아니라 오류를 범했을 때 그것을 바로잡을 수 있는 사람이라고 생각합니다." 그래, 굽은 건 펴야 하고 뒤틀린 건 바로잡아야 해. 그게 세상의 전문가들이 할 일이고, 그래서 우리는 전문가를 대우하는 거지. 세상에는 청출어람靑出於藍만 있는 게 아니었어. 그건 적출어람赤出於藍이었다. 어찌 저런 벌건 황무지 같은 스승에게서 어찌 이리 알토란 같이 푸르른 제자들이 솟아날 수 있었을까.

이승만 대통령 장기 집권을 위해 사사오입 파동을 일으킨
자유당에 항의하는 야당 의원들.

41

김제동이 실추했다는 '군인의 명예'는 어디에?

한국전쟁 당시, 국군 수뇌부가 대전까지 피란 간 상황에서도 일부 소대원은
부상병과 환자를 지키기 위해 서울대병원에 남았다.
이들은 최후의 한 명까지 싸우다 전사했다.
국군의 명예를 드높인 건 이름 없는 용사들이었다.

"그래 우리는 미합중국 군인이다"

2016년 여름 무렵, 미국 동영상 하나를 본 적이 있다. 해외에 파병됐던
미군들이 휴가라도 나온 듯 군복 차림으로 어느 공항에 등장했는데 남녀
노소 할 것 없이 일어나 박수를 쳐주며 경의를 표하는 모습이었지. 그때
군인들의 표정은 참 감동적이야. 쑥스럽지만 자부심 그득한 미소를 띠면
서 사람들에게 목례하고 악수를 나누는 모습은 참으로 당당해 보였단다.

그때 미군 병사들의 마음은 어땠을까. 죽을 고비를 넘겼을 수도 있고 동료가 전사해 미어지는 가슴을 안고 있었을지도 모르지만 그 박수 앞에서만은 모든 걸 잊을 수 있었을 거야. "그래, 우리는 미합중국 군인이다" 되뇌면서 발걸음 하나하나에 힘을 주었을 거야.

아빠는 이 동영상을 보면서 군복을 입는다는 것에 대해 다시 생각해보게 됐어. 군복이든 경찰복이든 소방관복이든, 제복을 입는 사람들은 보통사람들을 대신해 힘겨운 일을 떠맡는 경우가 많아. 그들의 제복에 경의를 표하는 것이 당연하다고 생각해. 단, 그러려면 하나의 키워드가 반드시 필요할 거야. 바로 '명예'라는 단어지.

명예를 지킨 이름 없는 군인들

우리 현대사 속에서도 명예를 지킨 군인은 많았단다. 1950년 6월 25일, 남과 북 사이에 전면전이 시작됐어. 북한은 소련제 탱크와 중국 공산당 휘하에서 일본과 싸우던 조선인 부대까지 가세한 정예 인민군을 보유하고 있었지. 인민군은 파죽지세로 38선을 돌파하고 사흘 만에 서울을 점령했어. 하지만 당시 국군 장병들이 겁쟁이라거나 무능해서 그런 결과가 나온 건 아니었어. 일선의 병사들은 정말로 용감하고 명예롭게 싸웠단다.

6월 28일 서울 사수를 위한 최후 저지선이던 미아리 고개가 뚫리고 탱크가 동대문 근처까지 휘젓고 다니면서 서울의 운명은 결정됐어. 그런데 미아리에서 동대문으로 넘어오는 길목에 있던 혜화동에는 서울대학교병원이 있었단다. 그곳에는 서울 북부 전투에서 후송돼온 부상병이 가득했지. 병원은 1개 소대가 경비하고 있었어. 이미 국군 수뇌부는 한강을 건너갔고 이승만 대통령은 대전까지 피란 간 상황, 달랑 수십 명인 소대원이 병원을 지켜낼 가능성은 전혀 없었지만 그들은 몸을 움직일 수 없는 부상병과 환자들을 지키기 위해 최후의 한 명까지 싸우다가 장렬히 전사해. 전투를 지휘한 소대장은 민 씨, 선임하사는 남 씨였다고 전해지지만 나머지 소대원들은 성도 이름도 알려져 있지 않아. 하지만 이 이름 없는 용사들이 국군의 명예를 드높여주었어.

그뿐이 아니야. 서울이 함락되고 퇴로가 끊긴 뒤에도 국군 대다수는 갖은 노력으로 한강을 건너와 전력을 재편성하고 인민군의 한강 도하를 저지하면서 대한민국을 사라질 뻔한 위기에서 구해. 그런데 여기에 합류하지 못한 소수 장병들은 절망적인 상황 속에서도 "죽어도 서울을 지키다가 죽겠다"라고 외치며 서울 곳곳에서 싸우다가 죽어갔다고 해. 그들의 노력으로 대한민국이 오늘날까지 보전됐다는 점에서 아빠는 그들에게 진심으로 경의를 표한다.

"우리는 국민의 군대입니다"

1960년 이승만 독재 정권이 세계사에 길이 남을 부정선거를 자행하자 이에 항의해 학생들이 들고일어나고 시민들이 합세한 4·19혁명이 일어났지. 미친 듯이 쏴대는 경찰의 총에 숱한 목숨이 스러져가면서도 학생들은 물러서지 않았고 이승만 정권은 마침내 계엄령을 선포했어. 군인들이 탱크와 함께 시내에 진주했지만 시민들은 물러설 기세가 아니었어.

이승만 정권과 사생결단을 내겠다는 시위대와 그들에게 쏘아댈 총알을 가득 채운 카빈총을 번득이고 있던 경찰 사이에 군대가 들어온 거야. 시위대 앞을 가로막은 군인들 앞에서 한 사람이 울먹였단다. "그냥 다 쏘아버리시오. 그럼 데모고 뭐고 없어질 테니." 그러자 당시 맨 앞에 서 있던 소위 한 명은 이렇게 부르짖었다고 해. "무슨 말씀이십니까. 우리는 국민의 군대입니다. 국민을 쏘라고 하는 명령이 내려오면 돌아서서 아스팔트를 쏘겠습니다." 그러자 시민들은 눈물을 흘리며 만세를 불렀다. "군대는 국민의 편이다. 만세."

그날 이름 모를 소위는 대한민국 군대의 명예를 대기권 위로 올려놓았어. 국군은 나라의 군대이지 정부의 군대가 아니며, 국민에게 충성하는 군대이지 통치자에게 굴종하는 군대가 아니라는 것, 그리고 대한민국이라는 나라뿐 아니라 대한민국의 건국이념이자 헌법 정신인 민주주의를 지키는 군대이며 그 핵심은 인간의 존엄성이라는 사실을 그 한마디로 증명한 거니까. 아빠는 그 군인에게 눈물 나게 감사한단다. 그리고 그 긍지 높았던 소위의 결연한 얼굴을 그리며 박수를 보낸다.

"모든 권력은 국민으로부터 나온다"

1979년 12월, 권력에 눈 먼 일부 군인들이 상관인 육군참모총장을 체포하는 하극상을 일으켰어. 그 주동자는 너도 익히 이름을 들었을, 전 재산이 29만원밖에 없다는 전두환과 노태우 등 군부 실세들이었지. 그들의 명령을 받은 최정예 공수부대가 국방부에 쳐들어왔을 때 국방부장관 노재현은 휘하의 경비 병력에게 국방부 사수를 명령했어. 그러나 언뜻 봐도 살기가 충만한 공수부대가 총을 난사하며 쳐들어오자 이미 기가 죽어버린 경비병들은 총을 버리고 손을 들고 말아.

하지만 제대를 석 달 앞둔 병장 하나는 끝까지 총을 버리지 않고 자기위치를 지켰어. 공수부대원들이 달려들어 총을 빼앗으려 했고 병장이 지지 않고 그들에게 발길질을 한 순간 공수부대원들의 총구는 불을 뿜고 말았어. 광주 조선대학교 2학년 재학 중 입대했던 정선엽 병장이었지. "권력은 총구에서 나온다"라고 시답잖은 소리를 한 마오쩌둥의 중국이 아닌, "모든 권력은 국민으로부터 나온다"라고 선언했던 대한민국의 군인으로 그는 그렇게 죽었어.

정 병장을 비롯해 군부의 정권 찬탈에 맞선 몇몇 장교와 장군들이 지키고자 한 것, 그건 대한민국의 정체성이었고 동시에 군인의 명예였어. 힘을 쥔 자들이 국가를 농단하고 국민을 무시하는 것을 용서할 수 없다는 신념이었어. 아무리 힘 세고 우악스러운 자들이 몰려오더라도 내 자리는 내가 지킨다는 용기였어.

명예는 책임을 완수했을 때 드높아진다

처음에 말했던 미군 동영상을 보면서 어떤 이는 미군은 저렇게 대접받는데 왜 국민들은 국군을 존경하지 않느냐며 장탄식을 하더구나. 네 오빠를 포함해서 대한민국의 건강한 남자라면 누구나 가야 하는 군대고, 거의 5000만 국민 전부가 '군인 가족'인 나라에서 왜 그런 한탄이 나올까. 아빠는 방송인 김제동이 토크쇼 중 "별 네 개 사모님을 아주머니라고 불렀다가 영창 갔다 왔다"라고 한 말을 두고 '군인의 명예'를 들먹이는 사람들을 보면서 그 이유를 알았어.

모름지기 명예란 스스로 잘난 체한다고 드높아지지 않아. 책임을 완수하고 그를 인정받을 때 제복의 어깨에는 명예라는 이름의 견장이 달리는 거란다. 그래서 자신의 임무를 다하지 않은 군복에는 명예가 따르지 않고, 책임을 저버린 사람들의 제복이란 죄수복보다도 못하게 되는 거란다.

숭숭 뚫리는 방탄복을 납품받아 병사들에게 지급한 장교보다도, 군대에서 사람이 사람을 악마처럼 괴롭히다가 때려죽인 일을 두고 '사소한 일'로 치부하는 군 수뇌부보다도, 1만 원짜리 USB를 무려 95만 원에 사들이는 군의 희한한 구입 행태보다도, 해군 함정을 타고 사모님들이 유람을 즐기고 병사들의 서빙을 받으며 속옷을 바지에 걸치고 광란을 즐기는 행태보다도, 방송인의 말 한마디가 그 '명예'를 '심각하게' 실추시켰다면, 그래서 땅에 떨어졌다고 주장한다면, 도대체 우리가 대한민국 국군에게 경의를 표해야 할 일이 뭐란 말이냐. 방송인의 말 한마디에 추락할 명예 따위라면 땅에 파묻어버리는 게 낫지 않을까?

1979년 12월, 전두환과 노태우 등 군부 실세들의 명령을 받은 최정에 공수부대가 국방부에 쳐들어와 육군참모총장을 체포하는 하극상을 일으켰다. 이 과정에서 국방부 사수를 명령받은 정선엽 병장은 끝까지 임무를 수행하다가 공수부대원의 총에 맞아 숨을 거두고 만다.

42

니시와 우라누스, 그런데 정유라는?

1989년 고려대에 전두환의 조카가 승마 특기자로 입학했다.
그의 체중은 95킬로그램이었다. 26년 뒤 이화여대에
박근혜 정권 실세의 딸이 역시 승마 특기자로 입학했다.
그도 입학을 둘러싼 논란이 있었다.

니시 남작, 올림픽 마장마술에서 금메달을 따다

1932년 로스앤젤레스 올림픽에서 아시아의 강대국 일본은 맹활약해 세계의 이목을 끌었어. 남자 수영 종목 6개 가운데 5개 금메달을 휩쓸고 육상 높이뛰기에서도 금메달을 땄지. 그런데 또 하나의 금메달은 의외의 종목에서 나와. 바로 승마, 마장마술 종목이었어. 금메달리스트는 니시 다케이치 중위.

그는 남작 작위를 가진 귀족이자 일본의 기병 장교였어. 1930년 니시는 기병 장교 훈련차 이탈리아에 들렀다가 마음에 꼭 드는 말 한 마리와 조우하게 돼. 니시는 우라누스, 즉 천왕성이라고 이름을 붙인 그 말과 짝을 이뤄 로스앤젤레스 올림픽에서 금메달을 따게 된단다. 금메달을 딴 뒤 그는 소감을 묻는 기자들에게 이렇게 영어로 대답했다고 해. "We won." 즉 우라누스와 자신이 함께 이긴 것이라는 뜻이었지.

그로부터 9년 뒤 일본은 미국을 상대로 전쟁을 일으켰어. 한때 오스트레일리아와 인도까지 위협하던 일본군은 몇 번의 괴멸적인 패전을 경험한 뒤 점점 힘을 잃었고, 연합군은 일본 본토를 향해 한 발 한 발 죄어 들어갔지. 이오지마는 일본 본토 공격을 위해서 반드시 점령해야 하는 섬이었고, 일본군은 결사적으로 방어에 나서게 돼. 기병대가 없어지면서 기갑부대 지휘관이 된 니시 남작도 이때 중령 계급장을 달고 이오지마에 주둔하고 있었지.

니시 남작은 여느 일본군 장교들처럼 부하들의 등을 떠밀어 자살 돌격을 감행시키는 무모한 군인이 아니었어. 보통 일본군 장교들은 자신의 위치를 지키지 못하고 도망쳐온 병사들에게 비겁하다고 거품을 물거나 심하면 죽이기까지 했지만 니시는 그들에게 "살아와서 잘했다"라고 격려했다고 하니까.

또 어떤 일본 작가의 주장에 따르면 그는 부상으로 고통스러워하는 미군 포로들에게 의약품을 건넬 만큼 신사였다고 해(사실이 아니라는 말도 있다). 미군도 로스앤젤레스 올림픽의 영웅이자 명예 로스앤젤레스 시민증까지 받았던 니시 남작이 이오지마에 있다는 것을 알고 있었어. 그와 안면이 있던 미군 장교가 나서서 "니시 남작! 당신을 잃는 것은 인류의 손실이다"라고 항복을 호소했지만 그는 끝내 항복하지 않고 죽음을 맞았단다.

니시와 우라누스의 특별한 교감

물론 니시 남작이 참전한 일본군의 전쟁은 당시 조선을 비롯한 동아시아를 비탄에 빠트린 악한 행위였어. 수많은 한국인들을 죽음으로 몰아넣은 일본 제국의 군인을 미화할 생각은 손톱만큼도 없단다. 이오지마에 지하 요새를 짓느라 뼈가 빠지고 전쟁통에 처참하게 죽어간 한국인들을 생각하면 더욱 그렇지.

하지만 전쟁터에서 미군조차 아쉬워했듯 니시 남작은 말 달리는 기수였을 때 가장 빛나던 사람이었어. 니시의 애마가 되기 전, 우라누스는 원래의 주인조차 두 손 두 발 들어버린 거친 성격의 말이었다고 해. 하지만 니시는 그 말의 비범함을 알아보았고 일본 육군이 구입을 거절하자 개인 돈을 들여 자신의 말로 삼았어.

로스앤젤레스 올림픽 당시 우라누스는 다리를 굽히지도 않고 점프해 다리를 쭉 뻗은 채로 장애물을 넘는 묘기를 보여주었어. 겁 많은 말의 특성상 좀처럼 보기 힘든 일이었지. 니시와 우라누스는 그렇게 혼연일체가 돼 있었던 거야. 이오지마에서도 니시는 우라누스의 갈기와 재갈, 채찍을 몸에서 떼지 않았다는구나. 미군이 이오지마에 상륙하고 엿새 뒤 도쿄의 목장에 있던 우라누스는 숨을 거둬. 어쩌면 우라누스가 죽은 날이 이오지마에서 니시가 전사한 그날이었는지도 모르겠다.

말을 다루는 사람들 이야기를 들어보면 말은 의외로 사람과의 교감이 어마어마한 동물이라고 해. 1970년대 베트남전쟁이 한창일 때 몽골 사람들은 공산주의 동지였던 북베트남을 돕기 위해 몽골 말을 보낸 적이 있었는데 그 말 중 한 마리가 베트남에서 중국 대륙을 가로질러 몽골로 돌아와 몽골 사람들을 감동시킨 적이 있어.

우리나라 최초의 승마역학 박사인 남병곤 씨에 따르면 말들은 마지막 순간도 매우 특별하다는구나. "어떤 말은 주인이 올 때까지 눈을 감지 못하고 거친 숨을 몰아쉬다가 주인이 도착하면 그때서야 눈을 감는다. …… 그런가 하면 마지막 순간까지 주인에게 눈길을 주지 않고 그대로 떠나버리는 경우도 있다. 평소 말을 경제적 산물로만 평가하면서 사랑이 없는 사료를 건네준 주인을 말이 꿰뚫어봤다는 의미일 것이다." 사람이 말을 고르지만 말 역시 사람을 알아본다는 뜻일 거야.

시끄러웠던 승마 특기자들

1989년 고려대학교는 시끄러웠어. 학생들이 신임 총장 취임에 반대했기 때문이야. 그 근거 중의 하나로 학생들은 터무니없는 부정 입학 사례를 들었지. 한 학생이 승마 특기자로 학교에 들어왔어. 성은 전 씨였어. 너도 잘 아는, 가진 돈이라곤 29만 원이 전부라는 전두환의 조카였어. 단군 이래 최대의 도적이라 불리는 집안이었으니 승마 특기를 가질 수도 있었겠지.

안타까운 점은 그의 체중이 95킬로그램에 달했다는 사실이야. 승마 선수에게는 체중 제한이 있단다. 적토마인들 헤비급 선수를 태우고 벽돌 한 장 높이를 뛰어넘을 수 있겠니. 그런데 95킬로그램의 무제한급 기수가 승마 '특기'로 대학에 들어온 거야. 항의하는 학생들에게 한 교수는 역사에 남을 명언을 남기지. "대학 들어와서 술 마시고 고기 먹으면 30킬로그램 금방 쪄."

2016년 10월, 또 한 명의 기수가 뜨거운 논란에 휩싸였어. 이화여대에 승마 특기자로 입학한 학생이었지. 아시안게임 단체전에서 금메달을 따긴 했지만 그 선발전 과정에서 턱없는 편파 판정으로 말썽이 있었어. 문체부에서 그녀와 관련된 문제를 조사했다니까 대통령이 몸소 나섰지. 수첩을 들여다보며 관련 공무원들을 꼭 집어 "나쁜 사람이라고 하더라"며 좌천시키는 일도 벌어졌지(이 공무원들은 끝내 피눈물을 흘리며 공무원직을 그만둬야 했어).

대학에 들어가서는 도무지 수업에 나타나지 않아 교수가 제적 경고를 하자 엄마인 최순실 씨가 학교에 출두하여 교수 방을 박차고 들어가 호령을 했다고 해. 그런가 하면 그 특기자는 '해도 해도 안 되는 망할 새끼들에게 쓰는 수법. 왠만하면 비추함'이라는 명문장을 수업 리포트로 내고, 교수는 '잘하셨습니다. 앗, 파일 첨부가 안 되었네요' 하며 공손히 화답하는 진풍경을 연출했고. 독일로 날아가 수행원 10여 명을 거느리고 다니며 승마 훈련에 열중했다는데 그 비용을 한국 기업들이 후원했다는 소문이 파다했지. 소문은 곧 사실로 드러났다. 최순실은 재벌들 돈을 단번에 수백억 원 끌어 모은 재단의 '회장님'으로 통하는 사람이었으니까.

'당신들은 대한민국의 손실'

말의 가치를 알아보고 그 값을 치를 때 아낌이 없었으며 지옥 같은 전쟁터에서도 애마와의 추억이 담긴 물건들을 몸에 지녔던 기수, "당신을 잃는 것은 인류의 손실"이라는 호소에도 불구하고 죽음을 택한 일본의 귀족 니시가 체중 95킬로그램의 헤비급 '승마 특기자'를 만난다면 어떤 표정을 지을지 궁금해진다. 또 니시와 호흡을 맞춰 올림픽 금메달은 물론 자동차를 뛰어넘는 묘기로 미국인들을 놀라게 했던 명마 우라누스, 늙어서 은퇴한 뒤에도 니시가 방문하면 뺨을 비비며 반가워했고 주인이 전사하던 때에 맞춰 마지막 숨을 몰아쉰 우라누스의 눈에 최순실 씨와 그 딸이 어떻게 비칠까도 궁금하다.

최순실 모녀 이야기를 들었을 때, 아마 문제의 승마 특기자가 타고 다닌다는 천하의 명마가 히히힝 거리며 최순실 씨에게 외쳤을지도 모르겠구나. "뭐, 이런 말 같지도 않은 일이 다 있나. 말도 웃을 일이네. 니시의 죽음은 인류의 손실이었다는데 당신들은 대한민국의 손실이잖아!"

1932년 로스앤젤레스 올림픽 승마 금메달리스트
니시 다케이치 남작과 그의 말 우라누스.

43

정난정, 진령군, 최순실 ……
'순수한 마음으로' 나라를 망친 그들

명종 때 윤원형의 첩 정난정, 철종 때 김좌근의 애첩 양씨,
고종 때 민비의 무당 진령군은 권력자 가까이서 호가호위하며 악행을 일삼았다.
실체가 드러난 '최순실 게이트'도 비슷한 맥락이다.

호랑이 위세를 빌린 역사 속 얄미운 여성 여우들

최순실 관련 의혹으로 한참 시끄럽던 2016년 10월, 언론지상에 많이 돌아다니던 호가호위狐假虎威라는 사자성어 들어본 기억나지? '여우가 호랑이의 위세를 빌린다'는 말이고, 별것도 아닌 사람들이 권세가나 힘 있는 자를 등에 업고 이른바 '진상짓'을 한다는 뜻이지. 이렇듯 호랑이 어깨 위에 타고 앉아 마치 자기가 백수의 왕이라도 된 양 세상을 호령하고 주변을 현혹시킨 여우들은 동서고금의 역사 속에 즐비해. 우리 역사에서도 어렵지 않게 찾아볼 수 있고. 그런데 역사 속의 얄미운 여우들의 면면 가운데에는 간간이 여성들도 끼어 있단다.

먼저 생각나는 건 명종 임금 때 정난정이지. 아버지는 양반이었지만 어머니는 관비官婢였기에 천민 신분이었던 그녀의 선택은 기생이 되는 거였어. 기생으로 고관대작들을 상대하다가 중종의 부인이었던 문정왕후의 동생 윤원형의 눈에 들어 그의 첩이 되지. 욕심이 대단했던 그녀는 윤원형의 본처를 독살하고 자신이 그 자리에 들어앉게 돼.

어린 왕 명종의 뒤에서 수렴청정을 하는 문정왕후에게 찰싹 들러붙은 정난정은 천민으로서 꿈도 못 꿀 '정경부인' 칭호까지 얻고 본격적인 호가호위를 시작해. 시전 상인들과 결탁해서 매점매석을 감행하여 폭리를 취하거나 막대한 뇌물을 받는 건 기본이고, 흉년이 들어 백성들은 쫄쫄배를 곯고 있는데 부처님께 공덕 쌓는다고 그 금싸라기 같은 쌀을 한강에 몇 섬씩이나 쏟아붓는 악행도 연출하지. 그러나 문정왕후라는 호랑이가 죽자마자 이 영민한 여우는 남편 윤원형과 더불어 끈 떨어진 갓이 되어 자살로 생을 마감하고 말았어.

또 하나 유명한 호가호위의 주인공으로 안동김씨 세도가 한창일 때 안동김씨 일문의 수장이라 할 김좌근의 애첩 양씨를 들 수 있을 거야. 2016년 여름 여행 때 네가 맛있게 먹었던 나주곰탕의 고장 전라도 나주 사람이야. 그녀는 어려서부터 미모로 호남 일대를 떠들썩하게 했고 마침내 세도가 김좌근의 눈에 들어 그의 첩이 되었어.

정1품 정승에게나 붙이는 '합하閤下'라는 호칭에다가 고향 나주를 붙여 '나합'이라 불렸던 이 여인 역시 김좌근의 힘을 믿고 엄청난 권세를 부리지. 사람들은 김좌근보다도 오히려 나합에게 뇌물을 바쳐 벼슬을 얻었고, 팔도의 사또와 감사들도 김좌근을 제쳐놓고 나합에게 잘 보이려고 기를 썼다고 해. 나합의 집을 드나들던 물장수가 나합의 눈에 들어 북청군수라는 벼락감투를 쓰고 금의환향했다는 전설이 있을 정도니 이 나합이란 여자의 호가호위 짓이 얼마나 극심했는지 짐작할 수 있겠지?

호가호위의 절정 진령군

그런데 조선 말기 정난정이나 나합 정도와는 비교가 안 될 호가호위의 주인공이 등장한단다. 이번엔 기생이 아니라 무당이었어. 정경부인 정난정이나 나합이라 불린 양씨 못지않게 그녀는 왕족 또는 공신에게나 주어지는 '군君' 칭호를 받았지. 진령군眞靈君이야.

1882년 임오군란이 터졌어. 13개월 동안 봉급을 못 받다가 그나마 나온 봉급이 모래 반 쌀 반인 엉터리임을 알게 된 구식 군대가 반란을 일으킨 거야. 구식 군대는 부정부패의 책임이 왕비 민비(아빠는 명성황후라고 부르지 않는다. 민비는 비하된 호칭이 아니고 당시 백성들도 부르던 호칭이었어)와 그 일족에 있다고 보고 궁궐을 습격했지.

많은 이들이 죽임을 당했지만 민비는 구사일생 목숨을 건졌어. 피난지에서 가슴을 졸이던 그녀에게 한 친구가 생겨. 자칭 관우의 딸이라는 무당이었어. 그녀는 '염려 마십시오. 마마는 모월 모일 환궁하십니다' 하고 민비를 위로했는데 그게 신통하게 맞아떨어졌고, 그녀는 민비의 환궁에 동행해 팔자를 고치게 되지.

민비는 이 관우의 딸이 말만 하면 무엇이든 들어주었어. 금강산 봉우리마다 쌀 한 섬과 돈 천 냥, 무명 한 필씩을 얹고 치성을 드린다고 해도 두말이 없었지. 이 여자의 속삭임에 따라 신하들이 쫓겨나기도 했고 벼락 벼슬에 임명되기도 했어. 안효제라는 이가 목숨을 걸고 진령군을 고발했으나 고종은 그를 추자도로 귀양 보내버려. 이때 고종이 하는 말을 보면 민비의 독살스러운 기운이 여지없이 묻어난단다. "망령되고 고약한 말들은 비난과 헐뜯는 말이 아닌 것이 없다. 겉으로는 비록 무슨 문제를 들어 말했지만 속으로는 사실 협잡을 부렸다."

권력자가 이 지경이니 눈치 빠른 신하들이 진령군을 어떻게 대했겠니. 한 신하의 말을 들어보자. "(안효제가) 말을 가리지 않았으니, 감히 기도를 드리는 문제를 어찌 무엄하게 거리낌 없이 말할 수 있습니까?' 공자왈 맹자 왈' 깨나 외우고 그 어려운 과거를 통과한 인재들이 무당 앞에 머리 조아리며 의남매를 맺기도 하고, 심지어 "어머니로 모시겠나이다" 납죽 엎드리기도 했어.

그로부터 10년 뒤 종두법의 보급자로 유명한 지석영이 "요사스러운 계집 진령군에 대하여 온 세상 사람들이 그의 살점을 씹어 먹으려고 합니다"라고 고발하고 있으니 민비를 등에 업은 진령군의 호가호위가 얼마나 사악했는지를 짐작할 수 있어.

그러나 전혀 그 사정을 모르고, 알려고도 하지 않았던 사람이 있었지. 바로 민비였어. 아마 그녀는 을미사변 때 칼 맞아 죽을 때까지도 진령군을 부르짖었을지 몰라. 환궁 일자를 기가 막히게 맞힌 진령군은 민비의 죽음을 막지 못했지. 민비가 죽은 뒤 진령군도 오래 살지 못했어. 민비가 죽고 1년 뒤인 병신년(1896), 한때 조선을 뒤흔들던 무당 진령군도 숨을 거뒀지.

어려울 때 도와줬다던 빨간 펜 선생님

그 후 두 번째로 찾아온 병신년인 2016년, 아빠는 우리 목전에 들이닥친 환생의 '기적' 앞에 온몸을 떨었단다. 대통령이 "어려울 때 도와주었다"는 한 정체불명의 예순 살 여성이 대통령의 연설문부터 남북 문제, 경제 문제, 공무원 인사 등 국가 기밀문서를 누구보다도 먼저 열람했다는 사실이 밝혀진 날의 충격을 아빠는 지금도 선명히 기억하고 있다. 대통령 연설문을 받아들고서 빨간 펜을 들고 수정도 하는 건 기본, 재단을 설립해서 수백억 원 돈도 모으고, 자기 단골 마사지 가게 원장을 그 이사장에 앉혔다는 사실과 그 뒤 펼쳐진 '충격과 허탈'의 파노라마는 다시 말하기도 싫구나. 그런 와중에도 대통령은 문제의 인물을 철석같이 믿고 있었어. 민비가 진령군을 믿듯, 김좌근이 나합의 말에 홀딱 넘어갔듯, 윤원형이 정난정 말이라면 뭐든 들었듯.

도대체 뭘 어떻게 얼마나 도와줬기에 저 여자는 조선 말기 진령군보다 더한 권력을 휘두르는 대한민국의 비밀 실세가 될 수 있었으며, 대통령이라는 사람이 민비처럼 눈 감고 귀 막은 채 "아직도 이 사람들이 남아 있어요?"라며 최순실에게 밉보인 공무원 찍어내기나 시전하고 있었다는 말이냐. 그나마 조선은 왕국이었다지만 민주공화국에 법치국가를 자처하는 대한민국에서 어떻게 이토록 참람하고 어이없는 일이 벌어졌다는 말이냐.

아빠는 철이 든 뒤 처음으로 대한민국이라는 나라가 부끄러웠단다. 또 너희에게 이런 나라를 보여주는 게 소름이 돋도록 혐오스러웠단다. 윤회와 환생을 믿는 건 아니다만 아빠는 우리 앞에 추한 본색을 드러낸 멍청한 호랑이와 사악한 여우, 호가호위의 주인공들을 붙잡고 물어보고 싶어. 옛날이야기에 등장하는 백발 스님처럼 지팡이라도 짚고 눈 지그시 감고설랑 한탄스러운 질문을 하고 싶어. "허허, 아직도 쌓아야 할 악업이 남았는가. 어찌 한 생으로 모자라 환생까지 하여 이렇게 두고두고 한 나라를 두 번 망치시는 것인가."

《서유견문》의 저자 유길준은 민비를 두고 "세계에서 가장 나쁜 여자"라 불렀어. 오늘날의 '그분'에게는 어떤 형용사가 어울릴까. 텔레비전에 나와서 "순수한 마음으로 한 일"이라며 정체불명의 여인으로 하여금 나라를 헤집게 만들었던 '저분'에게는 어떤 형용사를 붙일 수 있을까.

정난정은 천민 신분이었지만 정경부인이 되었다.
MBC 드라마 〈옥중화〉의 한 장면. ⓒMBC 〈옥중화〉 화면 갈무리

44

2016년 겨울, 우리에게 닥쳐온 '발미'

왕권에 대한 불만이 극에 달할 때 벌어진 전쟁에서도 오합지졸 프랑스군은
'프랑스 만세'를 외치며 승리를 거뒀다. 나라에도 국격이 있고
시민에게도 체면이 있다. 왜 싸워야 하는지 아는 이들은
자신의 존재로 새 세상을 열었다.

"오직 대담함만이 공화국을 구할 것이다"

1789년 7월 14일, 성난 파리 시민들이 바스티유 요새를 습격하면서 프랑
스혁명의 봉화가 솟았어. 프랑스혁명은 세계사적이고 인류사적인 대사
건이었지만 그 과정은 혼란의 연속이었지. 우여곡절 끝에 혁명의 열기를
피해 프랑스를 탈출하려다가 파리로 붙들려왔던 루이 16세는 1792년 4
월, 프랑스 입법회의의 강요에 따라 오스트리아에 선전포고를 해. 루이

16세는 선전포고를 하면서도 오스트리아가 이겨주기를 바랐겠지. 그래야 자신이 왕권을 회복할 수 있으니까.

왕의 바람이야 어떻든 프랑스 전역은 전쟁 분위기로 긴장했고 "조국을 구하라"는 혁명정부의 모병관들이 전국으로 파송돼. 하지만 프랑스의 상황은 절망적이었어. 군대부터가 속 빈 강정이었거든. 프랑스군 장교 1만 명 중에 6000명이 외국으로 탈출한 데다 일반 병사들은 혁명 분위기를 타고 군대의 생명인 상명하복의 질서 따위는 없는 것으로 치부해버린 지 오래였어.

오스트리아와 프로이센 군대는 기세 좋게 프랑스 국경을 돌파해. 프랑스혁명은 삽시간에 위기에 빠졌어. 프로이센군이 파리 턱 앞까지 들이닥치자 프랑스 의회 내에서는 피란 가자는 얘기가 나왔어. 하지만 정치가 당통은 유명한 말로 이를 물리쳐. "대담함! 더욱 대담함! 오직 대담함만이 공화국을 구할 것이다."

엉성하고 급박하게 만들어진 군대가 연이어 전선으로 출발했어. 프랑스 정부는 심혈을 기울여 이 군대에 하나의 무기를 지급해. 그건 노래 악보였어. 프랑스의 국가 〈라 마르세예즈〉. 2016년 7월 파리 테러 때 축구장에 운집해 있던 프랑스인들이 목 놓아 불렀던 그 노래. "일어서라 조국의 아들딸아. 영광의 날은 왔도다. 우리의 압제자가 휘두르는 피에 물든 깃발이 일어섰다. 들리는가. 저 흉악한 적들의 외침이……."

오합지졸 프랑스군의 승리

승승장구하던 프로이센군은 발미Valmy라는 작은 소읍에서 이 급조된 프랑스군과 마주쳤단다. 격렬한 포격전이 오가는 와중에 프로이센군은 돌격을 개시해. 이리 보고 저리 봐도 군복 하나 제대로 통일되지 못한 오합지졸의 프랑스 군대 수천 명이, 기계처럼 정확한 동작으로 열병하여 유럽 각국 대사들을 경악시켰던 프로이센 정예군의 상대가 될 수는 없다고 본 거야.

그런데 놀라운 일이 벌어져. 푸줏간 주인, 시계수리공, 농부, 세탁부, 구두수선공들로 이루어진 프랑스 군대가 프로이센군의 맹공을 꿋꿋이 버텨낸 거야. 프랑스 군대를 지휘하던 켈레르망은 '돌격' 명령 대신 벼락 같은 외침으로 프랑스군을 격동시킨다. "Vive la nation!" '프랑스 만세' 또는 '국민 만세'.

지금까지 귀족의 목을 창끝에 꽂으며 그 물건을 훔치는 재미로 혁명에 가담하던 부랑자들, 하늘 같은 왕에게 "돼지야"라고 조롱하는 맛에 통쾌해 어쩔 줄 모르던 농부들, 귀족들이 없어진 것만으로도 좋았던 파리 빈민굴 사람들은 그 구호에 스스로의 존재와 위치를 깨닫게 돼. 비록 혼란스럽고 어설프고 때로는 피비린내도 무지하게 풍기긴 했으나 자신들이 새로운 세계를 만들어가고 있음을, 그리고 무슨 일이 있어도 과거로 돌아갈 수는 없음을 각인한 거야.

그 순간 그들은 급료를 받고 싸우는 세계 최정예 군대의 넋을 빼놓는 강력한 군대가 됐어. 군복도 통일되지 않고 무기도 변변찮았던 프랑스의 잡동사니 군대는 프로이센군의 콧대를 꺾어버리고 만단다.

'발미의 체험'으로 새 역사의 장을 연 프랑스 국민

이때 프로이센군 진영에는 천재 하나가 종군하고 있었어. 바로 《젊은 베르테르의 슬픔》을 쓴 괴테였다. "비가 와서 땅이 질어진 덕에 포탄이 떨어져 박히기만 하지 폭발하지 않아" 몇 번씩이나 죽다 살아난 그는 그 분위기를 이렇게 묘사하고 있어. "아침에 우리는 프랑스 놈들에게 침을 뱉고 먹어치우자는 얘기를 나눴다. 하지만 지금은 생각을 고쳐먹었다. 모두들 입을 다물고 침묵을 지킨다."

왜 싸워야 하는지를 아는 이들만큼 용감한 사람들은 없어. 자신의 존재 하나하나가 새로운 세상을 여는 열쇠가 된다는 걸 자각한 이들만큼 거침없는 흐름은 없지. 괴테는 그날 그 모습을 본 거야. 혁명을 혐오하던 그는 이렇게 그의 발미 체험을 토로한단다. "오늘 이곳으로부터 세계사의 새로운 시대가 시작되나니, 우리는 바로 그 탄생의 현장에 서 있다."

길가에서 술주정하고 시장에서 흥정하고 적당히 사기도 치고 살던 사람들, 농사밖에 모르고 포도주 만드는 일밖에 모르던 이들이 스스로 공화국의 국민임을 자각하고 떨쳐 일어났을 때의 에너지가 새 역사를 창조한다는 것을 괴테는 그 천재적 직관으로 알았던 거야.

괴테의 직관은 오랜 세월을 거쳐 인류의 경험이자 상식이 돼. 일어서야 할 때 일어서고, 저항해야 할 때 저항했던 이들은 프랑스 국민처럼 '발미의 체험'으로 새 역사의 장을 열어젖혔지만, 분연히 일어서야 할 때 엉거주춤하고, 맞서야 할 때 등을 돌렸던 이들은 '혼미昏迷의 체험' 속에서 역사의 어둠 속을 헤매는 운명을 맞게 됐지.

찬송가의 한 구절을 빌리면 "어느 민족 누구에게나 결단할 때"는 있었고 "참과 거짓이 싸울 때 어느 편에 설 건가"의 질문을 받으며 "빛과 어둠 사이에서 선택하며 살아가야" 할 때가 온단다. 이때 말이 안 되는 상황 앞에서 말하기를 포기하고, 있을 수 없는 일 곁에서 먼 산만 바라보는 이들은 결국 어둠을 택하고, 거짓의 편이 되며, 결국은 자신과 자신의 가족과 나라를 비참함에 빠뜨리게 돼. 결코 그것을 원하지 않았다고 하더라도 말이다.

저항해야 할 때 저항했던 프랑스 국민처럼

아빠는 2016년 겨울, 우리에게도 '발미'가 닥쳐왔다고 생각했어. 아무리 고쳐 생각하고 스스로에게 물어봐도 아빠는 이제 '前'이라는 수식어가 붙은, 지금도 끈질기게 자신의 과오를 인정하지 않고 있는 대통령의 치세 동안 쌓여온 어둠과 거짓을 몰아내야 했고, 만약 그러지 못한다면 우리 모두 끝장이라고, 더 이상 물러설 곳이 없다고 입술을 깨물었던 거야. 제아무리 무던한 국민이라 해도 저분의 말을 곧이들을 수 없었고, 저분의 주변에서 '호위무사' 노릇하는 이들의 권력을 인정하고 수긍할 수 없었으니까.

이런 지경에 처하고도 우리나라와 국민이 이 현실을 용인했다면, 그래서 '발미의 체험'을 우리 것으로 하지 못했다면, 앞으로 우리는 우리 후손들은 무슨 일이 벌어지든, 우리의 통치자가 연산군 같은 폭군이든 진시황제의 아들이자 천하의 바보였던 호해 같은 멍청이든, 그들이 스스로 물러날 때까지 머리에 이고 사는 운명을 감수해야 했을 거야.

아빠는 아빠와 네 미래를 위해서, 우리의 '발미'를 위해서 추운 겨울 광화문을 지켰단다. 프로이센군 앞의 오합지졸 프랑스군처럼 역사를 만들어내기를 바라면서 말이야. 대한민국 국민의 명예 같은 거창한 소리는 하고 싶지 않다. 명예까지는 아니더라도 아빠에게는 체면이 있고 나라에게도 국격이 있어. 적어도 대한민국은 이런 나라가 아니었고, 아니어야 하며, 아니게 될 거야. 대한민국 국민도 마찬가지고.

1792년 프랑스혁명군이
오스트리아·프로이센 군대를 무찌르고 승리를 거둔 발미 전투.

45

영화 〈자백〉, 고문의 현존을 증명하다

1894년 갑오개혁에서 고문, 연좌제 등 전근대적인 형벌이 폐지되었다.
그러나 고문자가 원하는 대답을 얻기 위해 사람을 망가뜨리는 이 행위는
120년 넘게 이어져왔다. 영화 〈자백〉은 그 명백한 증거다.

역적으로 몰린 남이 장군

드라마 〈겨울연가〉의 촬영지로 '욘사마'를 사모하는 일본 팬들의 발길이
끊이지 않는다는 남이섬 알지? 이 섬의 이름은 조선 예종 때 역적으로 몰
려 죽임을 당한 남이 장군의 이름을 딴 거야. 남이의 묘지가 그 섬에 있다
는 전설이 있긴 한데 진짜 같지는 않구나. 어쨌든 남이는 역모를 꾸몄다
고 고발돼 예종 앞에서 온갖 고문을 당한 끝에 능지처참되고 말았지.

그런데 그 와중에 기이한 일이 벌어졌어. 처음에는 자신의 혐의를 필사적으로 부인하던 남이였지만 매 앞에 장사 없다고 자신의 죄상을 순순히 밝히는데 그 와중에 한 명을 손가락으로 가리키며 외친 거야. "저 사람도 나와 함께 역모했소이다." 나이 여든을 바라보는 전 영의정이자 무관으로서 남이의 대선배라 할 강순이였어.

강순은 "제가 나이 여든에 무슨 영화를 보겠다고 역모를 하겠습니까"라고 부르짖었지만 역모 앞에서는 용서가 없었지. 그는 꼼짝 못하고 형틀에 묶여 볼기를 까게 돼. 그 늙은 엉덩이와 허벅지에 인정사정없는 곤장질이 가해졌지. 그런데 몇 대 맞기도 전에 강순은 허무하게 항복하고 말아. "신이 어려서부터 곤장을 맞지 아니했는데, 어찌 참을 수 있겠습니까."

고문은 고문자가 원하는 답을 얻기 위한 절차

고기도 먹어본 놈이 먹고 매도 맞아본 사람이 맞을 수 있는 법. 팔십평생 회초리도 제대로 맞은 기억이 없을 이 늙은 고위 관리는 곤장 몇 대에 혼이 나가버렸던 거야. 자기 몸이 토막 나서 죽는 건 당연하고 자식들까지도 연좌되고 집안의 여자들은 죄다 노비로 떨어지는 그런 어마어마한 자백을 강순은 매 몇 대와 바꾸고 만단다. 일단 자백을 한 이상 번복은 허용되지 않고 강순은 그대로 역적으로 떨어졌지.

이제 남은 건 남이가 강순을 불었듯 또다시 강순을 족쳐서 다른 역적들의 이름을 고구마 캐듯 캐내야 하는 일이었어. 예종 임금은 독기 어린 목소리로 외쳤지. "또 누구와 역모를 꾸몄느냐. 똑바로 대라. 여봐라. 저놈을 매우 쳐라." 이 말을 들은 강순은 다급하게 외친다.

"신이 어찌 매질을 참을 수 있겠습니까? 만약 좌우의 신하를 다 불러서 제 패거리라고 하면 믿으시겠습니까?" 예종은 움찔한다. 그도 그럴 것이 저런 식이라면 매 한 대에 사람 이름 서너 개씩은 주워섬길 판이라, 자칫하면 거기 도열해 있던 신하들 전부가 역적으로 몰릴 수도 있었으니까. 예종은 고문을 중지해. 강순의 이 경고는 고문의 잔인한 특성 하나를 여실히 보여주고 있어. 즉 고문이란 어떤 사안의 진실을 캐내기 위해서가 아니라 고문자가 원하는 대답을 얻기 위한 절차라는 거.

만민공동회, 고문을 금지하다

언젠가 만민공동회(1898) 얘기를 해준 적이 있지? 아관파천이 끝나고 대한제국이 성립한 뒤, 외국의 이권 침탈에 저항하고 자주독립의 의기를 드높인 서울시민들의 대규모 시위이자 오늘날 촛불 시위의 원조라 할 역사적인 사건. 그런데 이 만민공동회의 주요 이슈 가운데 하나가 바로 고문과 관련된 일이었단다.

고종 황제는 커피를 매우 즐겼다고 해. 그런데 이익을 챙기다가 들통이나서 흑산도까지 귀양 갔던 김홍륙이라는 자가 이에 앙심을 품고 고종과 황태자가 마시는 커피에 아편을 넣어 고종 부자를 독살하려는 사건이 일어났어. 고종은 곧 뱉어냈지만 황태자는 많은 양을 들이켜는 바람에 후유증이 컸지. 왕을 독살하려 한 진짜 역적인 셈이야.

예전 같으면 당장 주리를 틀고 일당을 캐낸 뒤 사지를 찢어 죽이고 가족을 노비로 삼았겠지만 상황이 그렇지 못했어. 4년 전의 갑오개혁으로 고문과 연좌제, 즉 죄인의 가족들을 함께 처벌하는 제도가 폐지됐기 때문이야. 그런데 이 김홍륙 사건을 계기로 연좌제를 부활시키려는 움직임과 더불어 김홍륙 일당이 무지막지한 고문을 당했다는 사실이 알려지면서 사람들이 들고일어났던 거야.《독립신문》기사를 볼까?

> 풍설에 들으니 죄인들을 악형으로 취조하여 사지를 상한 사람이 있다
> 하니 개화하려는 나라에서 어찌 이러한 야만의 법률을 쓸 수 있는가.
> 설혹 악형에 못 이겨 횡설수설로 거짓말을 한다면 애매한 사람만 상하
> 고 임금의 호생하시는 성의를 어기는 것이요 설혹 진실을 말하더라도
> 잔혹한 형벌에 못 이겨서 하는 말을 개화한 사람은 믿지 않을 것이다.
> 만일 풍설과 같이 악형으로 취조했으면 각국 사람들이 대한 정부를 야
> 만 정부라 할 터이니 이처럼 국체를 손상할 일을 우리 정부에서 행하지
> 않았을 것으로 믿는다(《민주주의를 향한 역사》중에서).

비록 실패로 돌아가고 말았지만 만민공동회의 열기를 뜨겁게 지펴 올
린 장작 가운데에는 '고문 금지'와 '연좌제 부활 반대'의 목소리가 선연히
끼어 있었단다. 그들도 알고 있었지. "잔혹한 형벌에 못 이겨서 하는 말
을 믿어서는 안 된다"는 것을. 그럼에도 불구하고 "원하는 자백을 얻기
위해 사람을 망가뜨리는" 행위는 그 후로도 120년 동안 이어져왔음을 슬
프게 얘기할 수밖에 없구나. 2016년 11월에 함께 봤던 영화 〈자백〉은 그
명백한 증거이고 말이야.

해를 달이라 부르게 만드는 고문

매질이란, 고문이란 그런 거야. 해를 달이라고 부르게 만들 수도 있고, 아
빠가 보지도 않은 사람들의 이름과 행각을 마치 그린 듯이 줄줄 읊도록
할 수도 있지. 영화 〈자백〉속 불쌍한 간첩 용의자들 역시 국가권력에 고

문을 당하고 자백을 강요받았어.

꼭 주리를 틀고 매를 때리는 것 외에도 고문은 많단다. 때를 알 수 없는 감금, 사기까지 감행하며 사람을 옭아맬 증거를 조작하는 국가의 압박, 가족을 틀어쥐고 들이미는 협박, 그 모두가 사람 잡는 고문이지. 원하는 대답을 강요하여 누구든 그 앞에서 무장해제돼 자신이 하지 않은 행동까지 뒤집어쓰게 만드는 짐승 같은 야만. 오빠를 간첩으로 고발하도록 몰고 도무지 견디다 못해 스스로 귀한 목숨 끊게 만드는 파렴치.

영화 〈자백〉을 함께 보면서 아빠는 가끔 몸 둘 바를 몰라 어깨를 뒤척이곤 했단다. 특히 후일 무죄로 판명 난 그 많은 간첩 사건들의 장구한 스크롤을 보면서는 네게 미안해지기까지 하더구나. 아빠가 널 낳아 기르는 이 나라가 부끄럽고 그 역사가 수치스러워서 말이다.

이제는 '전' 대통령이 된, 얼마 전까지 대통령이었던 분의 아버지가 나라를 다스리던 시절, 그 하수인들이 자행한 인간 이하의 고문으로 조국에 공부하러 온 재일동포(재일 한국인) 청년의 몸과 마음이 부서진 일이 있었어. 그 후 내내 폐인처럼 살았던 그가 수십 년 만에 꺼낸 한국말, "한국은 나쁜 나라입니다"는 날선 창처럼 느껴져 아빠 가슴을 찌르더구나. 자백을 받아내기 위해 한 사람을 잔인하게 망가뜨린 자들이 '나는 모르는 일이노라' 잡아떼면서 던지는 미소는 굵은 소금이 되어 가슴의 상처 속을 헤집었고 말이야.

"어떻게 이럴 수 있습니까"

영화를 보고 나서 며칠 뒤 아빠는 꿈을 꾸었다. 통쾌한 악몽이라고나 할까. 꿈속에서 아빠는 악마가 됐어. 김기춘이나 원세훈 등 고문을 지휘하고 자백을 짜낸 정보기관의 수장들을 고문하는 역할이었지.

꿈속에서 아빠는 그들을 무자비하게 때리고 밟고 주리를 틀었어. 그들은 곧 강순처럼 항복하더구나. "제가 맞은 적이 없어서 …… 저 간첩 맞아요. 엉엉." 한 번 더 몽둥이를 드니 박근혜 대통령과 최순실을 왕초로한 북한 간첩단 조직도를 순식간에 그리지 않겠니. 아빠는 꿈속에서 버럭 소리를 질렀단다. "너희도 이럴 줄 알았잖아. 똑같은 사람인 걸 알았잖아. 그런데 어떻게 그럴 수가 있었니, 응?"

아빠는 울고 있었다. 영화 〈자백〉 속 주인공이 되어서, "어떻게 이럴 수 있습니까" 법정에서 항의하던 바로 그 간첩 용의자가 되어서 말이다.

영화 〈자백〉의 한 장면. 최승호 감독(왼쪽)과 원세훈 전 국정원장(오른쪽).
ⓒ 뉴스타파 제공

46

오뚝이 김종필, 역사에 죄를 짓네

풍운아 유자광, 오뚝이 김종필은 여러 면에서 닮았다.
김종필은 대통령직 빼고 모든 요직을 경험했으며,
유자광처럼 역사의 한가운데에서
역동적인 꿈틀거림을 지켜보았다.

풍운아 유자광, 오뚝이 김종필의 등장

1980년대 MBC에서 〈조선왕조 500년-설중매〉라는 사극이 방영됐어. 이 드라마의 주인공은 조카를 내쫓고 왕위를 차지한 세조의 제갈량 같은 모사 한명회였지. 그런데 드라마 속에서 주인공 한명회의 카리스마에 버금가는 또 한 인물이 등장해. 놀라운 무술 실력으로 세조의 눈에 드는 젊은 무사. 바로 유자광이었어. 너도 아는 영화 〈괴물〉의 할아버지, 변희봉 씨가 그 역을 맡아서 열연했단다. 당시 드라마에서 변희봉 씨가 만든 유행어가 "모든 게 이 손안에 있소이다!"였지.

이야기 1-1 유자광은 궁궐을 지키는 무사, 즉 갑사甲士로 벼슬을 시작했어. 이시애의 난이 일어나자 세조에게 참전을 호소하는 글을 올리고 전쟁터에 나가 공을 세운 그는 정5품 병조정랑이라는 파격적인 출세를 해. 왜 파격적이냐 하면 유자광은 서자였고 그 어머니는 관비로 지극히 미천한 신분이었기 때문이지.

이야기 1-2 해방 공간의 충청남도 부여로 시계를 돌려보자. 일제강점기 당시 면장을 지낸 집안의 7형제 중 다섯째 아들이 있었어. 형제 중 하나가 좌익 단체에 가담하면서 극우 테러 집단이었던 서북청년단이 그의 집을 습격하여 박살을 내고 사람들을 구타했지. 그 충격으로 아버지는 돌아가시고 가세는 기울었어.

서울대학교에 다니고 있었던 다섯째 아들은 막막한 상황에서 군대에 입대했지만 고참들의 횡포와 배고픔을 견디다 못해 탈영하고 만단. 그야말로 인생의 바닥에서 허우적거리기 직전, 주변의 도움으로 육군사관학교 8기로 입교하게 됐고 장교가 돼. 그의 이름은 김종필이었어.

풍운아 유자광, 오뚝이 김종필의 성장

이야기 2-1 피부병으로 고생하던 세조가 온양온천에 행차할 때 유자광은 총통장, 즉 경호대장 격으로 수행했는데 세조는 특별 문과 시험을 실시하고 그때껏 무신武臣이었던 유자광으로 하여금 응시하게 해. 당대의 명신 신숙주가 심사위원으로서 유자광의 문장이 별로 볼 것이 없다고 폄하했지만 세조가 눈을 부라리지. "유자광을 1등으로 하고 정3품 병조참지를 제수하노라."

　세조가 죽은 뒤 유자광이 새롭게 택한 생존 및 출세 방식은 '고발'이었어. 이시애의 난 때 자신과 함께 싸우기도 했던 남이가 역모를 꾀했다고 세조의 다음 왕인 예종에게 고발한 거야. 가뜩이나 남이를 별로 좋게 보지 않던 예종은 즉시 남이를 잡아들여 죄를 묻지. 유자광은 남이의 정치적 위기를 정확히 짚어냈던 거지.

　남이의 역모 증거로 제시된 것 중 하나는 남이가 지은 시였지. 야사에 기록된 바에 따르면 남이는 "사나이 스무 살에 나라 평정 못한다면[男兒二十未平國] 훗날 누가 나를 대장부라 하겠는가[後世誰稱大丈夫]"라고 노래한 적이 있는데 증거로 제출된 시에는 '未平國'이 '未得國'으로 둔갑해 있었다고 해. 즉 "사나이 스무 살에 나라를 얻지 못한다면"으로 시를 조작했던 거지. 우리는 이런 걸 '공작정치'라고 부른단다. 유자광은 이런 잔꾀에도 능한 사람이었어.

이야기 2-2 김종필은 육군 정보국 북한반장 재임 시절, 한국전쟁의 발발을 전방으로부터 처음으로 보고받은 역사의 증인으로 남아. 그러나 육군사관학교 8기생들은 그 선배들에 비해 진급 등에서 불이익을 많이 봤고 김종필은 중령 시절 부패한 장성들을 고발했다가 괘씸죄에 걸려 예편된 뒤 처삼촌 박정희 소장과 함께 쿠데타를 준비했어. 그들이 행동을 개시하여 정권을 장악한 게 바로 5·16쿠데타였지. 쿠데타 이후 김종필이 한 일은 중앙정보부를 만드는 거였어. 이후 국가안전기획부, 오늘날의 국가정보원으로 이어지는 공작정치의 산실은 그의 손으로 만들어졌어.

풍운아 유자광, 오뚝이 김종필의 생존

이야기 3-1 기본적으로 서자 출신에다가 무예로 한몫 보던 무관 출신, 수신제가보다는 권력의 향배에 더 민감했던 유자광을 콧대 높은 사림파, 즉 대의명분을 하늘같이 알던 유학자들이 좋아할 리가 없지. 그가 어떤 직위에 임명될 때마다 신하들은 머리를 조아리면서 '아니되옵니다'를 연발하며 노골적으로 견제했어. 낙향하거나 심각한 모욕을 감수하기도 했단다.

옛 중국에서 항우에게 죽음을 당한 초나라 의제를 빗대 세조의 조카 살해와 왕위 찬탈을 비판했던 김종직의 '조의제문弔義帝文'을 폭로해서 폭군 연산군이 무오사화를 일으키는 데 방아쇠 구실을 했던, 그래서 결과적으로 사림파에 대한 무시무시한 복수를 펼쳤던 그는 연산군이 쫓겨날 때 당연히 목숨을 잃을 것 같았지만 거꾸로 중종반정의 주역으로 연산군을 몰아내는 데 가담했어. 그의 군사적 재능을 탐낸 반정 세력이 그를 자신의 편으로 끌어들였기 때문이야. 그의 놀라운 정치적 변신 능력을 입증하는 예 중 하나지. 이런 식으로 유자광은 무려 다섯 임금을 섬기면서 몇 차례나 공신이 되었고, '군君' 칭호를 받아 '무령군'이라 불리며 누릴 것 다 누린 풍운아로 역사에 남아.

이야기 3-2 김종필은 권력의 핵심에 진입했어. 앞서 말했듯 초대 중앙정보부장을 지냈고 쿠데타 세력이 만든 당 의장을 지냈으며 국무총리까지 역임했어. 한·일 국교정상화에 앞장섰다가 매국노 이완용에 비견될 만큼 비난을 받았고, 최고 권력자였던 박정희 대통령과 그 심복들의 강력한 견제에 시달려야 했지. '자의 반 타의 반' 정치를 그만두거나 외유에 나선 적도 많았고 1979년 박정희 대통령이 죽은 뒤 정권을 강탈한 후배 군인들에게는 엄청난 모욕을 당한 끝에 정계 은퇴 각서까지 쓰게 됐단다.

그러나 그는 유자광처럼, 다시 살아나서 한국 정계의 한 축으로 1990년대를 보내게 돼. 급기야 1997년에는 평생 동안 그리 친밀하지 못했고 오히려 대척점에 서 있던 김대중 전 대통령과 손잡고 정권 교체를 이뤄내는 변신을 일궈낸단다. 아마도 김종필은 대통령 자리 빼고 거의 모든 요직을 경험한 몇 안 되는 한국인이며 아울러 유자광처럼 역사의 한가운데에서 그 역동적인 꿈틀거림을 지켜볼 수 있었던 사람일 거야.

우리 뒤에는 어떤 이야기가 숨어 있을까

유자광은 그 흔한 문집 하나 남기지 않았어. 그래서 아빠는 아쉽다. 세조에서 중종까지라면 조선 왕조가 굳건하게 선 가운데 속에서부터 곪기 시작하던 때였고, 유자광은 그 과정을 핵심부에서 지켜본 희대의 목격자이자 증언자일 수 있었을 테니까. 반면 김종필 전 총리는 2016년 3월 근사한 회고록을 남겼지. 아빠는 재미있게 읽으면서도 뭔가 아쉬웠는데 2016년 11월 언론에 공개된 이분의 증언을 들으며 그 이유를 깨닫게 됐어.

그분은 회고록에서 결코 밝히지 않은 이야기보따리들을 엄청나게 많이 갖고 계셨던 거야. "박근혜 대통령은 고집이 엄청나게 세서 5000만이 데모해도 물러나지 않을 것"이라고 말하면서 그 이유로 "부모로부터 나쁜 것만 닮아서"를 들어. 우아한 학 같은 이미지로 남아 있는 박정희 대통령 부인 육영수 여사의 반전 캐릭터를 '폭로'할 때는 그야말로 뒤통수를 한 대 맞는 기분이었어. 그러면서 은근히 다음 정권에 어떤 이가 나서야 한다며 자신의 속에 '구렁이'가 들어 있음을 과시할 때, 또 "혁명(5·16쿠데타)도 처음에 내가 하자고 했다"라며 어깨에 힘주던 모습을 떠올리면서, 아빠는 또 한 번 유자광 생각을 했단다.

그 속에 구렁이가 여러 마리 들어앉아 있었고 그렇게 느물느물 넘어가며, 때로는 누구를 감아 붙여 죽이거나 똬리 틀고 숨어가며 한생을 보냈던 경륜 있는 간신 유자광. 만약 언젠가 유자광이 김종필을 만나게 된다면 유자광은 껄껄 웃으며 이렇게 말하지 않을까. "우리는 참 재미있는 삶을 살았소. 그렇지 않은가? 모든 것은 우리 손바닥 안에 있지 않았는가." 아빠는 그 손바닥들을 곧게 펴보고 싶어 안달이 났단다. 어떤 이야기들이 우리 뒤에 숨어 있을까 궁금해지기도 했고. 대체 박근혜 전 대통령은 어떻게 자랐기에 저렇게 고집불통에 꽉 막히게 됐는가부터 시작해서 말이야.

무오사화가 확대되는 데 가장 중요한 요인으로 작용한 김종직의 〈조의제문〉.
유자광은 무오사화의 발생과 전개에서 핵심적인 역할을 담당했다.

47

한국전쟁 때도 7시간이 문제였다

한국전쟁 때도 7시간을 허비했다. 육군참모총장은 과음 후 인사불성이었고,
작전국장은 전화 연락이 안 되었으며, 국방부장관은 일요일을 즐기고 있었고,
대통령은 낚시 중이었다. 그 시간에 전선은 초토화되었다.

초전의 실수, 수천만 명의 목숨과 눈물로 갚다

모든 일의 풀림과 헝클어짐은 그 일의 시작점에서 비롯되게 마련이야. 하
물며 전쟁 또는 그에 준하는 대재앙을 만났을 때 초장에 제대로 대응하지
못하면 상상하기 어려운 결과를 초래하게 되지.

1941년 6월 22일 독일의 침공을 맞은 옛 소련이 그랬어. 당시 소련은
공산주의와는 상극이라 할 나치 독일과 불가침조약을 맺고 있었어. 소련

의 독재자 스탈린은 나치 독일 총통 히틀러의 약속을 굳게 믿고 독일군이 소련을 공격할 것이라는 일체의 정보를 물리쳤어. 독일 탈영병이 소련군에게로 넘어와 공격 준비가 끝났다고 전해줘도 마이동풍이었고, 공격 전날에도 혹여 전방의 장군들이 독일군 비위를 거스를까봐 "어떤 도발에도 대응하지 마라"고 특별히 명령할 정도였어.

침공 전에 있었던 어느 공식 석상에서 악명 높은 소련 비밀경찰 수장 베리야는 스탈린에게 이런 아부를 해. "우리 국민과 저는 독일이 결코 소련에 쳐들어오지 않으리라는 당신의 현명한 예언을 기억합니다."

하지만 독일군은 그 모든 맹신을 비웃듯이 400만 대군을 동원해 수천 킬로미터에 이르는 소련 국경선을 돌파했어. 소련군 전투기 수천 대는 떠오르지도 못한 채 잿더미가 돼. 수십만 명 단위의 소련군이 포로가 되거나 전사하거나 흩어져버렸지. 그 이름대로 '강철' 같은 신경줄을 자랑했던 독재자 스탈린(러시아 말로 '강철'이라는 뜻이야)도 거의 넋이 나갔다는구나. 귀신에 홀린 표정으로 나타난 그는 더듬더듬 부하들에게 이렇게 물었다고 해. "우리가 그들에게 뭘 잘못했나?" 소련은 이 초전初戰의 실수를 수천만 명의 목숨과 눈물로 갚아야 했단다.

1950년 6월 25일 새벽, 잠들어 있던 육군참모총장

우리에게도 이런 악몽이 낯설지 않지. 1950년 6월 25일 일어난 한국전쟁의 시작을 보자꾸나. 흔히들 새벽 4시에 북한군의 전면 남침이 일제히 시작됐다고 하지만 꼭 그런 건 아니야. 이미 새벽 3시경에 인민군은 오늘날 연인들의 발길이 끊이지 않는 명소인 강릉 근처 정동진에 기습 상륙해서 국군의 뒤를 찌르려 들었으니까 말이야.

강릉에서 옹진반도까지(당시는 황해도 옹진반도가 우리 땅이었다) 인민군의 총공세가 펼쳐지던 절체절명의 순간에 한국군 수뇌부는 무엇을 하고 있었을까? 우선 코끼리라는 별명을 지녔던 거구의 육군참모총장 채병덕은 전날 육군 장교클럽 오픈을 기념한 미군 군사고문단과의 술자리 끝에 지쳐서 자고 있었어. 새벽 2시를 넘어 귀가했으니 거의 인사불성 수준으로 코를 골고 있었을 거야.

전쟁 발발을 확인한 정보과장 김종필, 국무총리를 여러 번 지낸 그 김종필은 작전국으로 달려가서 비상을 걸어야 한다고 외쳤지만 작전국 일직 장교의 대답은 간단했어. "저는 그럴 권한이 없습니다." 당연히 권한은 꿈나라를 질주하고 있던 참모총장에게 있었지.

이미 총장 집에는 전화가 아우성치며 걸려왔어. 전방 연대장의 전화였지. 하지만 술 취한 총장은 "어차피 38선에서 노상 있는 분쟁일 것"이라면서 눈을 뜨려 하질 않았어. 전화를 수없이 돌려도 총장과 연결되지 않자 육군본부의 장교가 직접 발바닥에 불이 나게 달려왔고 그제야 채병덕은 꿈나라에서 벗어나게 돼. "전군 비상." 그러나 비상도 쉽게 걸리지 않았어.

작전국장도, 국방부장관도, 대통령도 느긋했던 그때

작전국 책임자 작전국장은 장창국 대령이었다. 그런데 이사 간 지 얼마 안 된 그의 집에는 전화가 없어서 연락이 닿지 않았어. 헌병 지프가 출동해서 장창국 대령의 집 근처로 추정되는 곳에서 사이렌을 울리며 방송을 해댔다. "장창국 작전국장님 비상입니다." 이런 난리통에 채병덕 참모총장도 다급해져서 국방부장관 신성모에게 전화를 걸었지. 전화를 받은 건 국방부장관 비서실장 신동우 중령. "장관님 당장 바꾸라." 채 총장의 급박한 호출에 대한 신동우 중령의 대답은 길이길이 역사에 기억될 거야.

"장관님은 숙소에 계실 것입니다. 그렇지만 장관님은 영국에서 오래 살았기 때문에 일요일에는 아무도 만나시지도 않고 전화도 받지 않으십니다." 이 영국 신사 국방부장관을 만나기 위해 그 다급한 순간에 코끼리 채병덕은 쿵쾅거리며 직접 달려가야 했단다.

작전국장 장창국은 집에서 편안히 쉬고 있었어. 하도 헌병들이 사이렌을 울려서 무슨 일인가 나가보니 자신을 찾고 있는 게 아니겠니. 기절초풍하여 그 지프에 올라타고 내달려서 육군본부에 도착한 게 오전 10시. 인민군이 공격을 시작한 지 7시간이 지난 뒤였어. 비슷한 시각 신성모 국방부장관 역시 대통령 관저에 도착했어. 그러나 대통령 이승만은 자리에 없었다. "경회루에 낚시 가셨습니다." 다시 경복궁으로 뛰어가서 보고한 게 오전 10시 30분이었어.

한심하게 지나간 전쟁의 첫날 7시간

전쟁의 첫날 7시간은 그렇게 한심하게 지나갔단다. 대통령에게 보고되는 데만 7시간이 걸린 거야. "전쟁이 나면 아침은 개성, 점심은 평양, 저녁은 신의주에서 먹는다"던 국군 수뇌부의 장담과는 달리 국군은 준비가 부족했고 아무리 포를 쏘아도 돌파해오는 인민군 탱크 앞에서 공황 상태에 빠져야 했지.

스탈린이 그랬던 것처럼 국군 수뇌부도 전쟁이 임박했다는 모든 징후를 외면했어. 인민군이 남쪽으로 귀순해와서 대군이 집결해 있다는 정보를 준 것 말고도 많은 조짐이 있었지만, 국군 수뇌부는 방심했고 새벽까지 파티를 벌였으며 참모총장은 코를 골았고 작전국장의 집에는 비상 핫라인 전화 하나 없었단다. 국방부장관은 일요일에는 아무도 만나지 않는다는 영국 신사도를 과시했지. 그 와중에 국군은 무너졌고 사흘 만에 서울을 잃어.

보고를 받았다는데 기계적인 지시 몇 마디뿐

재난을 맞은 국가 지도부의 부실한 대응은 그 자체로 재앙이야. 지진으로 치면 '강도 2' 정도의 미진微震을 '강도 8'의 대재앙으로 바꿀 수 있는 무시무시한 존재야. 하지만 중요한 건 무엇을 잘못했고 무엇을 잘했으며 또 이런 일이 일어날 경우는 어떻게 하는 것이 옳은가에 대한 처절한 복기가 이뤄져야 똑같은 재앙을 면한다는 사실일 거야. 미국에서 9·11사태가 일어났을 때 초등학교에 있던 부시 대통령의 대응을 분 단위로 분석하고 공개한 이유란다. 그래서 아빠는 다시 떠올리기도 싫은 세월호 침몰 이후 대통령의 7시간이 무척이나 중요하다고 생각해.

사실 대통령이 제대로 사태에 대응했다고 해도 세월호 사태의 규모는 크게 변하지 않았을지도 몰라. 그렇다 하더라도 국가는 단 한 사람의 생명이라도 더 구하기 위해 최선을 다해야 할 의무가 있고, 그 최선을 다하지 못했음에 죄책감을 지녀야 하며, 실패 이유를 찾는 데 눈에 불을 켜야해. 그게 나라이고, 그 나라의 지도자는 곧 대통령이란다.

그러나 이 나라의 대통령이었던 박근혜 씨는 모든 국민이 당일 무엇을 하고 있었는지 생생하게 떠올리는 그날, 2014년 4월 16일 무엇을 했는지 정확히 밝히지 못했어. 수십 차례 보고를 받았다는데 기계적인 지시 몇마디가 다였고 그 외 어떤 대처를 했는지는 묵묵부답인 가운데 아이들이 배 안에 갇혔음을 5000만 국민 가운데 가장 늦게 알아차린, 어처구니없는 비극의 장본인이 됐단다. 그래 놓고 믿어달라는 얘기만 반복했었지. 마치 스탈린의 심복 베리야가 "우리는 독일이 침공하지 않으리라던 현명한 당신의 예언을 기억합니다"라고 한 것처럼 "우리 대통령을 믿어달라"고 우기기만 했던 거지.

그러면서 그날 있었던 모든 혼란의 원흉을 '언론의 오보'로 몰아붙였단다. 이런 식이라면 1950년 6월 25일의 악몽 가운데 있었던 채병덕은 자신의 책임을 전날의 파티 주최자에게 돌릴 수 있고, 신성모는 신사도를 깨고 일요일에 남침한 북한을 욕할 뿐이며, 작전국장 장창국은 자기 집에 전화 하나 가설 안 한 통신병을 두들겨 팰 수 있을 거야. 이런 무책임한 나라가 나라일 수 있을까? 이런 어이없는 지도자가 지도자일 수 있을까? 박근혜 대통령이 현직 대통령 파면이라는 헌정사상 초유의 사건의 당사자가 됐던 가장 큰 배경 중 하나는 그가 끝내 속 시원히 밝히지 못했던 평일 오전의 7시간이었어. "가만히 있으라"는 방송을 들으며 죽어간 사람들의 비명이 울리는 동안 '아무것도 하지 않았던' 국가원수이자 행정부 수반의 7시간.

한국전쟁 발발 당시 육군참모총장이었던 채병덕 장군.

48

최후의 20세기 인물, 피델 카스트로

쿠바 혁명가 피델 카스트로는 사회 모순에 분노하며
미국과 독재정권에 맞섰다. 몬카다 병영 습격 작전에서 실패한 그는 법정에서
'역사가 나의 무죄를 증명하리라'고 변호했다.
2016년 11월 25일 90세를 일기로 타계했다.

'극단의 시대' 20세기와 '현실 사회주의의 역사'

아빠가 존경하는 영국의 역사가 에릭 홉스봄은 20세기 역사를 서술한 그의 책에 이런 제목을 붙였어. 'The Age of Extremes', 즉 '극단의 시대'. 이 책이 다루는 시기는 1914년에서 1991년까지야. 1914년이라면 제1차 세계대전이 터진 해이고 1991년은 소비에트 연방이 해체되던 때지. 이 시기 인류는 가장 많은 목숨을 바친 파국적인 전쟁을 겪었고, 지구를 완전히 멸망시킬 수 있는 무기들을 손에 쥔 반면 유사 이래 가장 눈부신 과학의 발전과 경제성장을 경험했으니, '극단의 시대'라고 명명한 것도 무리는 아니지.

이 홉스봄이 말한 '극단의 시기'와 생애를 같이하는 역사가 있으니 그건 바로 '현실 사회주의의 역사'일 거야. 1917년 제1차 세계대전의 뒤끝에 일어난 러시아혁명으로 사회주의 국가인 소비에트 연방, 즉 소련이 탄생했으니까 말이지.

수천만 명을 굶겨 죽인 경제정책 실패나 그에 필적하는 생명을 앗아간 피의 숙청이 소련 역사에 엄존했지만 그래도 현실에 등장한 소련은 전 세계 진보적 지식인들에게는 동경의 대상이었어. 소련의 압력을 거부하며 독자 노선을 걸었던 유고슬라비아의 공산주의자 티토는 이런 말을 한 적이 있어. "어둠 속을 헤매고 있을 때 우연히 모스크바 방송을 들었다네. 크렘린 궁의 시계 소리와 힘차게 들리는 〈인터내셔널가〉가 심금을 울렸어. 노동자의 천국 소련의 위대함을 듣는다는 것은 크나큰 위안이었다네."

낫과 망치가 그려진 소련의 깃발과 그 깃발의 펄럭임에 실려 흐르는 〈인터내셔널가〉(노동자들의 국제적 단결을 호소하는 노래)는 티토를 비롯해 전 세계 각지의 피압박 민족 노동자·농민들의 마음을 사로잡았지. 마르크스·레닌주의를 기치로 혁명을 꿈꾸었던 이들은 아프리카부터 유럽, 아시아를 거쳐 미국의 코앞 중남미까지 헤아릴 수 없이 많았어. 오늘은 그 중 하나를 얘기해보자.

피델 카스트로, 혁명가로 성장하다

19세기 말 한 스페인 사람이 당시 스페인령이던 쿠바로 이주해왔어. 농장주가 된 그는 결혼해 두 아이를 얻지만 이혼하고 가정부였던 여자와 재혼하게 돼. 그 사이에서 자녀 5명이 태어나. 이 중 둘째가 피델 카스트로였지. 1926년생.

여담 하나 잠깐 하자. 2009년 한국과 일본의 월드 베이스볼 클래식 WBC 결승전이 벌어졌는데 그때 카스트로는 "한국 봉중근이 일본에 노출된 것이 패인이다"라면서 경기를 분석하는 등 야구열을 과시했다고 해. 세 살 버릇 여든까지 왔다고나 할까. 그는 어려서부터 야구광이었어. 실력도 꽤 괜찮아서 미국 프로야구단 뉴욕 양키스에 입단 테스트까지 받았었다고 해. 그런데 뉴욕 양키스는 그를 불합격시켰어.

농담 삼아 아돌프 히틀러가 어린 시절 그의 꿈이던 오스트리아 국립미술아카데미에 합격했더라면 역사가 바뀌었을 것이라고 말하지만, 뉴욕 양키스로서도 미국 턱밑의 종기를 제거할 기회를 걷어차버린 셈이지. 야구선수의 꿈을 포기한 피델 카스트로는 변호사가 되었고, 사회 문제에 눈을 뜨고 그 살인적인 모순에 분노하면서 미국과 그 앞잡이 바티스타 정권에 맞선 혁명가로 성장해나갔으니까.

하지만 그는 천재적 전략가는 아니었어. 야구로 치면 번트 따위는 댈 생각 없이 치고 달리는 히트 앤드 런 신봉자였다는 편이 옳을 거야. 1953년 7월 26일 소규모 군중을 이끌고 몬카다의 정부군 병영을 공격하는 모습은 가히 전성기 때 박찬호의 공을 담장 너머로 넘기겠다고 호언하는 리틀 야구선수 같았지. 곡소리 나게 두들겨 맞고 체포된 그는 재판정에서 유명한 연설을 남긴다.

쿠바의 소농 85퍼센트는 임차료를 지불해야 하고 늘 계약 해지를 통고받을지 모른다는 두려움을 느끼면서 살아갑니다. 가장 비옥한 땅의 절반 이상이 외국인의 손에 있으며 …… 해안가 토지 대부분은 미국 과일 회사와 서인도제도의 소유로 돼 있습니다. …… 저는 동료들 70명의 목숨을 앗아간 야비한 독재자의 광분을 두려워하지 않는 것처럼 감옥 역시 두려워하지 않습니다. 저에게 유죄판결을 내리십시오. 그런 것은 전혀 중요하지 않습니다. 역사가 나를 무죄로 할 것입니다.

'역사가 나를 무죄로 하리라'

역사가 나를 무죄로 하리라. 이 유명한 열변으로 이 혁명의 리틀야구 선수는 일약 혁명 야구팀의 유망주로 부상하지. 15년 징역을 선고받았으나 2년 뒤 특사로 풀려난 그는 멕시코로 건너가 절치부심 새로운 기회를 노려. 그는 멕시코에서 강력하지만 컨트롤이 문제였던 그의 강속구를 받아줄 멋진 배터리를 만나게 돼. 바로 체 게바라였지.

게바라와 카스트로와 그의 혁명 동료들은 스페인 외인부대 출신의 베테랑으로부터 맹훈련을 받으며 혁명의 구질을 가다듬다가 마침내 1956년 11월 멕시코의 한 해변에서 그란마 호라는 오래된 배에 올라. 정원이 12명이던 배에 82명이 올라탄 거야. FBI와 멕시코 경찰의 감시를 피해 가장 불편한 항로를 택한 이 신흥 혁명 야구단은 일주일이 넘는 항해 동안 거의 초주검이 돼. 그들의 배 '그란마(할머니)'는 쿠바 땅을 눈앞에 둔 산호초 지역에서 좌초하고 말았고 이 풋내기 혁명 야구단은 죽을 듯이 헤엄쳐서야 땅을 밟을 수 있었어. 1956년 12월 2일, 마침내 1루 베이스를 밟은 거야.

그러나 시원한 안타라기보다는 죽을힘을 다해 달려서 겨우 이뤄낸 내야안타였어. 팀원들은 만신창이가 돼 있었지. 거기에 이 풋내기들의 1루 진루를 허용한 데 분노한 쿠바 독재자 바티스타의 군대는 맹렬한 공격을 가해왔어. 카리브 해를 함께 헤쳐 나온 동료들이 허무하게 죽어나갔다. 결국 남은 건 스무 명 남짓. 그러나 카스트로와 게바라의 쿠바 혁명 야구단은 바티스타 측의 공세를 끝끝내 막아내 그 세력을 늘려 나갔고, 마침내 바티스타를 두들겨 강판시키고 말아. 바로 1959년 1월 1일 쿠바혁명의 성공이었지.

그러자 배후에 있던 미국이 직접 나서서 이 버르장머리 없는 쿠바 혁명 야구단을 향해 빈볼부터 싱커까지 별별 공을 다 던져댔어. 하지만 실패하고 말았어. 미국의 CIA는 무려 638회나 카스트로 암살을 시도했고 카스트로에 반대한 쿠바인들을 훈련시켜 쿠바에 상륙하게도 했지만 참담한 실패를 겪고 말았던 거야. 미국 사회학자 라이트 밀스 교수의 《들어라 양키들아》 중 인상 깊었던 장면은 카스트로가 미국에 맞선 최전선을 방문했을 때 쿠바 수비군의 외침이었단다. "미군이 이곳을 점령했다는 소식이 들릴 때 살아 있는 쿠바인은 아무도 없을 것입니다."

'20세기 최후의 인물' 피델 카스트로, 죽다

그로부터 근 60년이 흘렀구나. 현재 쿠바가 행복해졌느냐? 결국 가난에 찌든 나라 아니냐? 하는 질문이 나올 수도 있는데 아빠는 사회주의 혁명과는 거리가 멀었던 바로 옆 나라 아이티와 비교해보라고 답하고 싶어. 혁명이 없었다면 쿠바의 바티스타 역시 수십 년 정권을 누리다가 자식에게 넘겨주면서 국민들의 피와 땀으로 배를 불렸을 것이 뻔하고, 그럴 때 쿠바의 형편이 진흙 과자로 배를 채우는 아이티 국민에 비해 나을 바가 무엇이겠는가 하는 반문도 당연하지 않겠니.

홉스봄이 갈파한 '극단의 시대'에는 많은 뜻이 있겠지만, 아빠는 세상을 바꾸겠다는 이들의 집요한 의지가(단지 사회주의 혁명을 꿈꾼 이들 외에도 다양한 방식으로 세상을 바꾸고 싶어 한 이들이 있었지) 말도 안 될 만큼 어마어마한 거구의 상대를 거꾸러뜨리고 항복을 받아내는 일이 가능했고 "세상을 바꿀 수 있다"는 환희와 각오가 가장 폭넓게 펼쳐졌던 때인 동시에 그 빛이 가장 격심하게 배반당하고 혹심하게 바래버리기도 했던 시기라는 뜻도 들어 있지 않을까 생각해본다. 그 극단의 시대를 뒤로하고 '최후의 20세기 인물'(이건 아빠가 그에게 바치는 칭호다) 피델 카스트로가 2016년 11월 25일 죽었어. 그의 '은퇴'에 복잡한 색깔의 꽃다발을 전한다.

1959년 4월, 워싱턴 매츠 터미널에 도착한
'최후의 20세기 인물' 피델 카스트로.

49

왕을 죽게 한 비선, 나라를 망친 애국심

잉글랜드 왕 에드워드 2세는 '비선 실세'를 총애하고
귀족들과 맞서다 비참한 죽음을 맞았다.
파라과이의 로페스 대통령은 애국심을 바탕으로 남미 3국과
전쟁을 벌이다가 대패해 큰 피해를 입혔다.

에드워드 2세와 '비선 실세' 피에르 가베스통

〈브레이브 하트〉(1995)라는 영화 봤니? 멜 깁슨이라는 배우가 주연에 감
독에 혼자 북 치고 장구 친 영화인데 스코틀랜드의 독립 영웅 윌리엄 월
리스가 잉글랜드에 맞서 투쟁했던 역사를 얼개로 하고 있어. 당시 스코틀
랜드는 왕가의 혈통이 끊기고 귀족들이 분열한 가운데 남쪽에서 침략해
온 잉글랜드의 지배에 신음하고 있었거든.

참고로 말해두면 이 영화는 영화적 상상력으로도 용서하기 어려운 과장과 왜곡을 함유하고 있어. 이를테면 영국의 잔인한 침략자 에드워드 1세의 며느리인 프랑스 공주가 바보 같은 남편 대신 용맹하고 신사적인 윌리엄 월리스에게 매혹되어 그 아이를 가졌다는 식이지. 실제 인물인 프랑스 공주 이자벨라가 에드워드 1세의 며느리가 된 건 맞지만 그녀가 도버 해협을 건너온 건 윌리엄 월리스가 체포돼 처형당한 때로부터 4년 뒤였는데 말이야.

어쨌건 그 영화 속 인물 중 하나를 주목해보자. 이 프랑스 공주 이자벨라의 남편. 스코틀랜드 처지에서 보면 폭군이지만 잉글랜드 입장에서 보면 위엄 있는 정복 군주였던 에드워드 1세의 후계자. 영화 속에서 천하의 지질이로 나오는 그는 실제로도 아버지에 미치지 못하는 아들이었지. 에드워드 1세도 자신의 이름을 딴 후계자 에드워드 2세를 몹시 못마땅해 했다고 해.

에드워드 1세는 아들 주위를 둘러싼 간신들을 특히 경계했는데 에드워드 2세가 가장 죽고 못 살던 총신, 그래서 "둘이 동성 연인 아닌가?" 하는 수군거림까지 나올 정도였던 프랑스인 피에르 가베스통이 대표적인 존재였지. 에드워드 1세는 그를 추방하지만 에드워드 2세가 즉위하자 다시 영국으로 돌아와서 '콘월 백작'으로 벼락출세를 하게 돼. 요즘 유행하는 한국말로 '비선 실세'인 셈이야.

또 다른 '비선 실세' 휴 데스펜서

에드워드 2세의 가베스통 총애가 어느 정도였냐면 말이야. 이자벨라가 시집왔을 때 결혼 축하 파티에서 왕의 옆자리를 차지한 건 가베스통이었고 카펫에 새겨진 문장紋章도 이자벨라의 문장이 아니라 가베스통 가문의 것이었으며, 당시 유럽 최고의 부국 프랑스 왕이 사위에게 준 선물들이 몽땅 가베스통에게로 갔다고 해. 아버지를 닮아 키도 크고 용맹하기도 했다는 에드워드 2세였지만 가베스통 앞에서는 바보가 돼버렸다는구나. 꼭 몇 백 년 뒤 최 아무개 씨 앞에 선 어느 나라 대통령처럼 말이다.

이 가베스통은 영국 귀족들의 응징을 받고 비참하게 죽지만 에드워드 2세는 기어코 이에 대한 복수를 감행했고 여러 주요 귀족들이 목숨을 잃어. 이자벨라는 그래도 남편을 편들었지만 에드워드 2세가 또다시 '비선 실세'를 마련하게 되면서 독한 마음을 먹지. 이번 비선 실세는 휴 데스펜서라는 자였는데 왕의 총애를 등에 업고 이자벨라와 그녀 아들의 영역을 건드리면서 이자벨라의 증오를 산 거야.

이자벨라는 친정 프랑스의 군대를 이끌고 에드워드 2세라면 진저리를 치는 영국 귀족들과 합세해 에드워드 2세를 공격하게 돼. 휴 데스펜서는 토막이 나 죽었고 에드워드 2세는 자신의 아들이자 이자벨라의 아들인 에드워드 3세에게 왕위를 물려주고 감금됐다가 죽임을 당해.

결국 에드워드 2세는 중세 잉글랜드 최고의 왕으로 꼽히는 아버지로부터 왕위와 외모는 물려받았으되 냉철함과 정치력은 전혀 이어받지 못했던 거야. 그래서 "과거 어려움을 겪을 때 도와준 인연"(박근혜 전 대통령 1차 담화에서 인용)과 비슷하게 어려서부터 친구였던 가베스통이나 구속된 '문화계의 황태자' 차은택처럼 탐욕스러웠던 휴 데스펜서 같은 자에게 놀아나다가 스스로를 그르치고 말았지.

파라과이를 파멸로 이끈 독재자 로페스

이번엔 지구 반대편으로 가볼까. 남아메리카 지도를 보렴. 브라질과 아르헨티나 사이에 우루과이가 있고 그 내륙 쪽으로 파라과이가 있어. 이 나라는 남미에서 가장 빨리 독립한 나라 중의 하나야. 브라질·칠레·페루보다 앞선 1811년에 나라를 세우게 되니까.

파라과이는 남미에서 가장 안정된 부국이라 불릴 만큼 빠르게 발전했어. 특히 카를로스 안토니오 로페스 대통령은 독재자이기는 했지만 강력한 보호무역과 관세정책으로 파라과이 산업을 보호해서 이 나라를 탄탄한 발전 도상에 올려놓았단다. 그 후계자는 아들 프란시스코 솔라노 로페스. 남미 최강대국을 꿈꾸던 그에게 바다 없는 내륙국 파라과이는 매우 불편한 현실이었지. "바다로 가자!"

바다로 통하는 길목이던 우루과이에서 브라질의 내정간섭에 불만을 품은 반反브라질 세력이 봉기하자 파라과이는 여기에 개입해 브라질과 전쟁을 시작하게 돼. 그 와중에 아르헨티나 국경을 침범하면서 아르헨티나와도 충돌하게 되지. 여기에 친親브라질 세력이 정권을 잡은 우루과이까지 가세하니 파라과이는 1대 3의 악전고투를 맞게 돼(이 전쟁은 '삼국동맹전쟁'이라고 불린다).

파라과이군은 초반에는 용감하게 싸워 우세를 점하지만 브라질과 아르헨티나가 어디 보통 큰 나라냐? 이들이 마음먹고 전쟁에 나서자 파라과이는 이내 국력의 바닥을 드러내고 말았어. 그러나 로페스는 포기하지 않았고 항복이나 강화를 주장하는 이들을 모두 죽이라고 명령해. 파라과이군은 죽으나 사나 싸울 수밖에 없었어. 국가 총력전을 넘어 국가 '전멸전'에 가까운 전쟁이 이어졌고 파라과이 남자의 무려 90퍼센트가 목숨을 잃는 어이없는 사태가 빚어지고 말아.

물은 배를 띄우지만 배를 뒤집어버리기도

파라과이의 비극을 가장 극적으로 드러내는 사건은 1869년 8월 16일 벌어진 아코스타 뉴 전투였어. 여섯 살배기 어린이를 포함한 소년들 3500명은 이미 죽고 없는 남자 어른들을 대신해서 2만 명에 달했다는 브라질 기병대와 맞서 싸운단다. 어른처럼 보이기 위해 수염까지 붙이고 총 모양의 막대기를 휘둘렀던 그들은 6시간의 전투 끝에 전멸당하고 말았지. 아이러니하게도 이 슬픈 날은 오늘날 파라과이의 어린이날로 기념되고 있어. 아이들이 비참하게 죽어간 몇 달 뒤 로페스도 마지막 파라과이 군대와 함께 죽음을 맞지. 그는 항복을 권유받지만 "국가와 함께 죽겠다"라며 고집을 부렸다고 해.

그가 파라과이를 얼마나 사랑했는지는 모르겠으나 결국 '애국심' 때문에 파라과이를 지옥으로 이끌었던 셈이야. 로페스가 고집을 꺾고 패배를 인정했다면, 그 스스로 치욕을 감당했다면 파라과이의 비극의 크기는 훨씬 줄어들었을 거야. 그러나 로페스는 "항복하려는 자들을 죽여라"며 버텼고 어린아이들이 수염을 붙이고 적군에게 맞서는 상황에서도 파라과이의 영광을 부르짖었다. 결론은 파국이었어. 이 전쟁 후 파라과이 인구는 3분의 1로 줄고 남녀 성비는 1대 10 내지 1대 20이라는 기록적인 수치에 이르게 돼. 지금도 그 상처는 완전히 회복되지 못하고 있다는구나.

"물은 배를 띄우지만 배를 뒤집어버리기도 한다"

봉건시대의 왕이건, 공화국의 대통령이나 수상이건, 한 나라를 통치하는 사람들은 그만큼의 책임감과 자질을 지녀야 해. 그 권력과 지위를 제대로 활용하지 못하고 주변 인물들에게 휘둘리거나 자신만의 아집에 사로잡혀 자신의 방식으로 나라를 '사랑'한 통치자들은 에드워드 2세처럼 자신이 총애하던 이들을 망치고 스스로를 파멸시킬 뿐 아니라 프란시스코 로페스처럼 자기 국민들마저 파멸에 이르는 급류에 던져버리게 된단다.

맹자는 국민들과 통치자를 물 위에 뜬 배에 비유했어. "물은 배를 띄우지만 배를 뒤집어버리기도 한다[水則載舟水則覆舟]." 아마도 전쟁에서 죽어간 파라과이 국민들은 진작 로페스를 뒤집어버리지 못한 것을 아쉬워했을지도 모르겠다. 이렇게 얘기하다 보니 불현듯 궁금해지는구나. 우리는 어떤 물이었을까, 우리 위에 뜬 배는 어땠을까. 우리는 어떤 물이어야 하고, 어떤 배를 띄워야 하며, 어떨 때 그 배를 뒤집을 파도를 일으켜야 할까.

에드워드 2세는 권한과 책임이 없는 이들을 총애하다가 국정 운영에
혼란을 일으키고 비참한 최후를 맞이했다.

50

'어둠의 세력', 6월 항쟁 열기를 '지역감정'으로 잠재우다

1987년 6월 항쟁의 열기는 뜨거웠다.
7월에서 9월까지는 노동자 대투쟁이 이어졌다.
그러나 그 후에는 '어둠의 세력'이 조장한 지역감정이 급속히 퍼져나갔다.
야권은 분열되었고 노태우가 대통령에 당선되었다.

6·29선언, 또 다른 싸움의 시작

29년 전, 전국을 뜨겁게 달구었던 1987년 6월 항쟁은 오늘의 제6공화국의 모태였다. 네가 촛불시위에 나가서 어마어마한 인파에 놀랐던 것처럼, 1987년 6월의 한국 사람들은 불의와 독재에 맞서서 용감하게 일어섰고, 싸웠고, 마침내 독재 정권의 항복을 받아냈단다. 지난겨울과 봄의 촛불시위와 대통령 파면을 두고 '명예혁명'이라는 말이 나왔지만 29년 전에도 비슷한 찬사가 쏟아졌어. 당시 시사 잡지 《월간 조선》 8월호의 6월 항쟁을 취재한 특집에는 〈6월 평화 혁명의 대ㅅ드라마〉라는 제목이 붙어 있으니까.

그 항쟁의 끝에 체육관에서 독재자 전두환으로부터 다음 대통령 후보로 지명받은 노태우 후보는 '6·29선언'을 통해 국민들이 목 놓아 요구하던 대통령 직선제 개헌을 비롯한 민주화 조치들을 수용하겠다고 밝혔어. 본인 스스로 "나는 완전히 발가벗었다"라고 할 만큼 국민에 대한 항복 선언이었어. 세상은 바뀔 것 같았고 국민은 승리한 줄 알았지. 하지만 6·29선언은 한 싸움의 끝이되 또 다른 싸움의 시작이었어.

먼저 이른바 '7·8·9월 노동자 대투쟁'이라는 게 시작됐다. 7월에서 9월까지 전국적으로 일어난 노동쟁의 사태를 일컫는 말이야. 언젠가 얘기한 적 있는 것 같은데 당시 노동자들에 대한 처우는 매우 열악했어. 이를테면 요즘 울산에서 현대중공업 공장 정규직 노동자는 단연 1등 신랑감이지만, 당시는 공장 정문에서 두발 검사를 받고서야 회사 문을 들어갈 수 있었던, 머리가 좀 길면 관리직이 휘두르는 '바리캉'(이발기계)에 머리를 뜯기는 신세였다면 이해가 될까?

그런 상황을 딛고, 기나긴 침묵을 깨고 노동자들은 전국적으로 폭발해. 민주노조를 만들고 인간으로서 존엄을 지킬 임금을 요구하며 '소나기 퍼붓는 옥포의 조선소에서 눈보라 날리는 서울 철로 위'(민중가요 〈해방을 향한 진군〉 중)를 넘어서 가내수공업 공장과 중국집 주방장과 배달원까지도 일어났던 게 노동자 대투쟁이야. 아빠는 개인적으로 6월 항쟁보다도 그후 노동자 대투쟁이 우리의 삶을 더 많이 바꿨다고 봐. 6월 항쟁은 대통령 뽑는 방식을 바꿨을 뿐이지만 노동자 대투쟁은 우리 사회를 뿌리로부터 흔들었고 이후 더 큰 변화를 불러왔으니까.

'어둠의 세력'이 파고든 '음지'

하지만 노동자 투쟁은 오래가지 못했어. 어쨌든 새로운 대통령을 뽑아야 했고 16년 만에 되찾은 대통령 직선제란 대단한 매력을 지닌 단어였단 다. 사람들은 어떻게 세상을 바꿀 것인가보다는 누가 대통령이 될 것인가 에 더 큰 관심을 가졌어. 거기에 당시 야당 지도자로 전두환 정권에 맞서 한 몸처럼 싸웠던 김영삼과 김대중의 행보가 대통령 선거가 다가오면서 초미의 관심사가 됐지.

한창 투쟁하던 시절에는 정치적 욕심이 없다고 강조하며 자신이 양보 하겠노라 다짐하던 그들이었지만 막상 대통령 선거가 다가오자 점차 그 약속은 빛을 잃어갔단다. 자연스럽게 두 사람의 지지자들도 자신이 지지 하는 후보로 단일화되어야 한다고 주장하고 팔뚝질하고 급기야 멱살을 잡기 시작했어. 이 틈을 파고든 '음지'의 사람들이 있었단다.

그해 여름에 특이한 제목의 책이 베스트셀러가 돼.《동교동 24시》라는 제목의 책이지. 동교동은 김대중의 집이 있던 동네였고, 저자인 함 아무 개 씨는 그 경호원으로 있었다는 사람이야. 김대중을 악의적으로 왜곡·공격하는 내용이 주를 이뤘는데 이 책이 전국적으로 특히 영남 지역에서 날개 돋친 듯이 팔려나갔단다. 아빠가 다니던 부산에서 학교 문방구에도 '《동교동 24시》 있음' 팻말을 걸고 책을 파는 걸 봤으니까.

대통령 후보가 될 수 있는 유력한 정치인을 일방적으로 험담하는 책이 왜 베스트셀러가 됐을까? 아빠는 두 가지 이유를 들어. 첫째, 그 험담을 믿고 싶은 사람들이 많았다는 것. 둘째, 그 믿음을 조장하는 '어둠의 세력'이 있었다는 것.

이 '어둠의 세력'이 믿기지 않는다면 에피소드를 하나 더 얘기해줄게.

너도 알다시피 김대중은 호남 지역을 정치적 기반으로 삼고 있었지. 어느 날 이웃집 아저씨가 이런 말씀을 하시더구나. "부산 남바(넘버) 달고 광주 갔더만 주유소 주인이 나와가 김대중 선생님 만세 세 번 부르면 넣어준다 하능기라. 그래서 만세 부르고 왔다 안 하나." 그랬을 리도 없고, 지금 들으면 우습기까지 한 이 말을 아빠는 여러 사람에게 들었어. 아빠가 들었던 이 '괴담'의 주인공만 해도 수십 명이고, 또 주위에 그 말을 안 들어본 사람이 없었어.

여기에 따르면 하필이면 그해 가을, 부산 시민 수천 명이 차를 몰고 전라도를 방문했고, 또 하필이면 기름이 떨어져, 하필이면 돈도 마다하는 '김대중 광신도' 주유소를 약속한 듯 방문했다는 기적 같은 결론에 부딪치게 되지. 이걸 퍼뜨리고 조장한 건 누구였을까?

1987년 12월은 스산하고 추웠다

이런 어둠의 세력들의 활약 속에 끝내 김영삼과 김대중 두 정치 거인은 갈라서고 말았고 한때 어깨 겯고 싸웠던 동지들은 원수보다 더한 사이가 되어갔단다. 김영삼 후보는 광주 유세를 갔다가 김대중을 부르짖는 군중이 몰려 연단이 기우뚱하자 '대한민국 만세'만 부르고 내려와야 했지. 그 전 전남대학교 총학생회장이 연단에 올라가서 제발 이러지 말라고 호소했지만 김대중을 악착같이 외치는 군중들에 묻혔어.

정말로 김대중 후보를 '애정'하는 사람들도 있었겠지만, 아빠는 요즘은 그 장면에서도 '어둠의 세력'을 떠올리게 돼. 텔레비전에서 이걸 지켜보는 부산 어른들 사이에 '전라도 놈들'에 대한 적개심이 곳곳에서 화톳불로 타오르는 걸 봤으니까.

하나만 더 얘기해보자. 1987년 12월 10일은 노태우 후보가 전주에 오는 날이었어. '광주 학살의 원흉' 노태우의 전주 유세를 저지하겠노라고 벼르고 있던 전북대학교 총학생회에 뜻밖의 인물이 나타난다. 《새전북신문》의 2006년 8월 21일자 〈전북 민주화운동사 실록〉에 따르면 그는 '민정당 청년 조직 책임자'였어.

그는 총학생회장 이하 간부들을 만나 "우리 쪽 대응이 이 정도니 경거망동 말라"면서 으름장을 놓았다고 해. 으름장만 놓은 게 아니라 유세 현장의 경비 배치도 등까지 '소상하게' 알려주었다. 이게 무슨 뜻이었을까. 단지 이 정도니까 감히 어쩔 생각하지 말라는 충고였을까. 제발 와서 깽판 쳐달라는 미끼였을까.

노태우 후보의 유세가 시작되기 전 일대 공방전이 펼쳐졌어. 학생들은 연단을 향해 돌진을 시작했고 경찰은 죽을 힘을 다해 막았지. 그런데 이 상황을 방송사 카메라는 '부감샷'으로 찍어대고 있었어. 부감샷이란 높은 곳에 올라가서 현장을 잡는 그림을 말해.

마치 중세 시대의 전쟁이라도 벌이듯 시위대 수백 명이 각목을 들고 경찰의 벽에 맞부딪치는 스펙터클이 펼쳐졌고, 그 영상은 전국의 텔레비전으로 득달같이 배달됐지. 이게 다 과연 우연이기만 했을까? 물론 뭔가 그림이 펼쳐질 것이라고 예측한 기자의 선견지명일 수는 있겠지만 과연 그렇기만 했을까?

1987년 6월은 정말로 뜨거웠고, 지금 생각해도 가슴 벅차오르는 시간이었어. 하지만 그 후 이어진 가을과 겨울은 매우 스산하고 추웠단다. 그리고 그해 12월 대한민국은 6공화국의 첫 대통령으로 '광주 학살의 원흉'이라고 불리던 군인 출신 노태우 후보를 선택하게 돼.

네가 본 2016년 11월과 12월은 우리 한국 현대사에 길이 빛날 기억이야. 그 감동이 1987년처럼 배신당하지 않기를 바란다. 누가 되느냐도 중요하지만 어떻게 이 사회를 바꿀 것인가에 대한 고민이 더 깊기를 바라고, '어둠의 세력'에 휩쓸려 이성을 잃고 조종당하지 않기를 바라며, 우리의 감동이 결실로 이어지기를 바란다. 그래서 네게 '희망이란 이런 거란다!' 하고 말할 수 있게 되기를 바란다.

1987년 울산 현대중공업 노동자들이 중장비를 동원해 시위를 하고 있다.
ⓒ민주화운동기념사업회

참고문헌

《고려사》

《대한매일신보》

《독립신문》

《병자록》

《삼국사기》

《삼국유사》

《조선왕조실록》

《효경》

괴테, 요한 볼프강 폰, 박찬기 옮김, 《젊은 베르테르의 슬픔》, 민음사, 1999.

김정인, 《민주주의를 향한 역사》, 책과함께, 2015.

김종필, 중앙일보 김종필증언록팀 엮음, 《김종필 증언록─JP가 말하는 대한민국 현대사》
　　(전2권), 와이즈베리, 2016.

밀스, 찰스 라이트, 김대웅 옮김, 《들어라 양키들아》, 아침, 1988.

비숍, 이사벨라 버드, 신복룡 옮김, 《조선과 그 이웃 나라들》, 집문당, 2000.

스콧, 로버트슨, 송영달 옮김, 《영국 화가 엘리자베스 키스의 코리아: 1920~1940》, 책과함
　　께, 2006.

심재우, 《네 죄를 고하여라: 법률과 형벌로 읽는 조선》, 산처럼, 2011.

안동독립운동기념관, 《권오설 2: 엽서와 편지》(안동독립운동기념관 자료총서), 푸른역사,
　　2010.

에셀, 스테판, 임희근 옮김, 《분노하라》, 돌베개, 2011.

에코, 움베르토, 이윤기 옮김, 《장미의 이름》(전2권), 열린책들, 2009.

웨일스, 님·김산, 송영인 옮김, 《아리랑—조선인 혁명가 김산의 불꽃 같은 삶》, 동녘, 2005.

이돈수·이순우, 《꼬레아 에 꼬레아니: 사진해설판—100년 전 서울 주재 이탈리아 외교관 카를로 로제티의 대한제국 견문기》, 하늘재, 2009.

이봉원, 《대한민국 임시정부 바로 알기》, 정인출판사, 2010.

키스, 엘리자베스·엘스펫 K. 로버트슨 스콧, 송영달 옮김, 《영국화가 엘리자베스 키스의 코리아 1920~1940》, 책과함께, 2006.

한명기, 《역사평설 병자호란》(전2권), 푸른역사, 2013.

함윤식, 《동교동 24시》, 우성출판사, 1987.

* 도판 자료는 대부분 《시사IN》 자료팀에서 제공해 주셨습니다. 도움에 감사드립니다.

딸에게 들려주는 역사 이야기 **1**

⊙ 2017년 10월 21일 초판 1쇄 발행
⊙ 2017년 11월 20일 초판 3쇄 발행
⊙ 글쓴이   김형민
⊙ 펴낸이   박혜숙
⊙ 책임편집   정호영
⊙ 디자인   이보용
⊙ 펴낸곳   도서출판 푸른역사
　우) 03044 서울시 종로구 자하문로8길 13
　전화: 02) 720-8921(편집부) 02) 720-8920(영업부)
　팩스: 02) 720-9887
　전자우편: 2013history@naver.com
　등록: 1997년 2월 14일 제13-483호

ISBN   979-11-5612-099-5   04900
ISBN   979-11-5612-098-8   04900 (SET)